广东蓝皮书
BLUE BOOK OF GUANGDONG

广东全面深化改革研究报告（2015）

REPORT ON GUANGDONG'S COMPREHENSIVE DEEPENING REFORMS(2015)

主　编 / 周林生　涂成林
副主编 / 余树华　杨　平

社会科学文献出版社
SOCIAL SCIENCES ACADEMIC PRESS (CHINA)

图书在版编目（CIP）数据

广东全面深化改革研究报告. 2015/周林生，涂成林主编.
—北京：社会科学文献出版社，2015. 12
（广东蓝皮书）
ISBN 978 - 7 - 5097 - 8468 - 6

Ⅰ. ①广… Ⅱ. ①周… ②涂… Ⅲ. ①体制改革 - 研究报告 - 广东省 - 2015 Ⅳ. ①D676. 5

中国版本图书馆 CIP 数据核字（2015）第 284718 号

广东蓝皮书
广东全面深化改革研究报告（2015）

主　　编／周林生　涂成林
副 主 编／余树华　杨　平

出 版 人／谢寿光
项目统筹／王　绯
责任编辑／李兰生

出　　版／社会科学文献出版社·社会政法分社（010）59367156
地址：北京市北三环中路甲 29 号院华龙大厦　邮编：100029
网址：www. ssap. com. cn
发　　行／市场营销中心（010）59367081　59367090
读者服务中心（010）59367028
印　　装／北京季蜂印刷有限公司

规　　格／开　本：787mm × 1092mm　1/16
印　张：20　字　数：303 千字
版　　次／2015 年 12 月第 1 版　2015 年 12 月第 1 次印刷
书　　号／ISBN 978 - 7 - 5097 - 8468 - 6
定　　价／79. 00 元

皮书序列号／B - 2015 - 476

主编简介

周林生　广东资深改革专家，现任广东省体制改革研究会会长、广东省综合改革发展研究院执行理事长、广州大学广东发展研究院理事长、广州发展研究院特聘教授、暨南大学公共管理硕士（MPA）导师。主要研究领域是经济体制、行政体制和社会体制改革及经济发展战略和规划。多年来紧紧围绕地方党委和政府的中心工作，参与筹划、主持和组织了一系列全省性大型改革发展调研和相关咨询、培训、宣传工作，先后主持、统筹和撰写了100多份供省、市、区党委和政府决策参考的政策建议报告、重大研究课题。近年在省级报刊公开发表论文数十篇，主持编写文集10余本，主编出版内参60余期，主要著述有：《广东改革开放大博览》（广东教育出版社2007年版、2012年增订版）、《社会治理创新概论》（广东人民出版社2015年版）、《亲历广东改革》（广东人民出版社2015年版）等。

涂成林　研究员、博士生导师，现任广州大学广州发展研究院院长、广东发展研究院院长、广州市蓝皮书研究会会长，兼任广东省体制改革研究会副会长、广东省综合改革发展研究院副院长、广州市股份经济研究会副会长、广州市哲学学会副会长。目前主要从事经济社会发展规划、科技政策、文化软实力以及西方哲学、唯物史观等方面的教学与研究，先后在《中国社会科学》《哲学研究》《教育研究》《光明日报》等报刊发表论文100多篇，出版专著10余部，主持和承担国家社科基金等各类研究课题30余项，获全国青年社会科学成果专著类优秀奖近20个。

摘　要

《广东全面深化改革研究报告（2015）》由广东省体制改革研究会、广东省综合改革发展研究院和广州大学广东发展研究院共同组织编写。本书由总报告、经济改革篇、行政改革篇和社会创新篇4个部分构成。本书立足于广东改革开放的理论与实践，多层面、多维度反映、评价了2014年广东全面深化改革进展情况、取得的成绩和存在的问题，同时对2015年深化改革的基本走向进行了研究和探讨。

2014年是全面深化改革元年。这一年广东深化经济体制改革进展主要表现在激发市场主体发展活力、建立公平开放透明的市场规则、深化城乡一体化综合改革、构建开放型经济新体制和建设生态文明体制体系等方面均取得较大建树；行政体制改革进展主要表现在率先探索权责清单制度、加强审批事项的目录化管理、推进网上办事大厅建设、探索综合执法和建设现代财政制度等多方面成就；社会体制改革进展主要表现在推进公共事务决策咨询制度、加快社会组织登记管理制度改革、提升城乡社区自治和服务水平、加强基本公共服务均等化和构建社会工作与志愿服务“双轮驱动”社会服务格局等一系列社会发展新局面。

2015年是全面深化改革的关键年。广东全面深化改革下一步该如何继续前行？本书就此提出了若干意见和建议。其中，在深化经济体制改革方面，本书提出以法治开拓经济体制改革新航程、厘清政府和市场界限的划分、扎实推进市场准入“三单管理”、进一步简政放权应定点指向促进创业就业、实施“互联网+”创新驱动严格保护知识产权、自由贸易试验区建设重在制度创新、高度重视建设资源节约型社会和生态文明、继续深化农村经济体制改革和发展混合所有制深化国资管理改革等；在深化行政体制改革方面，本书提出建立健全对接中央改革的响应机制、改革资源分配的地区平衡机制、行政体制改革功效的传导机制、行政体制改革指标评估机制、人民群众同步共享改革成果机制、改革前中后的风险管理机制、社会智库服务改革机制和利益相关者协商议事机制等；在深化社会体制改革方面，本书提出明确政府与社会的职能边界、完善第三方智库职能审议机制、进一步推进实体性和网络性的决策咨询平台制度化和体系化、完善社会组织“自我造血”功能、提高城乡社区的治理与服务能力、创新流动人口权益与服务同享的体制机制和抓好粤东西北地区的社会工作建设等。

目 录

ⅠB Ⅰ 总报告

ⅠB Ⅱ 经济改革篇

BⅢ 行政改革篇

BⅣ 社会创新篇

总　报　告

BLUE BOOK

B.1
2014年广东省深化经济体制改革研究报告

广东省体制改革研究会、广东省综合改革发展研究院课题组*

摘　要：新常态下，广东抗住经济下行压力，以改革促发展，取得了显著成效。但是，影响企业健康发展的某些障碍依然存在，需要深度激发市场主体活力；大众创业尚存阻力，市场规则有待更加公开透明；区域经济协调发展和城乡一体化综合改革仍存难题；珠江—西江经济带一体化机制尚未形成，对自贸试验区建设还有模糊认识。广东进一步的发展应以法治领先，继续厘清政府和市场界限，扎实推进市场准入“三单管理”，简政放权应定点指向促进创业就业，实施“互联

* 课题组顾问：黄挺，陈鸿宇；主持人：徐印州，周林生；成员：彭澎、余树华、杨平、马路平、屈韬、陈其海、曹国泰、龚联华、林梨奎。

网+”创新驱动，创新自贸试验区建设制度，高度重视建设资源节约型社会和生态文明，继续深化农村经济体制改革，发展混合所有制经济。

关键词： 成效 问题 观察 思考

一 2014年广东深化经济体制改革主要进展

2014 年是全面深化改革元年。这一年广东在十八大和十八届三中、四中全会精神指引下，在省委省政府的领导下，始终保持锐意改革的精神，全面深化经济体制改革，向改革要“红利”，以改革促发展，以改革保增长，取得显著成效。在“新常态”下，广东深化经济体制改革主要在激发市场主体发展活力、建立公平开放透明的市场规则、深化城乡一体化综合改革、构建开放型经济新体制和建设生态文明体制体系等方面展开。广东全面深化经济体制改革的突出进展是：以混合所有制为牵引带动国企改革，以金融体制改革创新助推民营经济，推进商事登记制度便利化，探索建立市场准入“三单管理”模式，推动珠三角城市群综合改革实现转型升级，推进农村综合改革进程，完善粤东西北地区振兴发展体制机制，构建多方合作机制开拓对外开放新局面，完善珠江—西江经济带互动发展机制，推进粤港澳深度紧密合作等。改革取得显著成效，促进了广东经济的良性发展。经济的发展，原动力还在于全面深化改革。2014 年，广东主动应对困难挑战，积极适应增速“换挡”的新常态，抗住宏观经济下行压力，全省经济整体运行继续保持在合理区间内，全年实现 GDP 6.78 万亿元，增长 7.8%。

（一）激发市场主体发展活力

1. 以混合所有制为牵引带动国企改革

2014 年，广东通过加强对全省国资改革的顶层设计，有序发展混合所有制经济，实现国有资产与民间投资的有效对接等措施，以混合所有制为牵引带动国企改革。

1 月 14 日，省属旅游酒店、商贸资产重组获省政府批复同意实施。根据方案，在原旅游酒店集团、广中旅的基础上，组建旅游控股集团有限公司；在原广弘资产、商业集团的基础上，组建商贸控股集团有限公司。

2 月 27 日，首期对接会召开，主要面向省属国企和民营企业，共引入超过 500 亿元的民间资本，并推出首批 54 个项目，囊括多个行业领域，拟引入超过 1000 亿元的民间资本。

8 月 17 日，发布实施关于全面深化国有企业改革的意见，意见全面具体地勾画了广东国资改革的顶层设计。

9 月 28 日，省属体制机制改革创新试点企业动员会召开。会上提出，广东省属五十户试点企业改革进入方案设计和实操阶段。

9 月 29 日，举办第二次对接活动，主要展示省属国企混合所有制项目。会上，共签约 43 个项目，其中省属企业签约数占 32.56%、地市国企占 67.44%；共引入 376.6 亿元民间资本，其中省属企业引入金额占 62.56%、地市国企占 37.44%。

11 月 7 日，发布实施深化省属国企改革的实施方案，为省属国企勾勒出具体、明确的进一步改革路线图。

一年来，广东国企对经济社会发展的促进作用日益提升。截至 2014 年底，广东国有企业总资产比 2004 年增长了 317%，营业收入增长了 155%，利润总额增长了 298%。在中国五百强企业中，省属国有企业的数量占 3.2%。

2. 以金融体制改革创新助推民营经济

2014 年，广东面对民营企业融资难融资贵问题，下大力气以金融体制改革创新助推民营经济大提升。

2 月 10 日，召开全省科技金融工作会议。指出，2014 年广东将重点加快发展股票交易、股权交易和产权交易等资本市场，建设科技·金融·产业融合创新金融服务体系、政策体系和试验平台。

6月4日，发布实施深化金融改革、完善金融市场体系的意见，提出要打造珠三角金改创新综合试验区，逐步向金融强省迈进。同时，也强调了要打造科技·金融·产业融合创新的综合平台，重点服务中小微企业和创新型企业。

6月20日至22日，在广州举办的第三届中国金博会重在打造集交易展示、学术研讨、人才推广等多种功能于一身的综合型金融展会。

6月26日，2014年重大项目面向民间投资招标推介会召开。会上，推出的招标总金额超过2000亿元，包括园区开发、节能减排、环境治理、物流配送、社会管理等多个领域。

9月26日，召开粤东西北农村金融工作会议。会上出台了广东开展农村普惠金融的试点方案。根据方案，粤东西北整个地区都列入了试点，其他地区则自愿加入，并部署了参与试点的地级市要在2014年9月底前分别确定1~2个试点县，并用一年时间完成实施。

12月12日，国内（除港澳地区以外）第一家民营银行正式开业。

12月16日，注册资本10亿元、由广州农商银行控股的珠江金融租赁公司正式挂牌成立，这是广东省内首家获得全国性金融租赁牌照的金融机构。

一年来，广东民营经济得到进一步的提升和发展。截至2014年底，民间投资超过1.5万亿元，占全省总投资比例超过55%，对国民经济增长贡献率也超过50%。2014年，广东民营企业入选数量占全国民营五百强总数的4.6%，在数量上仅次于江苏。

（二）建立公平开放透明的市场规则

1. 推进商事登记制度便利化

2014年，广东全面铺开商事登记制度改革。

1月8日，公布省一级的商事登记改革方案，针对创新“宽市场准入、严市场监管”的商事登记改革，提出了12项具体的改革措施。其中，有6项涉及“市场准入”领域，重在“宽进”，具体包括精简和规范商事注册审批事项、实施从“先证后照”向“先照后证”转变、推行网上商事注册、降低注册资本要求、放松经营范围登记要求和放宽住所登记要求等；有6项涉及“市场监管”领域，重在“严管”，具体包括建立异常名录、做好部门职责分工、增强协同监管、加强司法救助和刑事惩办、加强完善企业信用信息公示和健全信用约束等。

2月26日，全省召开工商系统动员会，商事登记制度改革全面铺开。根据安排，广东实施商事登记制度改革分两个步骤：一是，从3月1日起，在省一级和珠江三角洲地区等地先行先试，注册资本登记改革将是改革工作的重点，其他有条件地区可适当考虑同步实施；二是，在6月1日前，要在全省范围内全面铺开实施改革方案，争取在2014年底前完成任务。

5月9日，13项前置审批事项和108项前置改后置审批事项出台，其中前置审批的数量压减达89%以上，仅保留了金融、交通运输、卫生医疗以及包含外商投资在内的综合类4大类13项前置审批。将“先证后照”改为“先照后证”后，意味着，除了上述的13项前置审批事项外，89%以上的商事登记可直接向工商部门申请，少跑几个部门。

5月19日，全省召开动员大会，部署推进商事登记制度改革。根据会议部署，广东将从5月26日起，在全省范围内全面实施改革方案，释放改革红利，激发创业活力。

一年来，广东商事登记制度改革成效明显，点燃草根创业激情，新市场主体剧增，截至2014年底新登记企业法人数量增长41.4%。未来，充满创业激情的草根一代将能更好地发挥自主创新的活力，营造好“大众创业、人人创新”的良好氛围。

2. 探索建立市场准入“三单管理”模式

2014年，广东发布实施民间投资、外商投资等领域市场准入的“三单管理”，逐步从审批制向备案制转变，通过这些措施大力推进“三单管理”试点。

6月24日，前海版“三单管理”出台，这是省内第一份外商投资领域的“三单管理”。该清单在外商投资产业目录以及前海产业准入目录的基础上，共提出了59项特殊管理措施，覆盖了11个部门、23个产业。为配套前海版“三单管理”模式的开展，同时也出台了管理前海以外的外商企业的办法，完善现有外商投资准入的管理体系，以更好地衔接外商投资企业的管理工作。

遗憾的是，截至2014年底，省级市场准入“三单管理”尚未对外公布。不过我们相信未来，清单管理模式终将取代目前以审批为主的市场准入制度，将成为充分激发市场主体活力、构建法治化国际化营商环境的长效良药。

3. 推进市场监管体系和社会信用体系建设

2014年，广东在食品安全监管、公共信用信息管理系统建设等领域实现新突破。

1月17日，出台加强婴幼儿配方乳粉质量安全工作实施方案，部署建立健全相关电子追溯管理的工作，截至2014年底已完成可溯源平台以及移动应用程序的开发工作。自12月29日起，消费者可以通过追溯平台、移动终端APP等渠道，对婴幼儿配方乳粉的原材料、生产加工、物流配送以及销售渠道等信息进行查询。

6月30日，颁布首份企业法人任职限制“黑名单”，切实做到“使守信者得到奖励，使失信者受到惩罚”。自省级“黑名单”制度建立以来，各市也积极响应，惠州、珠海、东莞、江门等市都建立了“红黑榜”制度，公示守信企业名单以作正面宣传，曝光失信企业信息以作舆论惩戒。

7月7日，出台《婴幼儿配方乳粉销售的监督管理办法》，要求全省相关领域的生产流通企业必须及时上报追溯系统数据。

7月11日，省食品安全委员会在广州召开工作会议。会议强调，要推进实施专项行动，对食品安全方面损害群众利益的行为，进行纠正。

7月30日，发布了省社会信用体系建设规划，这也是国家级规划印发后首个省一级规划文件。

8月21日，发布2014年的食品安全重点工作安排，强调要保障“人民群众‘舌尖上的安全’”。随后，为了进一步改善食品安全问题，相关职能部门出台了“三打两整治”行动方案，部署在省内全面铺开。

9月，启动建设省一级的公共信用信息管理系统，预计2015年初投入使用。各市积极响应，截至2014年底，深圳、珠海、惠州等地的公共信用信息系统平台已投入运行。

一年来，食品药品安全监管进一步增强，婴幼儿配方乳粉电子追溯系统建成并投入使用，逐步建立“信用广东”。

（三）深化城乡一体化综合改革

1. 推动珠三角城市群综合改革实现转型升级

2014年，广东着力推动珠三角城市群综合改革，实现转型升级。

2月21日，广州、佛山和肇庆三地的市长召开联席会议。包括广佛环线建设、广州南站汽车站一期投入运营、三地通信实现一体化等在内，三地合作硕果累累。

4月28日，广东省重点项目建设工作会议召开。会议指出，重点项目建设工作的推进对珠三角转型升级的带动效应日益显著，并强调要集中力量，突出破解制约重点项目建设的重要瓶颈。

5月18日，召开推进珠三角“九年大跨越”工作会议，会议部署，要努力打造世界级的城市群，推进珠江三角洲地区的全域规划。

7月17日，正式启动《珠江三角洲全域规划》的编制工作，随着编制工作的完成，将加快推进科技创新、生态安全等领域的一体化演变。

7月28日，召开珠中江第九次党政联席会议。截至会议召开，珠海、中山、江门三地总共签订63项合作协议，主要涵盖用水、通信、医保、交通等与一体化息息相关的重点领域。

10月16日，召开深圳、东莞和惠州三市加上河源、汕尾两市的联席会议。本次会议通过事项涉及多个领域、共21项重点合作事项。

截至2014年底，珠三角地区实现GDP 57802.21亿元，占全省的86%；产业结构进一步优化升级，其中，现代服务业GDP占服务业比重同比上涨0.3个百分点、先进制造业GDP占规模以上工业比重同比上涨0.8个百分点。

2. 推进农村综合改革进程

2014 年，广东推进农村综合改革的主要措施是：完善新型城镇化体制机制，构建赋予农民更多财产权利的实现机制。

7 月 2 日，出台实施《关于促进新型城镇化发展的意见》。随后，又编制出台《广东省新型城镇化规划（2014～2020）》，成功地将广州市、东莞市、惠州市和深圳市光明区 4 个地区纳入国家新型城镇化试点。

9 月 26 日，印发《广东省农村土地承包经营权确权登记颁证实施方案》，并选择了 18 个试点县和 6 个试点镇开展试点工作。

一年来，县、乡、村三级土地流转服务和管理网络进一步完善，目前全省建立各类土地流转服务平台 437 个。在佛山市南海区开展部分村居经济社集体经济组织股权（股份）“固化到户”试点，目前，全省已颁发证明书的农村集体经济组织 239416 个，占应发数的 99.8%。城镇规划管理体制改革稳步推进，建制镇总体规划、村庄规划覆盖率分别达 87%、60%。

3. 完善粤东西北地区振兴发展体制机制

2014 年，广东通过狠抓交通基础设施建设、产业园区扩能增效、中心城区扩容提质“三大抓手”，施行全面对口帮扶等措施大力支持粤东西北的地区发展。

1 月 28 日，发布实施推动粤东西北地区地级市中心城区扩容提质的工作方案，要求各市在 2014 年 6 月底前完成相关建设规划。各市中心城区扩容提质工作有序推进。

7 月 1 日，粤东西北振兴发展股权基金启动，总金额 121 亿元。截至 2014 年底，13 个市签订股权投资协议。

8 月，广东省列入《赣闽粤原中央苏区振兴发展规划》范围的 13 个县（市、区），获国家批复同意，参照西部地区政策执行安排中央预算内投资和国外优惠贷款资金。

11 月 24 日，召开珠三角地区对口帮扶粤东西北地区工作会议。对口帮扶一年来，8 对帮扶关系中，帮扶市共派出 377 名帮扶干部，注入 43 亿元帮扶资金，引进落地项目共999个。资金4700亿元。对口帮扶，既带动粤东西北地区加快发展，又为珠三角优化发展开拓更多发展空间，促进区域协调发展。

截至2014年底，粤东西北地区实现GDP 15448.03亿元，增速高出全省和珠三角，均超过1个百分点；完成固定资产投资8385.82亿元，增速高出全省和珠三角，均超过10个百分点。

（四）构建开放型经济新体制

1.构建多方合作机制开拓对外开放新局面

2014年，广东继续加深与东盟各国的经贸合作，在中央“一带一路”战略构想与部署中，发挥主力省和排头兵的作用。

4月14日，广东和越南就经贸合作召开座谈会，在会上，双方签署了57个合作项目，总计32.43亿美元。

4月21日，广东和新加坡就经贸合作召开座谈会，会上，双方签署了54个合作项目，总计52.8亿美元。

5月16日，在粤台经贸合作交流会上，两地企业共签订44个合作项目，总计18.76亿美元。

7月2日，举办以推进新丝路建设为主题的交流会。会上指出，广东与新丝路沿线重点国家在经贸上的合作日益加深，2013年广东对于这些国家的实际对外投资额比2007年增长13.5倍、进出口总额增长82%、外商直接投资额增长1.07倍。

9月19日，国务院以国函〔2014〕123号文批复同意设立华侨经济文化合作试验区。12月8日正式挂牌。

9月22日，启动空运口岸、海运口岸通关一体化，并顺利完成第一票进、出口报关单。12月1日将启动陆路口岸通关一体化。通关一体化后，贸易企业（特别是在各地设厂的跨国公司）的人力、时间和物流成本将得到极大的节省。

10月底到11月初，举办以加深与新丝路沿线国家的交流合作为主线的广东21世纪海上丝绸之路国际博览会。会上，“海丝网”开通上线。参加本次大会的企业主要来自25个新丝路沿线国家、14个非沿线国家和中国香港、澳门、台湾地区，共签订451个项目，总计超过1700亿元。

一年来，继续巩固与欧洲、北美等传统对外贸易市场的交流合作关系，同时也积极开拓东盟、非洲等新兴市场。侨务引智引资、华商合作等取得新成效，汕头华侨经济文化合作试验区获准设立。

2. 完善珠江—西江经济带互动发展机制

共建珠江—西江经济带、推进粤桂合作特别试验区（以下简称“试验区”）建设，是2014年广东省的一项重大举措。

5月，粤桂两地批复实施试验区的总体发展规划，试验区建设和粤桂两地合作进入实质性阶段。

7月8日，国务院以国函〔2014〕87号文正式批复《珠江—西江经济带发展规划》。

10月13日，召开粤桂两地推进《珠江—西江经济带发展规划》实施联席会议第一次会议。会议通过了实施联席会议制度、实施共同行动计划和试验区建设实施方案等相关文件。

10月14日，试验区建设正式启动。在启动仪式上，肇、梧两地领导签订了合作开发建设试验区的协议。

一年来，随着珠江—西江经济带进入国家顶层设计的视野，两广的发展路径日渐趋近，协调发展逐步深入，终于水到渠成形成“珠江—西江经济带”国家发展战略，为全国经济“稳增长”新添了一个强大引擎。

3. 粤港澳深度紧密合作向前推进

2014年，通过CEPA，广东和香港、澳门两地基本实现服务贸易的自由化，积极向国家申报自由贸易试验区，借此探索三地深度融合、互动发展。

3月10日，在广东和香港合作的工作会议上，双方商定了2014年实施粤港合作框架协议的重点工作，并强调要在2014年底前基本实现广东和香港两地服务贸易的自由化，以及共同推动自贸区的申报工作。

7月16日，在广东和澳门合作的工作会议上，双方确定将在服务贸易自由化、平台建设、基础设施项目建设和社会公共服务四个领域的合作重点推进。

11月6日，粤港合作联席会议第十七次会议召开。截至会议召开，围绕“基本实现粤港澳服务贸易自由化”的总目标，广东已完成或基本完成的具体任务有240项，约占任务总数的80%。

从12月18日开始，粤澳两地施行新的通关政策。珠澳之间的拱北口岸开闭关时间由原先的早上7点到晚上12点延长为早上6点到第二天凌晨1点；横琴口岸开始实行24小时通关；跨境工业区的专用口岸由原先的只供区内企业使用调整为在零点到7点临时对社会开放。

12月19日，广东和香港、澳门三方签订了相关协议，明确了三地基本实现服务贸易自由化的具体措施，这是CEPA以来第十一次政策升级。根据该协议，广东将对港澳开放占总数95.6%的涉及世界贸易组织服务贸易门类。

12月20日，澳门回归已经十五个年头了。十五年间，经济总量从1999年的56亿美元增加至2013年的517.57亿美元，增长8倍多。自澳门回归以来，广东、澳门一直在加强双方之间的互动机制，并发布实施了《粤澳合作框架协议》，扎实深化各重点方面和重大平台建设合作，为促进和丰富“一国两制”伟大战略做出积极贡献。

12月28日，广东自贸实验区获批。广东对香港、澳门开放的服务贸易门类达153个，占比超过95%。

2013年7月23日，广东官方文件中第一次公开提出要申报自贸区，明确提及“启动申报自由贸易区”。2014年11月6日，广东和香港达成共同推进自贸区申报工作的共识；12月28日，全国人大常委会明确了广东自贸区的四至范围。自此，广东踏入了自贸区建设的崭新阶段。广东自贸区建设既是加强粤港澳深度融合与发展的示范区，也是打造泛珠江三角洲地区区域一体化的重要枢纽，必将引领广东省新一轮的快速发展，为“一带一路”国家战略实施提供重要支点。毫无疑问，以深化粤港澳合作为重点的广东自贸区，将给粤港澳三地的融合发展提供更多开放合作的想象空间，此外，广东自贸区的意义不仅仅在港澳，还在东南亚市场、亚太市场甚至是全球市场。港口是我国对外开放的关键节点，而涵盖广州港、深圳港、珠海港等重要港口的广东自贸区将是通往海上丝绸之路的桥头堡和重要支点。而且，广东自贸区建设将更好地推动周边区域一体化发展，将促进珠三角地区甚至是泛珠三角地区与“一带一路”沿线国家或地区的互联互通，使泛珠三角地区与沿线国家合作更加紧密、利益更加融合，将是加快实现“一带一路”战略的重大利好。

（五）建设生态文明体制体系

2014 年，广东加快绿色低碳发展，突出强调生态文明建设和生态文明制度体系的建设，促进绿色、循环和低碳发展。

2 月 7 日，公布大气污染防治行动方案。除此以外，自 2013 年国务院公布“大气国十条”以来，广东还公布了主要污染物总量减排的实施计划、珠江三角洲地区清洁空气的第二阶段实施计划，以及签署了大气污染防治的目标责任书。

3 月 3 日，科技部宣布珠三角地区已经在全国率先成为大气污染联防联控技术的示范区，这也是全球第三个示范区。该示范区所组建起来的大气环境质量检测预警网络，能监测预报珠三角地区的大气环境质量变化并快速及时反应，为其他地区提供重要借鉴经验。

3 月，《广东省碳排放管理试行办法》正式实施，初步形成了具有广东特色的碳排放管理和交易法规制度体系，碳排放权交易试点首年实现良好开局，总成交量占全国 46.1%，交易总额占全国的 58.5%。

4 月 25 日，召开会议部署新能源汽车在广东的推广应用。会上提出，国家已正式发文把珠三角地区纳入国家新能源汽车推广应用示范区域。为了做好下一步的工作，6 月 18 日，广东又发布加快推进新能源汽车在珠三角地区推广应用的实施意见，随后，又在 9 月 26 日转发了国家推广应用新能源汽车的相关指导意见，提出要加快推广应用的速度和进程。

8 月 8 日，公布《广东省林业生态红线划定工作方案》，在全国率先开展林业生态红线划定工作。

8 月 28 日，举办泛珠环境保护合作联席会议第十次会议。泛珠在环境保护领域的合作机制已经有十个年头，主要在联席会议、环保规划、区域联防、联合应急执法、合作检测、产业合作、科技交流和联合宣教等方面发挥重要作用。

10 月 11 日，发布实施《广东省 2014 ~ 2015 年节能减排低碳发展行动方案》。

10 月 24 日，广东省第二批排污权交易签约，共达成约 12923 吨的交易总量，累计约 2068 万元的交易金额。

一年来，节能减排和环境治理工作取得新成效，生态文明建设向前迈进，全省空气质量指数达标率平均达到 80% 以上，灰霾天数同比下降 6%，总天数是近十一年最少的一年。

二 目前广东深化经济体制改革存在问题探讨

（一）继续破解影响企业健康发展的障碍，深度激发市场主体活力

虽然目前广东国企的内外部体制机制已发生了很大的变化，可以说，基本达到市场经济发展的要求，然而面对改革开放的新形势，国企需要以公平竞争、规范经营、注重效率、保值增值、提升创新动力、履行社会责任为核心向纵深推进改革，破解影响国企健康发展的体制性、机制性障碍。唯有打破习惯势力和传统观念的束缚，艰苦经营，克服这些障碍，国企改革才能取得成效。

广东民营经济仍有较大提升空间，具体表现为：第一，当前广东民间资本投资渠道仍然有限，私人投资难以涉足大多数基础性行业，虽然国发〔2010〕13 号文和粤府〔2011〕19 号文发布后，社会投资的“玻璃门”“弹簧门”现象有所减少，但是投资障碍还有待进一步清理，目前广民营企业在如电力、水及天然气的生产和供应、居民服务、卫生和社会工作、金融

等领域还有很大的发展空间。第二，对粤东西北地区的民间投资严重不足，大量集中在珠江三角洲地区。从内部分布来看，较为突出的现象就是，有实力的民营企业更偏好于分布在各类基础设施相对完备的市区，分布在县域的企业虽然数量可观，但是总体实力要相对薄弱很多，据估计，全省67个县和县级市的民营企业创造的GDP合计仅占全省的10%左右。民营企业在这些地区有很大的发展空间。“三单管理”不能追求统计数字，要从释放市场活力的角度，讲求实际效果。

（二）阻碍大众创业的主要因素仍然存在，市场规则有待更加公开透明

当前的具体表现为：一是政策落实“打折扣”。表现为，在支持大众创业相关政策的落实问题上，经常会出现“雷声大、雨点小，上头急、下面缓，政策有、措施无”等现象。因此，在进行体制机制顶层设计时，就应该同时制定宏观政策与实施策略，不给下一级政府留有“打折扣”的空间，除了制定鼓励、引导、禁止等原则性事项外，还应设置清单目录、数额和落实期限等“看得见摸得着”的具体事项。二是市场准入变相设门槛。事实上还有各种烦琐的条文，遏制了普通老百姓的创业愿望。三是资本融通有偏好。民办小微企业获得贷款比较困难、获得贷款的成本比较高。银行等主流的金融机构对这类企业贷款表现得不甚热情，迫使这些企业为解燃眉之急，转向民间借贷市场寻求高利贷，增加了企业运作的风险和成本。“临时救助制度、引导金融机构为民办小微企业提供贷款”等相关政策，尚不能不折不扣地落实。此外，政府也应承担起责任，建立支持民办小微企业的扶持基金，并监督好这些资金的使用；同时出台相关优惠政策鼓励大企业“以大帮小”，重点帮扶那些成长前景较好但当前生存能力较弱的民办小微科技创新型企业。

激发大众创业的积极性，政府的引导和监管是关键。虽然当前广东建设社会信用体系和市场监管体系、营造国际化法制化营商环境的“两建”工作已取得明显成效，但还存在一些不足：一是各部门之间的沟通协作有待加强，目前具有市场监管职能的部门众多，但各部门缺乏统一的规范和协调，

不利于“两建”工作的有效开展；二是社会参与程度仍有提升空间，“两建”工作单靠政府这只“有形的手”进行干预，终究“独木难支”，要把全社会的力量发动起来，共同对市场违法违规行为、企业背德失信行为进行有力监管与惩罚。

（三）粤东西北协调发展的瓶颈

珠三角地区经济先行的主要经验在于，通过市场冲破阻碍。俗话说的“路通财通”有一定道理，但并不全面，“路通”只是“财通”的必要条件，而非充分条件，充分条件是市场要素的对接。没有市场的一体化，发达地区与后发地区难以实现真正意义上的协调发展。路网先行，推进珠三角与粤东西北等后发地区的时空对接；从市场关系出发，在资源配置的引导下，通过建立合理的供应链，逐步形成适应市场需求的产业链，以强化珠三角对东西两翼和粤北山区的辐射力度，从而加速与发达经济体系的衔接与融合。两翼和粤北要脚踏实地走出一条新型城镇化发展之路。城镇化并非越大越好的“造城工程”，小城镇建设是关键，两翼和粤北更需要发挥小城镇的集聚和辐射作用。

粤东西北等后发地区必须清醒地认识到，如今最大的后发优势是环境。如果为了追求高速度和所谓的“跨越式发展”而不惜“杀鸡取卵、竭泽而渔”，付出竭尽土地和环境资源的代价，不仅不能取得预想中的进步，反而会把自己本身的优势消耗殆尽，得不偿失。但是珠三角周边地区不能满足于甘做“后花园”，要打造的环境范畴应包括生态、人文和营商等环境。物以稀为贵，目前最珍贵的资源就是生态环境，要保障粤东西北地区的可持续发展势头，就务必要时刻警示自身，遏制生态环境的恶化。我们应深刻认识人文环境建设对经济发展的决定性作用，忽略人文环境的建设，将它视为噱头，仅仅是提提口号而没有实际行动的话，经济的发展就很难做到名副其实。落后的发展往往归因于落后的营商环境，而这正是后发地区最缺少的。要形成经济发展的真正软实力、为经济后发地区的发展提供源源不断的内在动力，就必须做到自然、人文和营商等各类环境俱佳。

（四）珠江—西江经济带一体化发展需要注意的问题

一是要把握配置市场要素的深度和营造产业供应链的力度。协调发展和经济合作的根本基础在于市场要素的配置与流动。珠江—西江经济带的本质是区域经济一体化，关键是要破除各类人为的壁垒，减少因为重复建设而造成的资源浪费和恶性竞争，缓解环境、资源紧张的难题，实现错位发展。要打破人才、资金、商品等自由流动所面临的“非市场”障碍，需从资质认证、规范标准和准入条件等方面入手，引导企业自愿流动、合理布局。

二是要充分发挥市场主导作用。实现珠江—西江经济带一体化发展，必须在经济带的市场要素质量、技术创新能力和资金筹措能力上有大的突破。在注重加大经济带基础设施投入的同时，必须加大对创新的关注、引导和扶持，盘活蕴含在这一广阔经济带的民间资本。珠江—西江经济带需要建立从权益性融资到长期信贷融资，从公开融资到非公开融资的多元的金融支撑体系，并将资金链植入产业链和供应链的各个环节，使资金链与产业链、供应链深度融合，以满足珠江—西江经济带发展对资金的强大需求。

（五）廓清对自贸试验区建设的模糊认识，加大开发力度

一是自贸试验区不是“政策洼地”。有一种观点认为自贸区“比特区还特区”，可以享受特殊的税收优惠政策，是得天独厚的“政策洼地”。上海自贸试验区的经验告诉我们，这是对自贸区认识上的误区。我们总是希望中央多给更优惠的政策，主要是税收的减免，至少是“制度创新和政策优惠相结合”。但是，中央明确表示“不在自贸区实行税收优惠政策”。实行有法治的、透明的、统一的规则，市场才能高效率地配置资源，资源要素才能高效率地流通。建设自贸试验区，靠的是制度上的改进，而不是靠优惠政策坐等资源要素自动流入，再造一个特殊的“政策洼地”。事实上，洼地越多，障碍越大，困难越多，效率越低。自贸试验区不搞“政策洼地”，主要的意思是指不在自贸区内实行税收优惠政策。自贸试验区建设所要做的，是

要着眼于推进税收“营改增”，着眼于实现传统制造业的升级改造和现代服务业的繁荣发展。

二是自贸试验区不是传统的“工业园区”。自贸试验区不是传统的“工业园区”或“开发区”。各类功能性“工业园区”“开发区”，是三十年来经济发展普遍采用的模式。作为与广东经济快速增长密切相关的促进因素之一，“工业园区”“开发区”对经济发展的推动作用，主要体现在提高出口额度、吸引国外先进技术和利用外资等方面。目前“工业园区”“开发区”的发展需要克服对外资企业的依赖，扩大技术外溢效应；需要克服对核心大企业的依赖，扩大集聚效应；需要改变“短平快”的园区政策，力避资源浪费和“候鸟企业”现象。在“工业园区”“开发区”建设上，确曾有很多行之有效的经验，最基本的经验就是招商引资，投资推动。但是，自贸试验区已经不是传统意义上的“工业园区”“开发区”，不能以惯性思维，固守用“工业园区”“开发区”模式搞自贸试验区建设。自贸试验区建设的核心是制度创新，创设与国际接轨的市场环境和创业环境，绝非单纯的招商引资。更不能把自贸试验区当成招商引资的“工业园区”“开发区”，借机圈地搞开发，借机提升房地产价格。

三　2015年广东深化经济体制改革建议

2015 年，广东经济社会要实现健康稳定的发展，仍面临着经济结构不合理、体制机制不健全、创新驱动力不足、区域发展不协调、环境资源约束趋紧等问题，经济下行压力依然存在。展望 2015 年，我们仍需加大制度创新力度，加快破解发展瓶颈以增强发展动力。

（一）以法治开拓经济体制改革新航程

10 月底，十八届四中全会召开，聚焦我国的法治建设，开启法治经济 2.0 新时代。作为有效的保护产权、调节利益的机制，法治深深嵌入到社会主义市场经济的运行过程中。正是有了法治的护航，市场中的信用才更扎实、交易才更顺畅，在市场交易过程中，出现的侵犯经济主体合法权益、不平等竞争等各类市场失灵现象，正是我国的法治所要严厉制裁的。正如习总书记所言，十八届四中全会是三中全会的姐妹篇。这个所谓的“姐妹篇”的内在要求之一，就是以法治观念、精神、准则和方法深耕于经济体制改革中，以法治开拓、护航经济体制改革新航程。

《全国人民代表大会关于修改〈中华人民共和国立法法〉的决定》，赋予所有设区市地方立法权。按照立法法规定，设区的地级市可以就地方性法规立法。从现在开始，各设区地级市，应启动立法的准备，组织力量评估各市的立法能力和立法需求，设计具体步骤和时间表，并以此为契机以法治开拓经济体制改革新航程。推崇法治经济，就表示着，我们要以加强现代产权保护制度、捍卫契约精神、规范市场标准、实现市场准入的平等地位、对市场进行有效的监督管理等作为基本的引导方向，完善现有经济法律体系，保障市场决定性作用和建设法治型政府。要体现改革的法理依据，就要在深化改革、大胆创新的同时实现立法的同步，立法也要及时适应改革大业发展的需要，做到改革创新有法可依、有理可据。当前，我们正处在一个关键阶段，决定了全面建成小康社会成功与否，也关系到进一步改革攻坚成功与否，这一时期，改革的重担前所未有、改革的道路仍需探索远行，在此时，用“法治”来规范我们的行为显得更为重要和必要，务必要确保改革这辆列车在法治的轨道上有序行进。

法律是治理国家的重要工具，特别是要有好的法律；没有好的法律，善治就仅仅是空谈。当前三中全会已为我们全面勾勒了经改领域立法详细的路线图：其一，以公平平等为基本原则，加强保护各类企业和个人的财产权，完善现有产权保护制度，废止有悖公平理念的法律法规条款；其二，紧紧围绕公有制这个重点，创新表现形式多种多样的体制机制对各类财产的所有权、经营权、收益权等进行有效、及时的保护，切实做到国家依法保护企业实现自身合法权利、实现自主经营；其三，立法鼓励自主创新，完善现有保护制度，优化当前科技成果孵化的管理体制机制；其四，加强流通市场的法治建设，制定和完善相关方面的法律法规，推进消费品和生产要素的自由流动，实现平等使用和公平交易；其五，做好政府对市场的干预，管制垄断，鼓励有序、合理的竞争行为，维护公平竞争的市场秩序。

（二）继续厘清政府和市场的界限

经济基础决定上层建筑，经济基础的决定作用要求把经济体制改革作为重点，所以全面深化改革必须以经济体制改革为重点，而经济体制改革的核心是政府和市场的关系，让市场决定资源的合理配置。在深入推进经济体制改革的过程中，要厘清、处理好政府与市场之间的关系，这也是国民经济能否健康发展的决定性因素。与此相关，政府要立足于将权力形式透明化来制定相关权责清单，推动政府职能转变，促使政府转型，以更好地服务于企业和社会转型。

我国经济发展的过程，实质上也是由政府主导一切到政府逐渐还权于市场、市场运行机制逐渐完善的转变过程。对政府应起的作用进行合理的界定，规范“有形之手”对市场的干预行为，充分发挥市场本身的主观能动性，这对于当前我们推进政府简政放权、打造服务型政府，具有非常重要的现实意义。

正确处理两者之间的关系，依托市场经济基本运行规律来配置资源，实现资源配置状态达到“帕累托最优”，实现效率和效益最大化。而政府则应基于社会和市场提出的要求，还权于市场、还权于社会，更多地在提供公共服务、打破不正当的垄断行为、打击欺行霸市等方面发挥作用，以“简政放权”构建法治化国际化的营商环境，减少“有形之手”对资源配置的过多干预行为。

因此，经济体制改革的重中之重，仍然是厘清上述两者之间的关系，并处理好彼此间的关系，遵循市场经济体制运行的基本规律，更好地发展政府的调控作用。全面深化改革，就务必紧扣市场配置资源的决定性作用这一要点，加快完善基本经济制度和现代市场体系，加快由粗放型增长向集约型增长的转变，适应“新常态”。正确定位好政府和市场各自应扮演的角色，以经济建设为中心，坚持发展，这也正是解决广东当前所有问题的关键。

（三）扎实推进市场准入“三单管理”

对于广东而言，试点对充分激发市场主体活力、构建新型营商环境具有非常积极的现实意义。目前我省市场准入改革已经由“负面清单”管理模式进入到全新的行政审批“负面清单”“准许清单”和“监管清单”的“三单管理”模式。强调赋予市场主体更多的主导权，为市场发挥决定性作用提供更大空间；明确政府发挥作用的边界在哪里，减少市场寻租行为的滋生空间。全新的“三单管理”模式通过权力标准化与网络行政相结合，运用“网络倒逼”的手段，构建透明公平、监督有力的权力运行机制，让政府与市场的边界更加清晰，从而大大释放市场活力，构建更为有序的市场环境。

全面试行“三单管理”模式，首先，应注重市场决定资源配置的基本要求，其次，也应注重更好发挥政府作用，该放的“权”要放手，该管的“责”要管紧。第一，加强事中、事后的监督管理。合理配置政府资源，从机构设置、人员配备等方面向市场监管倾斜，推动政府机构和人员从履行行政审批职能向履行市场监管职能转化，特别是加强建设基层监管。以“依法监管、从严监管”为原则，加强对进入行业领域后的市场行为进行“无死角、无盲点”的全过程、全视角监管，既要放开，也要管住“三单管理”没有涉及的事项。第二，完善监管协作机制。改进市场监管方式，消除多头执法、重复执法、选择执法、粗暴执法。创新监管方式，依靠新技术、新设备提升监管水平，降低监管成本。整合监管职能，完善跨部门、跨领域、跨行业监管协作机制，组建综合性、权威性的市场监管机构。强化政府、行业与社会“三位一体”的“大监管”格局，提升监管“触角”所能达到的广度和深度。第三，加快社会信用体系建设。健全社会征信体系，构建市场主体信用信息动态数据库，作为各类主体从事各类市场活动的重要依据。设置不同的信用等级，并以此为依据，分类管理各种市场主体，支持和奖励守信者，限制失信者，并建立“黑名单”制度，让严重违法失信者离开或者不得进入市场。

（四）进一步简政放权，定点指向促进创业就业

敢为天下先的广东，大胆先行先试，勇尝“头啖汤”，取得骄人的成绩。十八届三中全会以来，广东着力于简政放权，构建服务型政府，让简政放权释放出更多的改革红利，大力推进包括工商企业登记制度改革在内的行政审批制度改革，勇下简政放权的先手棋。

简政放权，还权于市场，让市场决定资源配置和合理流动，激发社会活力的巨大能量。当前，我们强调简政放权，就必须改进目前监管市场的传统模式，并确保市场竞争秩序平稳有序，只有这样做，才能创造出更有利于市场主体发挥能动性，促进经济增长、社会发展的市场环境，激发更多的市场主体去投资创业、提供更可观的就业供给量，让更多的普通老百姓尝到改革的甜头，踏上自主创新、自立创业、发家致富的轨道，为进一步深化改革、构建服务型政府，以及经济、社会有序协调可持续地发展传递正能量，切实保障社会主义市场经济的永续生命力。身为改革开放排头兵的广东，自身就积蓄了数量可观的改革成果，人民群众也从中收获不少效益，从而为以商事登记改革为重要途径的简政放权提供了必不可少的基础条件，使之得以在全国率先启动。这一改革，在相关部门分工协作上基本没有遇到多少障碍，各项具体措施、改革事项非常顺利且落实到位的速度之快令人惊叹。与改革之前相比较，改革之后，办事效率、办公态度有显著改善，企业最快可在一个工作日内就拿到营业执照，由此激发的创业激情非常可观，新注册的企业数量急剧增长，刮起一股创业新热潮。可以说，商事登记制度上的创新，从本质上大大促进了政府简化行政审批和还权于市场、还权于社会，使广东全面深化改革取得实质性的推进。

要认识到，衡量简政放权对激发社会主体活力的效果高低的主要指标，也是具体指标，就是它所创造或衍生的就业机会增量。取消或者下放了多少个政府审批事项，仅仅是一种手段，并不能作为体现简政放权实施效果的标准，效果在于政策实施后对实施前状态的改变程度，因此，衡量效果，还是要看所激发的创业者积极性和创新性的程度大小和所创造的工作机会的增量

高低等方面。广东小微企业数量可观，在推动“大众创业、万众创新”和实现老百姓收入增长等方面发挥了不可取代的重要作用，是广东经济发展名副其实的重要支柱，也是“新常态”下广东实现平稳增长的坚实基础。此外，小微企业也是为每年新增的大量就业人口安排去处的重要渠道，每年都吸纳了数以万计的专、本科大学毕业生，是全社会就业的供给主力。以前，由于注册登记条件烦琐、审批环节过多、融资难且贵，使得小微企业的发展遇到不少阻力，不能很好发挥它的就业容量效应。“新常态”下的“稳增长”，也迫切需要减少各级政府对市场的干预，降低准入门槛，放开搞活小微企业，这样小微企业对就业的贡献能力才愈发显著。2014 年，在广东找工作的高校毕业生估计就占了全国高校毕业生的 1/10 左右，其中有 47 万左右是广东应届的大学毕业生。大学生就业形势如此严峻，简政放权措施对于拓宽大学生就业、创业的途径，促进经济发展、社会和谐就更具现实意义了。

（五）实施“互联网＋”创新驱动，严格保护知识产权

当前，广东已经进入了中速增长的新时期，要实现在未来一个时期内经济仍保持稳定增长态势，就必须准确剖析“新常态”并主动、积极地去适应它、引领它，而不是被“新常态”牵着鼻子走。在新形势下，市场发挥作用的基本规律将对市场主体进行“优胜劣汰”的筛选。往往代表着强大生命力或潜在生命力的自主创新主体，能获得更多资源支撑而生存、成长、壮大。残酷的市场竞争将反过来迫使市场主体为了在市场占据一席之地，而走上创新驱动的道路，进而，创新驱动也将成为保持当前经济健康平稳可持续发展的必然选择。

在新一轮科技革命和产业变革中，“互联网＋各领域”的融合发展具有广阔前景和无限潜力，已成为不可阻挡的时代潮流。发挥广东已经形成的互联网比较优势，加快推进“互联网＋”发展，重塑创新体系、激发创新活力、培育新兴业态和创新公共服务模式，打造“大众创业、万众创新”有效双引擎，形成经济发展新动能，对广东经济提质增效升级具有重要意义。

目前创新驱动所面临的主要障碍还是防不胜防的侵权盗版，这极大地打击了市场主体自主创新的激情和动力。为保护“大众创业、万众创新”的活力和积极性，应强化知识产权保护体制机制，为创新驱动扫除盗版侵权这头“拦路虎”。

要加强现有保护力度，对知识产权实行更为严厉的保护机制。完善省、市、县三级知识产权行政执法体系，充实知识产权审判和行政执法力量。完善查处产权侵权的机制，使行政执法部门和司法部门之间的犯罪线索移交渠道保持顺畅，并使之常规化、日常化，加强综合执法的力度。

构建知识产权一站式综合服务公共平台。所谓的综合服务，包括的内容非常多，从知识产权权利的获取、流转、权利保障和信息支撑等视角对其进行诠释，可以发现，相关法律、政策的制定和实施，以及财政资金扶持等都应该包括在内。此外，还包括代理服务、咨询服务、信息服务等等。相信随着广东深入实施知识产权战略以及知识产权业务的增加，将对相关服务体系提出包罗万象的一站式要求，具体包括专利供给信息发布、专利价值评估、科技成果产业化、中介交易、金融支持、维权中介等内容。可考虑专门设立这样的一类服务平台，覆盖专利获得、产业化实施、成果转让、金融支持以及维权援助等环节，为知识产权主体提供综合服务的“单一窗口”。

加强知识产权的行政保护。组建省一级的知识产权管理中心，统一完成对相关事务的行政管理，针对专利、商标和著作权等各个保护领域的管理特点，分设各类子中心实现分类管理，避免“一刀切”。充分发挥广东专利审查协作中心的作用，争取国家商标局联合设立商标查询和核准注册中心在广东布点。

做好知识产权的司法保护。探索跨地区的案件异地审理机制，打破对侵权行为的地方保护。建议进一步完善广东省知识产权法院体系设置。向上，考虑设置一个等同于高级法院的知识产权终审法院，避免因普通法院与专门法院审判人员专长不一而导致出现裁判尺度不一致的问题；向下，出于方便群众的目的，选择案件较多的城市设立广州知识产权法院的派出庭，以降低当事人的诉累。

对侵犯他人合法权益的行为，要进行严厉的打击。除了要依法对各类恶性侵权行为进行严厉查处外，其他各类纠纷案件也要及时处理，要把侵权的萌芽扼杀在摇篮里。要提升侵权补偿额度、处罚程度，增大力度打击侵权犯罪行为，对犯罪分子形成更强的震慑作用，让部分犯罪分子有“贼心”但“闻风丧胆”，降低侵权犯罪率。加快推进知识产权的信用体系建设工作，建立侵权“黑名单”，限制或处罚恶意侵权者。

（六）自由贸易试验区建设重在制度创新

自2014年底全国人大会常委会做出新设三个自贸试验区的授权决定后，广东自贸区建设走上快车道。2015年1月19日，广东省公布《中国（广东）自由贸易试验区管理办法》（征求意见稿）。这个征求意见稿显示，广东自贸区将充分吸纳上海自由贸易试验区取得的经验，在“一口受理”服务窗口、对外投资一律实行备案制、投资项目“三单管理”试点、由“实缴登记制”改为“认缴登记制”等方面争取重点突破，这也是在吸取了多年来粤港澳深度合作经验的基础上可实现的创新成果。此外，为了保证自贸区的整体发展，规避不必要的重复建设，各个片区之间要做好分工，实现整体的协调发展。

作为目前最重要的国家战略之一，自贸区建设的重心应放在创新现有制度，形成一整套与国际通则相接轨的制度框架上。广东自贸区的建设是广东光荣艰巨的历史使命，将广东自贸区打造成引领经济转型升级、争创竞争新优势的高地与平台，是广东在“新常态”下谋求经济稳定增长的头等大事。

中央对新批准的三个自贸试验区各有不同的定位要求，广东自贸试验区要充分发挥与香港、澳门两地的地缘优势，重点着眼于和香港、澳门两地（尤其是在现代服务业上）的开放和对接，“优先发展金融、科研等高端服务业”。推动服务贸易自由化、粤港高端服务的合作等，既是广东自贸试验区发展的重点，也是广东自贸试验区与其他各自贸区错位发展的特点。广东要利用自贸试验区的新契机，落实CEPA框架的细则，在此基础上稳步打造CEPA升级版。

面对一系列新的挑战，是投资推动，还是创新推动，这是确定自贸区建设方略的关键。中央的要求和上海的经验都确定无疑地说明，自贸试验区下一步的先行先试和开发建设都要紧紧围绕“制度创新”这一要义来展开，这也是自贸试验区的“生命之本”。当前的首要任务是，积极尝试建立和香港、澳门两地进一步深入合作的新体制新机制，立足于提升便利化来改进现有的通关管理模式，建立健全与国际投资贸易通则相接轨的行政管理系统，以法治化、国际化视野构建新型营商环境，为全国自贸区建设积累新经验、提供新样本，为“新常态”下经济稳定增长做出贡献。当务之急是积极探索“一口受理”服务窗口、对外投资一律实行备案制、投资项目“三单管理”试点、由“实缴登记制”改为“认缴登记制”、先照后证，等等。尤其是在贸易发展和便利化方面，要创新通关监管服务模式、创新海关监管制度、创新检验检疫监管制度，创新人员进出境管理和国际贸易单一窗口受理。

要把握自贸试验区金融创新的独特之处。金融创新是自贸试验区建设的重要任务，又是在监管条件下的创新。金融监管是金融创新的动力之一，所有的“金改政策”都会置于监管的框架之下，指望更多放松金融监管，是不切实际的幻想。再多的“金改”政策条文，都是为自贸试验区搭建金融创新的平台和创设金融创新的环境，而不能替代自贸试验区自身的金融创新。

自贸区制度改革创新是全方位的，涉及很多层面，其难度势必非常之大。自贸区建设不能搞“短、平、快”，即使正式挂牌也不会“立竿见影”，马上取得“轰动效应”是不切实际的幻想。要以改革创新的精神，在改革试验中脚踏实地不断地推进和延伸。以实现贸易自由化，特别是实现服务贸易自由化为标志，在全国范围做出具有说服力的示范，为全面深化改革、扩大开放和经济发展做出更大的贡献。

（七）高度重视建设资源节约型社会和生态文明

当前的工业产业结构，对需要承载经济发展的环境资源造成了巨大的负担，而且，在造成环保成本提升的同时，并没有带来与所付出代价相对等的经济发展质量和效益整体水平的实质性提升。要加大对需要消耗大量能源、生产材料和环境资源的“三高”产业投资建设的限制力度，下定决心淘汰、退出或转移这一类不利于节能减排的落后产能，加大对服务业和高新技术产业的支持力度，鼓励和支持清洁能源的生产。严格对照“三单管理”坚决淘汰落后和过剩产能。对于违规在建和已投产项目，要依据法律相关规定对其进行取缔，毫不手软；对于申报新增的、市场供给已经严重超过需求的项目，则不得核准或备案，要做到责任落实到位、违者必究。

建设资源节约型社会要发挥市场机制的决定作用。该让市场基本规律发挥作用的，就让市场去做，“有形之手”不要轻易出手干预，避免矫枉过正。这不仅有利于建设资源节约型社会，而且能使百姓从中受益。资源价格形成机制不合理，资源市场的自我调节作用就不能更好地发挥出来，必须改变行政力量主导资源价格制定的现状，让资源价格真正起到指导生产、引导需求的能动作用。

建设资源节约型社会，需要实施鼓励和支持节能减排行为的政策措施，从税收、财政补贴等方面给予一定程度的优惠，实施绿色金融政策。加强节能减排方面的社会信用信息系统建设，鼓励金融机构将企业的节能减排守信信息作为考核还款能力的一个重要指标。搭建环保节能项目对接私人股权投资、VC（风险投资）的重要平台，引导社会资本加大对符合要求的环保节能企业或项目的投资力度。

要高度重视流域经济。广东雨量充沛，河流众多，东江、北江、西江和韩江长度最长，是广东省的四大主要水系。流域经济是广东区域经济的重要组成部分，发展流域经济，推进广东大小流域综合整治，是建设生态文明的重要课题。要加强水源涵养林地建设，防止流域水系污染，尤其是要防止流域结构型和格局型的污染。亟须完善流域下游对上游的补偿机制，上下游共同建设生态文明，是落实流域经济协调发展的关键。

（八）继续深化农村经济体制改革

建立引导农业企业、专业合作社开展本土优势产业科技创新，推动农业产业走向高值化的激励机制，鼓励发展规模种养户，扶持发展农民合作社和农业龙头企业，提高农业生产组织化程度。创新农产品流通模式，探索“互联网＋农产品流通”模式创新，鼓励开展竞价、订单、期货等新型农产品交易方式。在巩固已有涉农政策性保险基本项目的基础上，研究开设新险种，逐步探索建立涉农保险巨灾准备金制度。

全面开展农村土地经营权抵押贷款试点，要求农业生产者在不改变土地所有权性质、承包关系和农业用途的条件下，可将农村土地经营权作为抵押物，向金融机构申请贷款，从而将土地变成农民手中的资本，进入资本市场，盘活农村土地资源。

建立农村宅基地有偿退出机制，全面推进农村住房抵押、担保、转让改革，形成农村宅基地动态化、常态化管理制度。规范农村集体建设用地流转交易市场，推动农村集体建设用地流转交易公开、公正、规范运行，实现城乡建设用地同权同价。完善土地征收和补偿安置制度，探索建立兼顾国家、集体、个人的土地增值收益分配机制。

继续深化农村经济管理体制改革。一是推进农村“政经分离”改革。深入推进以“村改居”、创新基层党组织建设、完善基层组织管理和深化股份合作制改革为主要内容的农村综合改革。二是推进农村集体资产管理改革。建立农村集体资产交易平台、农村财务网上监控平台、集体经济组织成员股权管理交易平台“三大平台”，推进农村集体资产产权确认和集体经济组织成员资格确认，推选农村“股权固化到户”。三是推进农村土地承包经营权确权登记颁证试点工作。四是完善农村“三资”管理制度，全面开展建设农村股权管理交易平台的试点工作。

（九）发展混合所有制，深化国资管理改革

将发展混合所有制作为深化国有企业产权改革和推进现代企业制度的重要手段。发展混合所有制的实质就是深化产权制度改革，核心是推动国有企业在产权清晰、委托代理制度方面进行有效改革，通过不同所有制资本的混合来推动产权结构的调整，推动国企改革取得新突破。

将发展混合所有制作为增强国有经济活力、实现各种所有制资本共同发展的重要途径。深化国有企业改革的重要任务是要增强国有经济的活力和竞争力，鼓励非公有制企业参与国有企业改革，引入社会资本和民间资本，通过不同所有制资本的融合使国有企业的体制和机制更好地适应市场竞争。发展混合所有制来改变资本固定化、碎片化的状况，可以促进市场公平竞争，促进资本流动性。通过推动各类所有制企业产权的流动和重组，提高国有资本的流动性，释放国有资本存量潜能、增强增量活力，发挥资本杠杆作用，放大国有经济功能。

同时，还要对过去“集团公司重要子公司参照国有企业管理”“管人管事管资产”、延伸监管、决定重要人事任免等管理方式做出适度调整，倒逼国资管理体制向“以管资本为主”转变。

B.2

2014年广东省深化行政体制改革研究报告

广东省体制改革研究会、广东省综合改革发展研究院课题组

摘　要：本报告通过问卷调查得出，在2014年广东省行政体制改革过程中，行政执法体制改革最为缓慢，网上办事大厅最为顺利，问题原因涉及时序所限、利益束缚、落实不够、创新不足，以及法治不彰。展望2015～2017年，本报告提出了时序路线性、方向原则性与推进机制性三个层次的对策建议。

关键词：行政体制改革　行政执法体制　行政审批改革　网上办事大厅

2009年3月，广东省政府正式公布《广东省人民政府机构改革方案》，启动新一轮政府机构改革。深圳、顺德等地也相继启动大部制改革，全省由此掀起以行政管理体制改革为重点的综合改革。几年来，广东省紧抓行政体制改革，统筹推进政治、经济、社会和文化等领域的体制改革。时至“全面深化改革元年”的2014年，习近平总书记在“两会”期间参加广东代表团审议并发表重要讲话，重申了“三个定位、两个率先”的总目标，同时强调广东省要在全面深化改革中走在前列。

2014年以来，广东从省到市县在行政体制改革方面爬坡迈坎、先行先试，对全面深化改革起到了起步开局和全面部署的重要奠基作用。同时，全

面深化改革也面临一系列的矛盾和问题，急需系统完备、科学规范、前瞻明确的时间表与路线图。本报告以省委十一届三次、四次全会精神为指导，立足经济发展新常态，坚持稳中求进工作总基调，推动经济社会平稳健康发展，以狠抓落实开创广东行政体制改革发展新局面，为全国改革提供具有可复制、可推广的改革样本。

一 2014年广东省深化行政体制改革的主要进展

根据中共广东省委贯彻落实《〈中共中央关于全面深化改革若干重大问题的决定〉的意见》（以下简称《改革意见》），其中与行政体制改革密切相关的是“创新行政管理职能与方式，建设法治政府和服务型政府”部分。该部分共有六大类，在暂不考虑其中的“深化投资体制改革”板块的情况下，课题组专家建议将其他五大类分解为49个子项。

根据省委省政府出台的2014年全面深化改革的重点工作安排，2014年全省改革任务进展情况分为三类。

一是省级推进事项，共25项。是以省级为主的改革，例如：“制定省行政审批监督管理条例”。二是市县级推进事项，共33项，主要是发挥基层首创精神，市县先行先试，形成一定改革经验，例如深圳在政府购买服务方面实行“负面清单”的率先实践。三是省和市县共同推进事项，共18项，是第一项与第二项的交集，主要是指对适用于省和市县改革的事项，各级均积极主动推进改革。

表1　2014年行政体制改革推进总体情况

行政事项 / 改革情况	行政体制改革
省级推进事项	25项
市县级推进事项	33项
省和市县共同推进事项	18项

注：“省和市县共同推进事项”是“省级推进事项”和“市县级推进事项”的交集。考虑到2014年是全面深化改革元年，也分别计入“省级推进事项”“市县级推进事项”，便于论述。

（一）2014年政府机构和职能设置的改革进展

优化政府机构和职能设置分解为 13 个子项。2014 年省级推进事项 4 项，市县级推进事项 11 项，省和市县共同推进事项 3 项，见表 2。

表 2　2014 年优化政府机构和职能设置改革进展情况

改革情况＼行政事项	优化政府机构和职能设置
省级推进事项	4 项
市县级推进事项	11 项
省和市县共同推进事项	3 项
各级推进缓慢事项	1 项

注："省和市县共同推进事项"是"省级推进事项"和"市县级推进事项"的交集。考虑到 2014 年是全面深化改革元年，也分别计入"省级推进事项""市县级推进事项"，便于论述。

1. 省级推进事项的进展情况

省级推进的事项共 4 项，其中亮点是探索建立政府部门权责清单制度，其推进情况如下。

一方面，省直部门公布了横向权责清单。2014 年底，省发展改革委等第一批 11 个省直部门的权责清单（包括正在行使的各类权责事项共 1795 项）和职能调整目录（包括各类权责事项 1326 项）已正式向社会公布。另一方面，开展纵向权责清单清理的试点。省委省政府选择了珠三角的惠州、粤东的汕头和揭阳、粤西的茂名、粤北韶关 5 个试点市，跟省对应单位制定权责清单，以进一步理顺层级政府之间的权责关系。

在政府机构和职能设置改革领域，除权责清单制度改革之外，主要还有具有广东特点的两大进展：一是在控编减编方面，2014 年发布了《关于严格控制机构编制总量确保完成控编减编任务的通知》，要求各市贯彻落实严格控制机构编制总量、确保完成控编减编任务，明确了下一步控编减编的目标任务。二是在职能转变方面，省商务厅、省发改委、省经信委等部门印发了新的"三定"方案。其中，省经信委取消了 15 项涉及企业、园区评定，办理行业政策审核和出具证明的职责，将 12 项社会组织和其他行业协会、政府相关部门可以承担的职责转移。

2. 市县级推进事项的进展情况

市县在优化政府机构和职能设置方面先行先试，取得了具有推广意义的改革经验，共有 11 项。其中主要亮点是事业单位改革和统筹党政群机构改革。

首先，事业单位改革的新进展不俗。深圳市以“去行政化”为目标，对市直部分试点事业单位进行人事调整与改革，重点是从“花钱养人”变成“花钱养事”，同时，逐步向这些试点单位放权，提升它们在单位内部职员选拔任用等方面的权限。事业单位公共服务目录涉及市级公益一类、二类事业单位 121 家，囊括经济、信息、教育、卫生等 19 个行业，涵盖公共服务事项 688 项。汕尾也与中信医疗签署了《汕尾市直公立医院改革合作协议》，双方宣布将共同对汕尾市人民医院、汕尾市妇幼保健院、汕尾市第三人民医院三家市直医院进行改制重组，为医疗卫生事业单位提供了改制样本。广州、云浮在事业单位法人治理结构试点方面进一步推进，逐步完善独立运作、自我发展、自我约束、自我管理的法人治理模式。

其次，统筹群团组织机构改革也有新进展。各地市县以群团组织为突破口进行了积极探索。成绩比较突出的有中山的枢纽型社会组织改革。中山团市委在建设枢纽型社会组织试验区的过程中，先后打造了六大各具特色的青年社会组织孵化基地，形成了青年社区学院—社会企业—青年社会组织“三驾马车”新型共青团工作格局。

3. 省和市县共同推进事项的进展情况

省和市县在 3 个领域中形成合力，上下联动的改革动作较为突出，其中亮点是省、市和县（市、区）推进政府机构改革。

2014 年初，广东省出台了《关于市县政府职能转变和机构改革的意见》（粤办发〔2014〕4 号），明确了改革内容和要求，正式启动了新一轮的机构改革。从调整内容来看，主要包括三个方面：一是整合职能，组建部门，如组建新闻出版广电部门，整合食品药品监管职责，组建食品药品监管部门，组建经济和信息化部门和商务部门。二是职能划转。如不再保留物价部门，将物价行政管理职责划入同级发展改革部门。三是改革机构管理体制。将工商、质监省级以下垂直管理体制调整为市县政府分级管理。

在市县层面，由于各地方政府既有机构设置基础有所差别，因此在推进过程中，市县政府积极落实省机构改革方案，都完成了“规定动作”。此外，根据省委全面深化改革要求，将政府职能转变与机构改革、权责清单制度结合起来，上下联动，还进行了两个方面的创新，创出“自选动作”。

一是再微调，进一步根据各自实际情况进行了一定程度的再微调。例如，深圳市将市场监督管理局由局升格为委员会。二是再新设。市县政府也根据近年来当地经济发展特征与趋势，进行机构设置创新。例如阳山县新组建部门6个，其中组建的县经济和信息化局，并挂县中小企业局牌子；组建的食品药品监管局，整合了原先分散在多个部门的食品药品监管职责。三是再裁撤。省级在此轮机构改革过程中全面清理了省直议事协调机构，合计共撤销175个，合并1个，精简率达60%。

4. 改革成效

全省在权责清单制度改革、事业单位改革、机构改革等方面成效显著，这些改革在一定程度上为其他省份和地区的相关改革做出了表率。

一是权力清单制度走在全国前列。中央层面是先提“权力清单”，再提“责任清单”。广东省先行一步，以整合化的“权责清单”开拓行政体制改革新空间。省委省政府按照积极稳妥原则，在部分地区和部门依法依规、先行先试，再逐步向全省各市县各部门推广。目前，各试点单位公开权责清单较为积极主动，在全国产生了积极影响。中国共产党新闻网、人民网、新华网、光明网、《法制日报》等国家级媒体均转载了广东省公布首批省直部门权责清单的新闻，四川省政府网站转载了广东省权责清单改革经验。

二是为全国事业单位改革提供了有益经验。在改革过程中，事业单位机构编制资源得以精简，公共服务资源整合优化，公益属性进一步增强，使得事业单位更加自主，更有能力提供公共服务。广东的改革，把事业单位改革的主要矛盾梳理得越来越清晰，为全国实施改革奠定了基础。

三是政府机构改革使职能分布格局进一步优化。此次机构改革在市场监管、人口服务管理、文化等方面通过职能整合、合并同类项，逐步形成了更加板块化、宽职能的政府机构设置格局，部分垂直机构管理模式调整也强化了基层政府的工作责任。

（二）2014年行政审批制度的改革进展

该改革板块可以分解为12个子项。2014年，省级推进事项7项，市县级推进事项9项，省和市县共同推进事项6项，见表3。

表3　2014年深化行政审批制度改革进展情况

行政事项 改革情况	深化行政审批制度改革
省级推进事项	7项
市县级推进事项	9项
省和市县共同推进事项	6项

注：“省和市县共同推进事项”是“省级推进事项”和“市县级推进事项”的交集。考虑到2014年是全面深化改革元年，也分别计入“省级推进事项”“市县级推进事项”，便于论述。

1. 省级推进事项的进展情况

2014年，省级推进行政审批制度改革共7项。其中亮点是一系列的严格规范制度体系建设。

一是行政审批目录管理制度。2014年5月，省政府公布各部门保留的行政审批目录，行政审批的实施、监督和公开等以公布的目录为依据。2014年11月6日，印发了《广东省行政审批事项通用目录》（粤府办〔2014〕62号），加强行政审批事项目录管理，细化通用目录事项子项。二是规范行政审批事项和流程。省编办编制发布了《行政审批事项编码规则》《行政审批事项办事指南编写规范》《行政审批事项业务手册编写规范》三项地方标准，确定每一项审批事项的唯一身份，规范和优化审批依据、条件、期限、流程、裁量准则等事项，推进流程再造。三是加强行政许可的监管。《广东省行政许可监督管理条例》经省人大审议通过，于2015年1月1日正式生效。条例按照“设定严格、实施便民、监督有效”的原则，立足于广东行政审批制度改革工作实际，总结相关经验做法，对行政许可的设定、实施、评价和监督检查等监督管理活动进行了全面规范。

2. 市县级推进事项的进展情况

市县级在9项行政审批改革方面重点深化，其中主要亮点是行政审批标准化试点。作为《改革意见》要求的“研究制定省行政审批标准化实施办法”前期工作，惠州、江门、茂名、河源、佛山、阳江、潮州等地试点较为顺利。各试点城市的情况如下。

惠州市在改革过程中，进一步在市发改局、市质监局和市安监局3个市直单位和惠城区先行试点。4个试点单位经过一年的建设，逐步实现了同等条件受理、同等标准审查和同等时限办结，以及无差别化审批覆盖全市，平均承诺办理时限从平均法定30个工作日缩减到5个工作日。江门市于2014年8月开始实施餐饮服务行业行政审批标准化试点工作，已验收成为全省首个行政服务标准化研究推广基地。

茂名市出台了《关于加快推进茂名行政审批标准化全面提升政府服务效率和质量的指导意见》，加快对市、区（县级市）、镇（街）三级行政审批事项名称不规范、数量差异大、标准不明确等问题予以统一规范。目前，已对市级1044项、5个区（县级市）及3个经济功能区4326项、110个镇（街）共6380项行政审批和社会服务事项进行了标准化梳理，完善了每个事项的办事指南，明确事项办理环节权责、时限、收费、审批设置、主体、条件、环节等，并全部对外公开。河源市的第一批试点已基本完成。其中，市直3个试点单位26项行政审批事项累计缩短审批时限332天。潮州市也发出了《关于推进行政审批标准化建设的通知》（潮机编办〔2014〕5号），选择湘桥区、市经济和信息化局等作为试点单位，开展行政审批标准化试点建设。

同时，在“继续精简行政审批事项”方面，广州、珠海、东莞、韶关、江门等10余个市于2014年出台了一系列的行政审批调整目录。其中，肇庆市取消、下放和委托的市级行政审批事项共271项，精简率达40%。云浮市至2014年底共公布了四个批次的改革事项目录，共调整压减审批事项534项，达51.84%；五个县（市、区）政府也分别公布了二至四个批次的改革事项目录，共调整压减行政审批事项1035项，调整压减率达42.16%。江门市已编制三批行政审批制度改革事项目录，市本级共调整审批事项599项，精简幅度达45.7%，提前实现省、市关于2014年底市级行政审批事项压减40%。茂名市调整了市级行政审批事项30项，其中取消25项，下放5项，累计调整比例达48.6%。

3. 省和市县共同推进事项的进展情况

省和各市县中进一步形成改革合力，共同推进简化行政审批事项、优化审批流程、加强审批监管等工作。其中，主要亮点是省市县共同建立健全行政审批目录管理制度。

省级层面：省编办印发了《广东省行政审批事项通用目录》（粤府办〔2014〕62号）。该目录通过纵横结合的方法，已统一公布省直46个部门保留的694项行政审批事项清单，明确未列入目录的行政审批不得以任何形式实施，公开接受社会监督。同时，多个地级市公布了本级保留行政审批目录，充分与省通用目录对接。其中，揭阳市、茂名市保留的事项分别达到479项、465项。

此外，在改革考核评价制度和评估模式方面，按照省委、省政府工作部署，省编办与省纪委有关部门办理了工作移交手续，正式承接政府进展管理相关工作。省政府绩效管理部门间联席会议日常工作现已转由省编办承担。

4. 改革成效

经过一年时间，省层面已新取消和下放行政审批69项（2012年以来累计取消577项，压减幅度超过40%），尤其是在工商登记领域，前置审批事项压减率超过90%。同时，各市推进行政审批标准化、精简行政审批事项等工作也带来了三大影响。

一是压缩了一批行政审批事项。从2014年试点市出台的行政审批事项调整目录来看，压缩数量有较大的增加。二是更新了行政审批改革理念。通过出台本级行政审批事项保留目录，由次次减少或调整转变为一次性明确保留事项，预示着审批改革的理念升级。三是创新了工作机制。在改革过程中通过推行“负面清单”和告知承诺制，简化了审批流程，取消了选址前置审批环节，初显成效。

（三）2014年省网上办事大厅的改革进展

根据《改革意见》内容，拓展和完善省网上办事大厅改革板块共分解为3个子项。2014年，省级推进事项1项，市县级推进事项1项，省和市县共同推进事项1项，见表4。

表4　2014年拓展和完善省网上办事大厅的改革进展情况

行政事项 / 改革情况	拓展和完善网上办事大厅
省级推进事项	1项
市县级推进事项	1项
省和市县共同推进事项	1项

注：“省和市县共同推进事项”是“省级推进事项”和“市县级推进事项”的交集。考虑到2014年是全面深化改革元年，也分别计入“省级推进事项”“市县级推进事项”，便于论述。

1. 各改革事项的进展情况

鉴于该改革板块内容较少和改革实际情况，将“省级推进改革事项”“市县级推进事项”与“省和市县共同推进事项”合并论述。2014年，省网上办事大厅向镇（街）级连通工作较为顺利，各级政府部门的行政审批事项、社会服务事项进一步实现网上办理。

一是从省到县出台了年度工作方案。省政府办公厅于2014年初印发了《2014年拓展完善省网上办事大厅工作方案》（粤办函〔2014〕63号），对省直部门、珠三角九市、粤东西北各地市分别提出了建设目标和工作任务。各市、县根据省级工作方案，也相应出台了细化实施方案，进一步落实改革任务。

二是省和市县均拓展了网上办事深度。截至2014年11月底，省级45个应进驻部门99%行政审批事项网上办事深度达一级以上，97%达到二级以上，72%达到三级，99%社会事务服务事项网上办事深度达到一级。另外，在所有进驻事项中，跑动次数为3次的事项占1%，2次的占19%，1次的占58%，实现了零跑动的占22%。佛山市区两级（含垂直管理部门）事项5349项100%接入网上办事大厅，一级办事深度达98%，二级办事深度达93.5%，三级办事深度达23.5%，提前完成省提出的要求。云浮市级网上办事大厅开通试运行以来，第一批116项（行政许可93项，公共服务23项）实现全流程网上办理，走在粤东西北地区前列。

三是部分地区扩大了网上办事大厅的覆盖面。阳江市等多个地级市均建成了省网上办事大厅分厅和县（市、区）分厅，市、县（市、区）、镇（街道）、村（社区）四级联动“一站式”网上办事服务体系。其中，肇庆市四会分厅是全省第一个打造的从省级到镇级全面贯通的网上办事厅。珠海市实现网上办事大厅与公共资源交易操作系统互联互通工作，开全省先河。湛江市目前网上办事大厅进驻部门有55个，政务服务事项1012项。进驻网厅的部门和事项，除国家、省直系统的188个事项之外，其他事项均能在网上全流程办理。

四是打造网上办事大厅新功能。过去一年里，省级继续完善网上办事大厅功能，推进企业专属网页和市民个人网页建设，印发了《2014年广东省电子证照系统建设工作方案》《2014年广东省企业专属网页和市民个人网页建设工作方案》等，并在广州、惠州、中山、珠海、清远、河源、云浮、湛江、潮州等市率先实施。

2. 改革成效

作为行政体制改革的重要载体之一，网上办事大厅如同城市建设中的基础设施，更为民众乐见、直接利民。2014年，广东省主要取得了三个方面的成效：一是拉近了政府与公众之间政务服务距离。网上办公事使得公众可以更加快捷、直接地办理行政事务与社会事务，尤其是对于交通不够便利的区域来说，更是打破了空间制约，起到了直接的促进作用。二是为公众提供了多渠道高质量的政务服务方式。在完善实体政务服务中心的同时，网上办事大厅为公众提供了另一种办事渠道。三是推动了政务服务方式的技术升级。广东紧跟技术革新与公众通信工具的变化，从面对面的服务方式升级为电脑前、指尖上的服务方式。

（四）2014年行政执法体制的改革进展

根据《改革意见》内容，建立权责统一的行政执法体制改革板块共分解为7个子项。2014年，省级推进事项5项，市县级推进事项6项，省和市县共同推进事项5项，见表5。

表5　2014年行政执法体制的改革进展情况

行政事项 改革情况	行政执法体制改革
省级推进事项	5项
市县级推进事项	6项
省和市县共同推进事项	5项

注："省和市县共同推进事项"是"省级推进事项"和"市县级推进事项"的交集。考虑到2014年是全面深化改革元年，也分别计入"省级推进事项""市县级推进事项"，便于论述。

1. 省级推进事项的进展情况

广东省级启动和推进行政执法领域事项共有5项，其中主要亮点是推进执法部门的属地化管理。

2014年从来，省委省政府将行政执法体制改革与政府机构改革充分结合起来，将工商、质监省级以下垂直管理体制调整为市县政府分级管理，并成立省专项工作领导小组，统筹协调、指导督促，进一步下沉执法力量。同时，在行政执法与刑事司法衔接机制方面，2014年推动"两法衔接"工作信息共享平台的全省覆盖扩面，是自2004年全省启动"两法衔接"工作以来的重大突破。

2. 市县级推进事项的进展情况

广东各市县在6大领域（重心下移、城管执法、自由裁量权、执法责任制等）推进行政执法体制改革，其中主要亮点是推动执法队伍的重心下移。

河源市除已在源城区增设食品药品监督管理局之外，还在特大或较大镇设立食品药品监管派出机构，全市共设置了 33 个镇级食品药品监管派出机构。江门市新会区成立了城市综合巡逻执法队，主要成员涵盖了城管、工商、公安、食药监以及会城街道办等多个部门。同时，在理顺城管执法体制方面，东莞市撤销了原来的城管领导小组和城管执法领导小组，成立城市管理委员会，统筹全市城市管理工作。同年，综合执法局被摘牌不再保留，相关职能被划转到卫计局等部门。在落实行政执法责任制方面，惠州市、县两级建立了 16 个类别的行政执法责任制度 367 项，初步建成自上而下、比较完整的行政执法责任制度体系。

3. 省和市县共同推进事项的进展情况

2014 年，广东省级和市县共同推进事项的一大焦点是行政执法自由裁量权标准化改革。

在省级层面，省旅游局、省交通厅、省质监局先后公布行政处罚自由裁量权标准的有关适用规则。省民政厅、省体育局也公布了行政执法职权依据清单。在地市层面：中山市法制局开发了行政处罚自由裁量权标准化管理系统，在文广新局等三个部门和镇区启动，将各行政执法主体的行政处罚事项和行政处罚自由裁量标准通过“标准 + 规范”的形式在网上公布。惠州市 34 个市直部门对每一项行政处罚职权的自由裁量幅度进行等级划分，公布了共 1800 多项行政处罚事项的自由裁量细化标准。

4. 改革成效

通过上述几个方面的改革，广东省行政执法体制取得了三大成效。

一是行政执法由弹性运行转变为刚性运行。在传统的行政执法中，标准相对宽松，使行政机关滋生了官僚主义和腐败现象。2014 年，通过严格规范行政执法自由裁量权，在保持行政执法一定自由活动空间和灵活应对能力的同时，强化了约束力，维护了法律的严肃性，对行政自由裁量权进行有效规范和控制。

二是协同推进了政府机构改革。通过整合成立综合行政执法局、整合成立综合执法队，整合资源与人力，压缩了基层政府的机构数量，形成了政府职能机构的板块化运行，打出了全面深化行政体制改革的组合拳。

三是群众的切身生活满意度得以提升。行政执法作为行政权力中与老百姓关系最直接的环节，执法规范化后使群众容易有直接切身的体会。

（五）2014年现代财政制度的改革进展

根据《改革意见》内容，建立现代财政制度改革这一板块可以分解为14个子项。2014年，省级推进事项8项，市县级推进事项6项，省和市县共同推进事项3项，见表6。

表6　2014年现代财政制度的改革进展情况

改革情况 \ 行政事项	现代财政制度改革
省级推进事项	8项
市县级推进事项	6项
省和市县共同推进事项	3项

注："省和市县共同推进事项"是"省级推进事项"和"市县级推进事项"的交集。考虑到2014年是全面深化改革元年，也分别计入"省级推进事项""市县级推进事项"，便于论述。

1. 省级推进事项的进展情况

由于财政制度刚性较强，影响较大，2014年11月，省委省政府出台了《广东省深化财税体制改革率先基本建立现代财政制度总体方案》（下称《总体方案》），作为现代财政制度改革的纲领性文件。在省推进的8个事项中，主要亮点是实现省级财政专项资金的规范管理与过程管理。

一方面，进一步建立健全了文件体系：省财政厅先后出台了《广东省省级财政专项资金常规性监督检查工作方案》（粤财监〔2014〕12号）、《广东省省级财政专项资金联席审批办法》（粤财预〔2014〕98号）、《广东省省级财政专项资金竞争性分配管理办法》（粤财预〔2014〕155号），初步形成了专项资金管理的文件体系。

另一方面，建立完善全程监管机制：依托省政府网上办事大厅，2014年4月9日正式上网运行了省级财政专项资金管理平台，对400多亿元的省级财政专项资金实行无缝隙的管理。同时，省财政厅还会同省直各部门累计出台261项专项资金管理办法。

此外，在建立各级政府事权与支出责任相适应的体制方面，省财政厅通过修编《广东省基本公共服务均等化规划纲要（2009～2020年）》，对支出责任划分按区域范围的大小进行了一般性规定。2014年，全省用于教育、医疗、社保等领域的民生类支出完成6177.11亿元，占支出比重67.63%，同比提高0.45个百分点。同时，《总体方案》也提出适当上移并强化省级事权和支出责任。目前，关于各级政府事权与支出责任相适应制度的有关试点方案已初步起草完成。

在完善转移支付体系方面，先后出台了《广东省财政一般性转移支付资金管理办法》（粤府办〔2014〕31号）、《广东省财政一般性转移支付资金监督检查办法》（粤财监〔2014〕46号）和《压减省级财政专项转移支付扩大一般性转移支付工作实施方案》三个文件，扩大省级一般性转移支付比例。

2. 市县级推进事项的进展情况

2014年，市县级推进事项有6项，其中亮点是以市场竞争机制为目标，促进公共资源交易与配置的平等化。

清远制定了《清远市公共资源市场化开发利用项目竞争性配置管理办法（暂行）》（清府办〔2014〕35号），划定了可实施竞争性配置的公共资源开发利用项目范围，明确了竞争性配置方案的编制内容、核准方式以及实施要求。梅州出台了《梅州市公共资源交易管理体制规定》（梅市府办〔2014〕18号）和《梅州市公共资源交易管理办法》《梅州市公共资源交易项目目录管理实施办法》“1＋2”文件体系，探索采取“一委一中心”模式（“一委”是市公共资源交易管理委员会，“一中心”是公共资源交易管理中心），使公共资源由行政配置向市场配置转变，积极推进公共资源交易管理体制改革。阳江将建设工程交易、政府采购、土地和矿业权交易等15大领域的公共资源交易，都集中到阳江市公共资源交易中心完成，不再由单位自行处置。广州也首次将土地使用权出让进驻公共资源交易中心。惠州市则全面建成了市、县、镇三级统一的公共资源交易平台，并于2014年底完成交易13205宗，成交金额368.7亿元，增收节支34.6亿元。

同时，市县在政府债务管理方面也取得了一定进展。茂名市于2014年7月出台了《茂名市市级政府性债务管理暂行办法》（茂府办〔2014〕35号），加强市级政府性债务管理，防范和控制政府性债务风险。中山市开展政府性债务数据核准工作，保证政府性债务的完整性和准确性。

3. 省和市县共同推进事项的进展情况

2014年，省和市县在预算编制改革、财政预决算信息公开和专项资金管理方面形成较明显的合力。其中，亮点是预算编制改革。

在省层面，省财政厅提前按新《预算法》的要求，细化全口径预算编制。2015年省本级按科目、款级、地区等类别逐一对预算进行细化，力求尽可能清晰、准确地呈现省一级预算支出结构、性质与方向。

在地市层面，广州市对社保基金等五大类预算类别进行分别审议，首次实现了地方人大对地方政府财政预算的全面性监督。预算报告按照全口径统计全市财政总收入和总支出，让代表们更易读懂项目资金安排和执行的整体情况，审查12个部门预算和12个政府投资项目预算。深圳市龙岗区从全口径预算、项目库管理和预算进展管理三个方面强力推进预算编制管理改革，尤其是将国有资本经营预算纳入政府全口径预算体系。

此外，在财政预决算信息公开方面，截至2014年底，113个省级非涉密部门中已有96个部门公开了2014年部门“三公”经费预算；20个地级以上市全部公开了2014年“三公”经费预算；115个县（市、区）中共有93个县（市、区）公开了2014年“三公”经费总预算，提高“三公”经费公开性和透明度。在财政经营性资金股权式投资方面，省国资委于2014年选取2批次、32项试点项目，试点金额218.74亿元。2014年7月，印发了《关于进一步明确国有金融企业直接股权投资有关资产管理问题的通知》。肇庆市、云浮市分别于2014年7月和12月出台了对接省文件的市级改革措施文件，加强市财政经营性资金实施股权投资管理。

4. 改革成效

《改革意见》在提到现代财政制度时，进一步明确了其“率先建立”的战略定位。同时，《改革意见》出台也早于新《预算法》的出台时间（2014年8月31日），既说明这项改革具有基础性和紧迫性，也说明广东省先行一步，提前策划。从2014年改革情况来看，尽管有三个方面的改革进程受到制约，但总体上仍取得了一定成效。

一是进一步明确了财政制度的严肃性。受既往政策影响，专项资金和特殊优惠政策在一定程度上影响了财政制度的严肃性。2014年，广东省和各市县通过清理、规范与控制专项资金、特殊优惠政策，强化了财政制度的刚性，确保财政管理进一步回归制度化运作轨道。

二是进一步提高了财政信息的透明度。通过“三公”经费公开、全口径预算编制改革等工作，财政管理进一步吸纳了社会力量，完善了运行公开制度，促进了公平竞争。

三是进一步提升了财税政策的公平普适水平。新《预算法》对财税政策提出了新的要求，力图通过建立新型转移支付制度，增强资金分配的公平性、公开性与科学性。从落实情况来看，广东省的做法符合中央提出的要求与方向。2014年以来，广东省通过理顺各级政府间的财政责任，扩大一般性转移支付比例，强化优惠政策的普遍性，削弱了地方特殊化，进一步缓和了地方财力不平衡等问题。

二　2014年广东省深化行政体制改革的主要问题

总的来看，全省在2014年深化行政体制改革过程中存在的问题主要反映在9个改革事项上。这些事项推进较为缓慢，其主要原因包括根据改革时序，2014年不适宜推进，或者改革阻力较大、改革步伐较慢等，具体见表7。

表 7 2014 年广东省深化行政体制改革推进相对缓慢事项

行政板块	推进相对缓慢事项数量
政府机构和职能设置	1 项
行政审批制度改革	2 项
拓展和完善网上办事大厅	2 项
行政执法体制改革	1 项
现代财政制度建设	3 项
总计	9 项

（一）政府机构和职能设置领域的主要问题

在优化政府机构和职能设置方面，主要问题有 1 项，体现为“清理和规范各类开发区管理机构，探索创新管理体制机制”有关工作推进较为缓慢。

自《国务院办公厅关于暂停审批各类开发区的紧急通知》（国办发明电〔2003〕30 号）出台以来，广东自 2003 ~ 2006 年将全省各类开发区由原来的 503 个减为目前的 92 个，实现了数量上的清理。此后，广东在开发区数量清理与质量提升方面仍较为缓慢。其中，南沙区自获批国家级新区以来，受国家政策影响，仍保留区政府与开发区“两个牌子”（后于 2015 年 3 月又加挂了有关自贸区管委会的牌子），开发区管理机构尚未上升到新区管理机构，对创新管理体制机制产生了一定的影响。

（二）行政审批制度改革领域的主要问题

2014 年行政审批制度改革领域的主要问题反映为两项改革事项推行较为缓慢，一是“逐步取消由政府机构授予企业各种商誉称号”。该项工作是理顺政府与市场关系，充分发挥市场在资源配置中的基础性作用的重要环节。但是，目前省和市县仍未采取针对性解决措施。二是推进审批后监管制度化建设。相对于 2014 年将重点放在行政审批的“减、转、放”，该改革事项更具有长期性，需要持续跟进。

（三）省网上办事大厅改革领域的主要问题

2014 年，广东省在电子政务系统和大数据局筹建方面推进相对缓慢，存在一定的问题。

在电子政务系统中，全省政府系统电子文件传输子系统相当于新陈代谢系统，大数据局相当于心脏，二者相辅相成，对网上办事大厅的办事深度、覆盖面拓展具有重要意义。但是，这两项改革牵涉面较大、利益关节较多，在全面深化改革元年推进较为缓慢。

（四）行政执法体制改革领域的主要问题

在这一领域，“完善和公开行政执法程序”的规范化工作难度较大，推进缓慢，在 2014 年成效不够显著。同时，行政执法程序的不确定性进一步导致行政执法自由裁量权改革出现“反弹”现象，产生连锁性影响。

（五）现代财政制度建设领域的主要问题

2014 年，全省在率先建立现代财政制度过程中，以下三个方面存在一定的问题，分别是：“逐步取消竞争性领域专项和地方资金配套”“完善地方税体系，培育地方税种”“健全地税征管体制，完善税费管理一体化新机制”。这三个领域一方面与地方利益直接相关，改革影响较大；另一方面受到国家财政体制改革进程与规划的统一影响，地方提前进行大幅度改革动作较为困难。

三　广东省深化行政体制改革的对策建议

通过总结 2014 年深化行政体制改革的措施与成效，以及存的问题，课题组进一步从原则方向性、时序路线性、推进机制性三个层次提出若干建议，进一步分析广东省近年深化行政体制的改革方向，以及改革时间表与有关推进机制。

（一）原则方向性建议

以下关于深化行政体制改革的三大原则建议直接影响到改革方向，以及改革试点的代表性、改革内容的互补性。

1. 改革方向：既要释放红利，也要明确法律规范

2012 年在全国综合配套改革试点工作座谈会上，时任国务院副总理的李克强同志提出“改革红利论”，同时也提出了“改革要既有顶层设计，又尊重基层的首创精神”。党的十八届三中全会以来，基于全面深化改革的背景，广东省作为全国改革开放的先行地区，在省级的顶层设计与市县的首创实践的共同努力下，使得改革红利得到进一步释放。

2014 年，党的十八届四中全会进一步提出“依法赋予设区的市地方立法权”，这为广东省在广州、深圳、珠海、汕头等已享有市立法权的城市之外，又增添了改革新动力与新保障。广东省委书记胡春华同志指出，广东省要“带头运用法治方式深化改革、推动发展、维护稳定”。

进一步讲，释放改革红利与明确法律规范之间有着密切的关系。如果说释放改革红利是打破既有制度的藩篱，那么明确法律规范就是要将具有可复制性、可推广性的先进做法与优秀经验以地方立法的形式巩固下来，为进一步释放改革红利、进一步巩固改革成果提供保障。

2014 年以来，广东省从省到市县已经在政府职能转变、行政审批、行政执法等诸多领域形成了先行先试的经验模式，如果只停留在“基层首创”，尤其是停留在广州、深圳、佛山等产出改革经验较多的地方，将可能导致改革红利释放的局限化，不利于因经济社会等条件限制而发展相对滞后的粤东西北地区也享受改革红利，不利于形成“基层首创”与“顶层设计”的良性互动。因此，在用好省和广州、深圳等市的立法权的基础上，在为佛山、东莞等设区的市赋予市立法权的过程中，应当充分吸纳已经释放的改革红利，上升到法律法规的高度，使得改革红利从局部释放的突破点进入全面规范的常态化轨道。

2. 改革试点：要直接定域，不要层层分解

全省按积极稳妥、有序推进的原则，对权责清单制度等具有重要影响、内容复杂的行政体制改革事项往往选择个别城市作为试点区。但是，试点城市也往往按照同样的谨慎原则继续选择部分市直部门、县区作为试点对象，从而缩小了改革试点版图。

由此，全省的改革试点布局被“层层试点、块块分解”，进一步导致在有限的改革试验周期内，试点经验衍变为“以个别县区代表全市”“以部分部门代表所有部门”，省级难以把握试点城市全面、长期的改革成果与经验，难以评估和推广改革试点的代表性与改革措施的有效性。

3. 改革内容：要相互对接，不要单兵突进

行政体制改革不是孤立一块，而是与其他各方面工作结合较为紧密的。行政体制改革的五大领域，与经济体制改革、社会体制改革等均有交叉，行政体制改革的 49 个子项内部也有诸多方面可以相互对接。

同时，在未来的几年内，2015 年是“十二五”收官之年，2017 年是党的十九大召开之年、开启《珠三角发展纲要》后期工作的关键之年（共 12 年，2017 年为第 9 年，位于 75% 工作进展的节点）。因此，不应当单兵突进进行行政体制改革，而是要将行政体制改革与这三大发展规划充分衔接，形成改革与发展相互促进的格局。

（二）时序路线性建议

1. 建议2015年重点完成事项

2015 年是全面深化改革的关键之年，与 2014 年改革推进的各项任务联系紧密。在继续推进 2014 年已启动的改革任务的同时，建议 2015 年在五大类中，选定“拓展与完善省网上办事大厅”和“优化行政区划设置，探索行政层级扁平化管理”作为重点改革事项，并于该年度全面完成，使深化行政体制改革这场“战役”先攻打下“头阵”，为推进其他四大类“改革攻坚战”提升“士气”。

建议 2015 年重点全面完成拓展与完善省网上办事大厅，主要根据以下

方面。

首先，该项改革在2014年表现突出，应于2015年“乘胜追击”，尽快实现“竣工”。根据课题组对广东省102名改革专家的问卷调查，50%的受访专家（共51人）认为全省在2014年进行行政体制改革的五大领域中，网上办事大厅建设最为突出。因此，2015年应继续抓好该项改革，进一步取得实质性进展，基本完成有关工作。

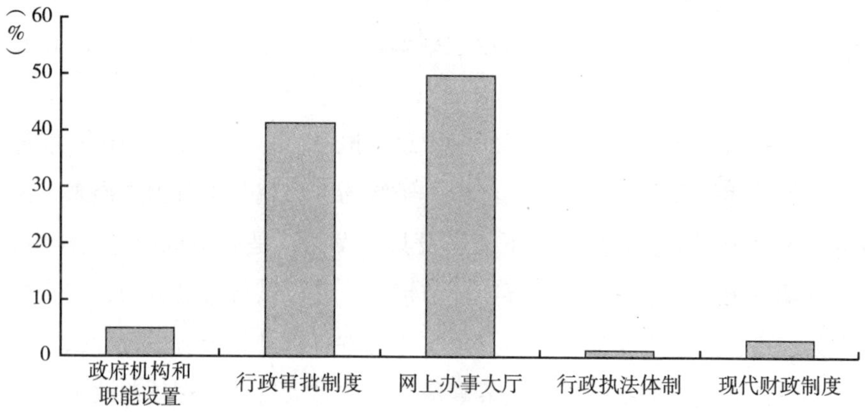

图1　受访专家认为2014年行改五大领域中成效最为突出的领域

其次，事项任务最少，易于集中突破。拓展与完善省网上办事大厅改革事项最少，只有3项，占行政体制改革所有事项的6%，在数量上具有先行攻克的绝对优势。

再次，事项任务具有普遍基础性。网上办事大厅相对其他领域，具有普遍性、基础性的特征，适宜在前期率先完成，为行政审批改革、行政执法改革、现代财政制度建设等领域提供扎实的运行平台。

最后，“建立大数据局”可强化网上办事大厅成效。《改革意见》中关于“拓展和完善省网上办事大厅”中工作最复杂的是“建立大数据局”。该项工作具有长远眼光、符合战略利益且与各项事业具有高相关性，应当尽早完成。

同时，建议2015年“优化行政区划设置，探索行政层级扁平化管理”应着力于扩大省直管县范围，试验取消镇级行政层实行派出机构制，主要根据如下。

一方面，改革的“新常态”需要创新改革思路。广东已经从急风暴雨式改革转到温和的改革，从单项改革转到多项改革，从单领域改革转到综合改革，从高速度转到中等速度。但广东一个突出问题就是城乡、地区发展相当不平衡。广东在这样的情况下面临新的挑战、新的任务，就是如何保障在“新常态”下，有个平稳的增长，有新的目标。广东为什么农村落后？为什么东西北落后？重要问题就是县域经济发展慢，要解决这个问题，从改革的“新常态”中探索改革新思路，就要从行政管理体制改革创新上解放和发展生产力。

另一方面，新思路应从基层实践中总结提升。总结东莞、中山、顺德等地行政管理体制改革成功的基层经验，经验的本质就是把县独立出来，由省直管，不设中间层。比如东莞下面不设县，设街，是派出机构。这样中央、省、县就三级，城市就少了，办事环节精简。建议试行市县分治，省直接管市和县，市也是一个实体，县也是个实体。省直管县，该省里管什么，要明确，要把各级政府职责范围、边界划清楚，这是大行政管理体制改革。省直管县，我们可以总结东莞、中山经验和顺德经验，总结最有利于经济发展的广东版顶层设计。这是对广东再创造体制机制新优势的重要抓手。

2. 建议2017年重点完成事项

鉴于2017年是全面深化改革的中点年份（2014～2017、2017～2020）以及党的十九大召开之年，对《改革意见》的行政体制改革五大类，建议2017年基本完成2项：“建立权责统一的行政执法体制”和“率先建立现代财政制度”（基本完成是指除了需要中央特定统筹的事项以外，省权限内可完成的事项均完成）。这两类共21个子项，占行政体制改革所有子项的43%。

建议2017年基本完成行政执法体制改革的主要依据：一是行政执法（如卫生、环保、劳保等）与群众日常生活紧密相关，与群众切身满意度更为直接，建议急群众之所急，率先完成群众之最需，提升群众对全面深化改革的信心与注意力。二是行政执法体制基层事务性更强、更具操作性，并且全面落实较易推进。三是行政执法体制改革与政府机构改革关系密切，政府机构改革将在2014～2017年完成，具有较为扎实的机构设置基础。四是对该领域改革中的“完善行政执法与刑事司法衔接机制”子项，可先于2017年在省域内尽可能完善，再依照国家司法体制改革进一步调整。五是根据问卷调查统计结果，受访专家把“行政执法体制改革”作为行政体制改革的五大领域中的中等重要（第三名，共五名）、中等优先（第三名，共五名）。同时，29%的受访专家认为2014年行政体制改革中，行政执法改革最为缓慢。结合这两方面的考虑，建议可以将行政执法体制改革优先作为2017年（中期）完成的事项。

表8 问卷调查中关于行政执法体制改革的排序情况

排序事项	排序情况
在五大领域中改革重要性排序	3
在五大领域中改革优先性排序	3
2014年推进事项排序	5

注：排序包括1～5。“1”表示最重要（最优先、推进最为积极），“5”表示最不重要（最末后、推进最为缓慢）。

同时，建议2017年基本完成率先建立现代财政制度的主要依据如下：首先，现代财政制度在全省全面深化改革过程中具有前置性、基础性，但又兼具较高复杂性、较广牵涉性，不易在前期完成，但也不宜放置于后期完成。其次，自1994年分税制改革至今，国家财政体制已经到了需要全面改革的阶段。在从财政包干制到分税制的改革过程中，广东省发挥了重要作用。因此，在这一轮财政制度改革中，广东省应当继续保持改革优势，走在前列，为全国探索新型央地财政关系模式。最后，不同于央地关系中的分税制，省级以下财政制度一直未形成长期稳定、灵活安全的模式，广东省应抓住机遇，为兄弟省份提供可复制、可推广的改革样本。

（三）推进机制性建议

从2015年起，推进行政体制改革任务，建议要从央地关系、省域各地区间关系、行政体制改革与其他改革发展任务关系、改革实践与改革评估关系、政府与人民群众关系、改革收益与风险关系、政府与智库关系、政府与其他利益相关者关系入手，重点建立健全八大有利于落实行政体制改革的机制。

1. 建立健全对接中央改革的响应机制

从问卷调查结果来看，59%（共60人）的受访专家认为行政体制改革政策制定中，“与中央改革要求与步伐保持一致”是权重最大的考虑，排第一位。

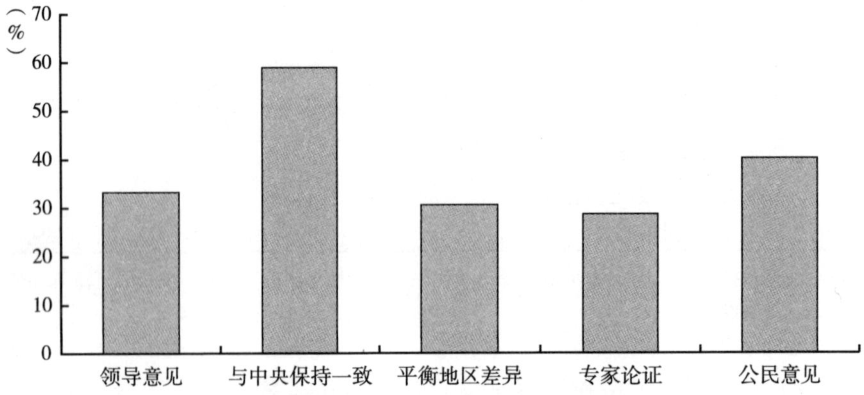

图2　受访专家认为行政政策制定中权重最大的事项

具体来说，建议广东省对中央改革既要注重上下同构对应，也要注重上下异构互补，建议从三个方面入手。

一是争取纳入中央改革试点的盘子。建议对广东省已经开展试点、需要国家进一步支持的改革事项，应与中央部委进行积极沟通，争取提升试点级别，形成国家级试点格局。二是及时上升到国家改革举措。把可复制、可推广作为基本要求，及时总结行政体制改革的成功经验与有效做法，并对其中条件成熟、模式成型的广东样本，及时上报中央有关部门，作为在全国适用的改革措施。三是探索与中央重点改革领域上下互补的改革办法。建议对接中央全面深化改革的重点领域，夯实对宏观改革支持的地方基础。例如，党中央加强纪律检查制度建设，对中高层官员开展腐败治理，广东省可以异构化对接中央，狠抓行政执法体制改革，强化对与民众面对面的基层官员、执法工作人员的治理，形成从高层到基层、从决策人员到执法人员反腐治理与规范管理格局。

2. 建立健全改革资源分配的地区平衡机制

对于粤东西北地区与珠三角城市间的经济社会发展与体制机制差距问题，建议采取三个方面的措施予以调整。

一是原则上珠三角和粤东西北地区要各有试点。推广2014年权责清单制度改革试点经验，在行政体制改革中原则上在珠三角、粤东、粤西、粤北分别选择至少一个城市作为试点单位。二是适度向粤东西北地区倾斜改革红利。对个别有利于调节地区间发展水平差距的行政体制改革事项，建议优先向粤东西北改革积极性较高地区倾斜（如清远市阳山县）。三是建立改革红利补偿办法。借鉴“先富帮后富”对口支持模式，进一步利用转移支付的财政工具，以及通过省级立法的方式，将顺德、南海等改革红利较多的地区经验向粤东西北地区定向复制与推广，使全省各地共享改革红利。

3. 建立健全行政体制改革功效的传导机制

行政体制改革功效具有较强的外溢性，既反映在从试点到推广，也反映在跨领域传导等方面，建议从三方面着手，最大限度发挥行政体制改革的功能。

一是建议省级直接规定改革试点的具体范围，避免代表水平不高的推广性传导。对直接规定的市级试点，市级必须直接在其辖域内全面铺开，不得由市级对个别县域或部分市直部门进行“二次试点”“转包试点”。对与基层事务紧密相关、贴近民生的行政体制改革事项，省级文件应直接标定县域或镇域试点改革范围。二是加强行政体制改革成果对全面深化改革的其他领域的对接性传导。建议厘清行政体制改革中与经济体制改革、社会体制改革等领域的“接口”，推动行政体制改革主动适应经济发展“新常态”，发挥行政体制改革对保障和改善民生的制度性作用，探索衔接依法治省的突破点。三是加强行政体制改革成果对落实“十二五”“十三五”和《珠三角发展纲要》的功能性传导。处理好改革与发展的关系，在“十二五”收官验收、“十三五”规划编制与评估、《珠三角发展纲要》的年度目标设定与任务分解过程中，尽可能将行政体制改革作为配套措施或制度保障内容吸纳进去，进一步在这三大领域发展进程中检验行政体制改革的成果与功能。

4. 建立健全行政体制改革指标评估机制

一是建立全覆盖的改革指标评估机制。建议将行政体制改革考核分解成各个部门的组织目标，并进一步细化为各个工作岗位的工作目标，确保全组织负责、全岗位负责，推动行政体制改革的过程管理与系统监督。

二是建立尊重地区差异的改革指标评估机制。除了全省统一要求的改革事项外，对可分地区调控改革事项，建议考虑到粤东西北与珠三角的地区差异，结合地方发展水平，分地区设计改革指标评估体系（统一要求事项与分地区评估事项见表9）。根据上述各地市改革经验，政府机构和职能设置、财政制度改革有必要与当地充分结合，尤其是珠三角与粤东西北地区在既有经济基础、人口结构方面差别较大，因此建议按经济人口发展情况，分类设计评估体系。但是，行政审批制度、拓展与完善省网上办事大厅、行政执法体制改革，均具有较强的统一性、制度性、规范性和常态性，对地区人口结构与经济结构的要求无须刚性基础，建议全省采取统一的评估指标，不作分类设计与管理。

三是进一步完善评估指标的定量化水平。针对行政体制改革成本高、风险难预测、定量评估难等特征，对于不易定量化的事项，建议以改革的可复制性、可推广性为原则要求，对已设定明确的定量指标（如“继续精简行政审批事项，到2018年减少50%以上”），要严格把关，确保落实到位。对于可以进一步完善的改革事项（如行政审批制度改革、行政执法制度改革），建议加快设定改革指标体系（见表9）。对于不易全省先行设定改革指标的事项，建议按照可复制、可推广原则，参照上述已形成先进改革做法的地市经验标准作为全省改革指标。

表9　建议增设行政体制改革指标类型一览

改革领域	建议增设指标类型
政府职能转变	1. 地区财政供养人数 2. 权责清单公开的部门数 3. 政府购买社会组织公共服务占公共服务支出比重
行政审批	1. 平均承诺办理时限缩减率 2. 年均新设行政审批事项数 3. 年均行政审批清理率
网上办事大厅	1. 对公众申请公开政府信息的答复率和答复及时率 2. 公众对政府信息公开工作的投诉率 3. 全省采取政府系统电子文件传输方式所占比例
行政执法	1. 行政处罚事项的自由裁量细化标准化比例 2. 公众对行政执法投诉率 3. 行政执法不当引起重大群体性事件比例
财政制度	1. 省级财政专项资金压减至占省级支出的比重 2. 预算盈余/赤字规模 3. 负债率、债务率、偿债率

5. 建立健全人民群众同步共享改革成果机制

行政体制改革不是“闭门造车”，而是要站在人民群众的立场，同步考虑人民群众的利益诉求与满意水平，建议从以下三个方面开展工作。

一是把政府自身事务工作摆在人民群众的立场上来改革。对比来看，经济体制改革以市场为中心、社会体制改革以社会为中心，行政体制改革虽然围绕政府事务，但由于政府权力的公共属性、对人民群众负责的重要使命，需要建立“以人民群众为中心”，而不仅是“以政府为中心”。因此，必须把机构改革、行政审批制度和财政制度等政府自身改革工作摆在人民群众的立场上进行考虑、调整与安排。

二是建立健全发展型同步共享行政体制改革成果的机制。努力将人民群众对政府信任水平与政府工作进展水平、人民群众对政府服务满意度与政务服务体系完善水平挂钩，并设置人民群众感受与行政体制改革进展成比例逐年递增的目标设定任务。

三是建立健全补偿型同步共享行政体制改革成果的机制。对改革过程中难以避免的利益受损群体（如事业单位或国企改制中的下岗工人、因网上办事等政府管理技术更新而裁撤的办事人员等）进行必要的补偿与安置，充分保障该群体的合法利益，确保行政体制改革稳步推进。

6. 建立健全改革前、中、后的风险管理机制

不可否认，行政体制改革既有红利，也有风险。因此，建议从风险发生的环节入手，加强改革的风险管理机制，具体如下。

一是建立健全改革风险模拟测试的事前管理机制。做实政策文件出台的征求意见环节，扩大听取利益相关者意见的范围，充分了解各利益相关者对改革政策的压力承受程度，了解可能存在的风险。在改革试点过程中，发挥试点城市作为“实验室”的作用，明确改革加压的限度，进一步权衡改革可能深入程度，及时监测制度薄弱环节，识别可能突发问题的领域。

尤其对于行政审批制度等影响较大的改革事项，要通过建立健全改革预案的方式，及时监测下放、委托或转移审批权限后对部门工作、对群众和企业办事的正负面影响，确保改革推进初期的平稳过渡，寻求推进改革的合理平衡点。

二是建立行政“临时减速”的事中应急机制。结合国内外经济与社会环境变化情况，对于财政制度、网上办事大厅等在技术上更适合采取技术化、定量化风险管理的改革事项，应当及时监测各改革地区的指标变化，建立预警机制，在环境恶化、事件突发等负面情况下，适当将改革力度缓冲下来，进一步整合各利益相关主体，凝聚改革共识，保证行政体制改革力度在合理区间内。

三是建立健全行政体制改革风险兜底的事后“保险单”制度。无论是预防性措施还是减缓措施都不可能完全根除行政体制改革的风险，因此需要建立风险兜底制度。建议把风险管理牢牢嵌入在国家法律法规的基础上，并发挥考核制度和财政制度作用，打造行政体制改革三层保险单。

7. 建立社会智库服务改革机制

行政体制改革越推进下去，越考验着行政体制科学化与专业化设计、规划与评估的水平。建议发挥专家学者相对独立的身份优势，挑选有战略眼光

和咨政能力的社会智库服务行政体制改革，具体如下。

一是建立深化行政体制改革专家咨询委员会。依靠专家的专业知识，依托专家所在机构的社情民意和改革动态信息收集网络，建立深化行政体制改革咨询专家委员会平台，为省委省政府有关决策提供咨询服务，提升改革决策的科学化水平。

二是吸纳智库参与行政体制改革成效评估。在深改领导小组直接督察的基础上，鉴于深改办工作力量相对紧张、工作任务较重等情况，建议选择立场坚定、影响广泛的改革智库，承担各市县的第三方动态监测与效果评估工作，配合深改领导小组和深改办做好督促检查与考核评估工作。

三是适时发布行政体制改革研究成果以引导舆论。通过智库的社会影响力、专业影响力，加强政府与智库合作，适时向公众发布行政体制改革成果研究观点，打造高端引领、集中发布、影响广泛的改革成果发布品牌，发挥智库引导舆论、舆论配合改革的重要作用，积极回应群众对改革的关切与期盼。

8. 建立利益相关者协商议事机制

行政体制改革涉及的利益格局错综复杂，同时经济体制改革、社会体制改革涉及的政府决策方式与流程也不可避免地涉及行政体制改革。因此，如何平衡利益格局，听取来自多方的利益诉求声音，并以制度化、组织化、科学化的方式统筹起来，考验着行政体制改革工作的智慧。

一是科学框定利益相关群体范围与协商议题。继续发挥“两代表一委员”等社情民意收集机制的作用，着力开发社会需求挖掘、利益相关群体识别的指标体系，通过社会调查等专业方式，在一定的行政区域内框定某一政策决策议题的利益相关群体类别（如社区青年居民、本地企业等），以及迫切需求解决的公共事务议题（如行政服务效率、社区公共服务等）。

二是规范筛选利益相关群体的代表者。在确定迫切需要解决的公共事务议题以及利益相关群体类别的基础上，优先选定政府决策涉及的潜在利益受损对象，同时识别公共舆论精英，酌情纳入专业人士代表，明确代表者选择的规范程序，确保利益相关者群体代表结构的合理性。

三是建立健全协商议事平台与规则。借鉴广州市公众意见征询委员会模式，建立明确的、常态化的协商议事制度，搭建以协商议题为中心相关议事委员会，推动利益相关者意见表达的制度化与组织化。同时，通过打造回应型政府，建立及时、客观、可复查验证的意见反馈机制，确保政府决策过程中的公众深度参与，提升公众对基于长远利益与战略考虑的政府改革议题的认同度与接受度。

B.3

2014年广东省社会治理改革创新研究报告

广东省体制改革研究会、广东省综合改革发展研究院课题组

摘　要：本报告主要对2011年以来在公共事务决策咨询、社会组织管理体制、城乡社区治理与服务体制、流动人口市民化、社工和志愿服务体制五大领域的社会治理改革创新情况进行回顾和总结，并对2015～2017年的阶段性改革目标进行了分析，提出具有针对性的政策建议。

关键词：社会治理　社区治理　流动人口　社会工作

2014年被称为"全面深化改革元年"，中共广东省委出台了《中共广东省委贯彻落实〈中共中央关于全面深化改革若干重大问题的决定〉的意见》，有力推动了广东省全面深化社会体制改革。结合我国社会体制改革发展历程及广东省近年社会体制改革实践情况，课题组以2014年广东省社会治理创新进展为重点，同时兼顾研究2011年以来的广东省相关改革措施。之所以选择2011年作为重要时间节点，具体考虑有三。

第一，改革开放以来长期以经济体制改革为主，社会治理在一定程度上被忽视。随着1992年开启社会主义市场经济体制改革，社会体制改革以劳动制度改革为中心，配套企业改革等经济建设工作。同一时期尽管流动人口激增，但也是引导为经济建设服务。直到2007年，党的十七大提出了加快推进以改善民生为重点的社会建设，社会体制改革地位正式获得认可。

第二，经过多年酝酿与发展，终于在 2011 年印发了《关于加强和创新社会管理的意见》（中发〔2011〕11 号），对创新社会管理产生了直接的方向性推动作用。由此，2011 年普遍被称为“社会管理创新元年”。2013 年，党的十八届三中全会进一步将“社会管理”上升到“社会治理”的高度，正式纳入到国家治理体系和治理能力现代化之中，进一步激发了社会组织的发展活力。

第三，广东省于 2011 年出台了社会建设“1 +7”系列文件，并成立了社会工作委员会系统，全面规划统筹广东省社会工作。2011 年广东省委召开十届九次全会，强调要把社会建设放到和经济建设同等重要的高度，并先后出台了《中共广东省委、广东省人民政府关于加强社会建设的决定》（粤发〔2011〕17 号）和 7 份配套实施意见（即社会建设“1 +7”系列文件）。除了“给政策”，更成立了社工委这一机构具体领导广东省社会体制改革。2011 年 8 月 8 日，省委省政府设立广东省社会工作委员会，各市县乃至镇，也相继成立社会工作部门。在广东省有序推进大部门体制改革的行政改革背景下，新设这样一个综合性机构，充分说明广东省把社会建设提升到前所未有的高度。

基于上述一系列的改革实践，进一步从学理上讲，社会建设、社会管理和社会治理三者之间关系密切，有必要先行做出相关界定。正如党的十八大将“改善民生”和“创新社会管理”共同作为社会建设内容，课题组认为社会管理是社会建设的子概念，而社会治理虽然也是社会建设的一部分，但也是国家治理体系的一部分。同时，不同于社会管理作为政府的四大职能之一，社会治理更强调社会与政府等主体之间多元合作、协同发展，并在这一过程中不断增强社会发展活力，不断促进社会公平正义和社会安定有序。从国家治理体系与治理能力现代化的角度来看，社会治理比社会管理更符合长远建设战略，更能够与经济、行政、文化等治理领域相兼容。

从这一区分来看，2011 年以来，广东省在社会建设的民生保障（如劳动就业保障制度）和社会治理（如社区共治）两大领域都取得了较大的进展。本报告着重研究社会治理领域，一方面是因为劳动就业保障制度创新在计划经济时代已有之，其突破性创新主要在市场经济建设初期，而非近三四年。另一方面是因为社会治理是近年来社会建设的重头戏，尤其是广东省在这一领域开展了系统性、全面性的改革工作，对中国未来形成多元善治格局影响深远。

同时，课题组在参照广东省社会建设“1+7”系列文件、省社工委近年出台的《广东深化社会体制改革工作要点》以及《中共广东省委贯彻落实〈中共中央关于全面深化改革若干重大问题的决定〉的意见》，结合广东近年社会治理工作实际情况，确定聚焦于五大研究板块，分别是公共事务决策征询民意制度、社会组织管理体制、城乡社区治理与服务体制、流动人口市民化制度、社工和志愿服务体制。

就这五大领域而言，广东省社会治理改革创新逐步向多元协同化、法治规范化和网络参与化的方向迈进，形成了合理的制度环境、创新的运行机制和全面的治理主体共同支撑的社会治理格局。其中，广东省更是在户籍制度改革等领域迈出率先性和重要性改革步伐，形成了在全国范围内具有可复制与可推广的先进改革经验模式。不过，广东省社会治理改革创新，也伴随着农村城镇化、产业转型升级和政府职能转移等出现了一系列具有全国共性与地方特性的问题。在发展机遇与风险困难并存的情况下，课题组针对这五大领域的进展与难点，有针对性地提出进一步改革设想，为广东省健全和完善公平正义与和谐有序的社会治理格局建言献策。

一　广东省社会治理改革创新的主要进展

2011～2014年，广东省在公共事务决策征询民意制度、社会组织管理体制、城乡社区治理与服务体制、流动人口市民化制度、社工和志愿服务体制各方面的改革进展情况如下。

（一）公共事务决策征询民意制度改革

近年来，广东省抓住决策民主化与决策科学化两条主线，从拓展公众参与与拓展专家参与两条路径入手，探索公共事务决策征询民意制度改革。

1. 创新公众参与公共事务决策模式

首先，试点参与式预算改革是广东省公众参与公共事务决策改革领域走在全国前列的一大亮点。目前，国内只有浙江省温岭市等地区试点，顺德区是广东省唯一试点地区，在2012年编制2013年预算的工作中，正式启动了这项改革。

从参与人员来看，根据《参与式预算试点工作实施细则》规定，试点项目代表委员会一般控制在15人以内，其中：人大代表、政协委员4人；专家、行业代表5人；社区群众6人。前两类代表是由区参与式预算工作领导小组推荐产生，占全部代表的3/5，而社区群众代表则随机抽取产生，占全部代表的2/5。

从预算项目来看，2013年预算项目中有两项被列为参与式预算改革对象，到了2014年预算编制时已增加到4项，2015年时激增到39项，预算资金共15亿元。从项目选择来看，近几年主要是选择与民生息息相关的预算项目。

从实施成效来看，各年度在一定程度上调整了申报金额，其中降幅较大的是2014年预算项目“扶持残疾人就业”。该项目的申报金额为4657万元，经过参与式预算的公众参与审查，核定为2633万元，减少了2024万元。

表1　2013～2014年顺德区参与式预算情况

年份	参与式预算项目名称	申报金额(万元)	核定金额(万元)
2013	孕前优生健康检查	613	366
	残疾人辅助器具适配居家无障碍改造	360	382
2014	学前教育三年行动计划	684	684
	扶持残疾人就业	4657	2633
	食品安全监测经费	300	300
	发展群众体育健身	7087	4343

资料来源：根据顺德区财税局网站、《关于参与式预算试点工作推进情况的汇报》（顺财〔2013〕92号）数据整理所得。

其次，搭建公众意见咨询平台是广东省各级政府广泛倾听民声民意、探索建立良好的政社沟通模式的重要举措。自深圳市盐田区创新“两代表一委员”制度以来，全省各城市逐步学习与借鉴相关经验，搭建符合当地情况、更能吸纳民声的有关制度。佛山市禅城区进一步拓展“两代表一委员”工作机制，与人民检察院建立联动的民意联络工作机制。天河区石牌街首试“两代表一委员”周末夜间接访，增加与民众接触沟通机会。汕尾市也出台了《关于建立汕尾市人大代表密切联系人民群众制度的意见》，对市人大代表联系人民群众的内容、主要方式、代表反映群众意见的处理、代表联系群众的服务保障以及代表联系群众的履职规范做了详细规定。

与深圳等地凭借传统的“两代表一委员”的改革不同，广州市的城市规划、改造与更新领域率先探索多种方式政社沟通模式。在规划领域，广州市规划局以“共编共用共管”的理念，在全市数千个行政村开展调研。并通过跨界互动的方式，充分吸纳意见和建议到城市规划之中。

在城市改造领域，广州市探索的“同德围治理模式”通过成立同德围地区综合整治工作咨询监督委员会，听取街坊意见，科学采集民意，及时参与决策咨询等一系列措施，不仅成为国内城市更新的典范，还推动出台了《广州市重大民生决策公众意见征询委员会制度（试行）》（穗府办〔2013〕15 号），促进政社沟通平台化、常态化与制度化。目前，广州市已经在城市废弃物处理、重大城建项目等多个城市建设领域成立了公众咨询监督委员会体系。

佛山市南海区在全国首设社会政策观测站，让社会公众通过社区自治组织、民间社会组织、社会政策观测员、专家学者四大观测主体，搜集社情民意，开展民主协商，形成“社案”，有序发声，向党委政府建言献策，改善政府运行模式。

惠州市以信息化为导向，建立了惠州市社情民意库，形成社情民意的后台数据库，从而增强平台信息收集功能以及增强问题建议统筹、协调、处理功能和信息分析功能，做到问政于民、问需于民、问计于民。

深圳市政协系统创新搭建了“委员议事厅”平台，把协商民主的平台

“搬”到民众中去，定期在市民公共场所就民生问题与民众交流意见。值得关注的是，“委员议事厅”特在观众席上设置了点“赞”牌和“嘘”牌，避免让协商民主“形式化”，让公众的正反意见一目了然。

2. 创新专家参与公共事务决策机制

为了做好专家参与行政决策议程，各市出台了相关政策文件。阳江市、韶关市等地区均出台了重大行政决策专家咨询有关办法。其中，江门市为了进一步落实该项制度，于2013年6月成立了江门市重大决策专家咨询论证委员会，内设区域经济组、产业经济组、社会管理组、规划建设组、文教卫生组、科技创新组和特聘专家组7个小组，促成重大决策类别与专家组别的分类对接。

依托各类决策制度，近年来，专家参与的公共事务决策咨询委员会蓬勃发展。顺德打造公共事务决策咨询委员会，是在党的十八大之前全国首个县区级决咨委实践，充分体现了顺德“敢为天下先”的改革精神。目前，全市从区、镇街、村居到学校等，共成立了37家咨询委员会，形成了决咨委体系。从区级决咨委委员的第一、二届名单来看，第一届委员共48人，律师、化工等行业精英专家共19人，科研精英专家共23人，两类共占到88%。政府官员（包括2名村居委员会干部）共6人，仅占12%。第二届委员共有38人，行业精英和科研精英共占95%，官员仅2人，且均为村居委员会干部。由此来看，顺德决咨委可以说是在真正意义上践行了共治善治理念，充分吸纳了精英专家，确保了决咨委推动决策科学化、专业化的作用。与之类似，前海新区成立了前海咨询委员会、法律专业咨询委员会、金融专业咨询委员会、深港青年事务专业咨询委员会。

同时，在全省社会工作系统，从省、市、县区级到镇街一级，大多成立了社会建设咨询委员会，形成了社工委与社咨委相辅相成的决策格局。

需要特别指出的是，横琴新区更是在全国首创了“三位一体”的运作机制，成立了与横琴管理委员会、横琴发展决策委员会并列的横琴发展咨询委员会，并以法律的形式确立下来。该咨询委员会强调国际视野和多元交流，咨询对象不乏国际组织官员和国外专家学者。

此外，全面推进广东省法治建设，进一步提升法律顾问的制度性地位。中山市于2014年出台了《中山市建立镇级政府法律顾问制度实施方案》（中府办函〔2014〕182号），成为广东省首个全面建立镇区政府法律顾问制度的地级市。广州市也出台了《广州市政府法律咨询专家管理办法》（穗府办〔2014〕27号），提出了专家库成员的退出机制，强化法律顾问专家库管理。2014年底，省政府出台了《广东省政府法律顾问工作规定》，明确要求政府法律顾问应当提前参与政府重大决策，为政府依法行政提供参谋。佛山市从加强面对领导班子的法律顾问制度入手，聘请资深律师以“一对一”的方式担任市长、副市长的法律顾问，提高领导班子政策决议的法律水平。

3. 探索决策咨询的新型网络平台

除了实体化的决策咨询，网络化决策咨询也成为近年的亮点。值得关注的是，这一改革措施常与公众咨询、专家咨询结合起来，形成了改革合力。

从网络化咨询与公众咨询结合的角度来看，早在2009年，广东省委办公厅便通过召开网友集中反映问题交流会，推进网络问政平台建设。近年来，各地市也相继搭建相关平台。例如佛山市通过四大网络问政平台（领导与网民交流、网络发言人、微博发布厅、领导微访谈），集聚3000余人的网络发言人。东莞、广州、中山等多个地级市建了微博微信生态集群，不仅推送与发布消息，也将其打造为收集社情民意、互动交流的新型平台。

同时，借助新型社交媒体工具，打造政务微博、政务微信集群，政务公众咨询网络建设也呈现了新样态。以政务微博为例，2013年，广东省公安厅通过微博平台，借助网民提供的230余条线索，侦破了60余起案件。在政务微信方面，广东也走在全国前列。全国政务微信影响力排行榜第一期中，“佛山发布”在全国2495家政务微信中高居第二位，仅次于“上海发布”。这些政务微信集合了政务办事与意见采集两大功能，发挥了政社之间的“双声道”作用。

从网络化咨询与专家咨询结合的角度来看，2009年7月，奥一网联合《南方都市报》推出中国第一个网络问政民间智库平台，拉开了“网络+专家”的广东公共事务决策咨询改革的序幕。2011年2月，该智库成立专家委员会，进一步推进智库化运作。几年来，该网络平台逐步成为政府与专家之间的交流枢纽。

4. 改革成效

2011 年以来，广东省通过政府向社会收集民意，和以公众、专家为代表的社会力量参与政府决策的一来一回的互动机制，提升公共事务决策的开放性、透明度与常态化，提高决策民主化与科学化水平。

第一，公共事务决策与民心民意进一步对接。通过咨询委员会、“两代表一委员”等工作机制，打通了政府与社会的沟通渠道，避免了公共事务决策的偏差。例如，佛山市禅城区通过“两代表一委员”社情民意收集机制，在关于季华路改造这一影响重大的公共议程中，召开了 70 多场不同类型的座谈会，约谈了 1200 多人，收集建议 3465 条，得出 99% 的群众都支持改造的结论，从而坚定了区委区政府对该道路改造的信心。

第二，决策咨询制度逐步彰显打破部门利益束缚的潜力。受现行行政管理体制影响，一个公共政策的决策与执行易于一体化，呈现为多线的部门主义。各部门往往依靠其垄断性行政资源，影响决策的科学化民主化水平，从而维护自身的部门利益。决策咨询制度在吸纳公众参与、专家参与的基础上，以独立、客观的姿势，以咨询权倒逼政府部门解开决策权与执行权绑定的困局，促进政府部门完善工作方案与实施步骤，释放垄断性行政资源。

第三，在一定程度上获得全国范围内认可。目前，国内关于公共事务决策咨询的民间重要奖项主要有两个，一个是由零点集团主办的“倾听民意政府奖”，另一个是由新华网与中国政法大学联合主办的“中国法治政府奖”。从近年的颁奖结果来看，广东省从地市、区县到镇街三级政府屡获殊荣。

从“倾听民意政府奖”获奖情况来看，广东省屡获佳绩。四年来，广东省共获得该奖项 12 次。2011 年，顺德区决咨委、南海区新闻办分别获得“倾听民意政府奖”。2012 年，广东省湛江市纪委、广州市规划局、广州大学城管委会以及广东省佛山市顺德区容桂街道党工委、办事处共四个政府机构获得“倾听民意政府奖”。2013 年，佛山市政府、中山市政府以及广州市规划局获此奖项。2014 年，顺德区政府、广州市规划局、深圳市罗湖区委宣传部获此殊荣。其中，广州市规划局连续三届斩获“倾听民意政府奖”，佛山市从市级、区级到街道级共获得五次奖项，充分说明两地在开放式、参与式的公共事务决策咨询方面走在全国前列。

表 2　历年“倾听民意政府奖”广东省获奖单位情况

年份	市级政府(部门)	区级政府(部门)	街道级	全省年度获奖数
2011		佛山市顺德区决咨委 佛山市南海区新闻办		2
2012	湛江市纪委 广州市规划局	广州大学城管委会	顺德区容桂街道党工委、办事处	4
2013	佛山市政府 中山市政府 广州市规划局			3
2014	广州市规划局	佛山市顺德区政府 深圳市罗湖区宣传部		3

资料来源：根据零点研究咨询集团官方网站公布名单及相关新闻报道数据整理所得。

从“中国法治政府奖”获奖情况来看，广东省也较为突出。该奖项已举办三届，广东省共获得过四个奖项，其中 3 次是因为公共事务决策咨询制度创新，例如深圳市的法律顾问制度（第 3 届）、广州市的完善重大决策程序（第 2 届）、出台《广州市规章制定公众参与办法》（第 1 届），说明了广东省，尤其深圳市、广州市走在全国改革的前列。

（二）社会组织管理体制改革

2011 年以来，广东省运用流程式改革思维，以社会组织登记管理制度改革为牵引点，将政府职能转移与群团组织职能转变作为双翼，做到孵化培育与监管评估共同推进，充分激发了社会组织活力，确保了社会组织的健康有序发展。

1. 完善登记管理制度

广东省的社会组织登记管理制度改革集中在两个方面：一是降低门槛，

二是简化流程。同时，鉴于近年来基金会成为社会建设中的快速发展组织，值得关注，课题组也将对其单列详述。

近年来，广东省放开了社会组织直接登记范围。根据文件规定，公益慈善类、社会服务类、工商经济类和群众生活类这四类社会组织可以直接向民政部门申请成立，并且将社会组织的业务主管单位改为业务指导单位（除部分特例）。深圳市还出台了《深圳经济特区行业协会条例》，明确规定，行业协会的成立包括“筹备（含名称核准）和登记”两个阶段，成立该类型组织可直接向社会组织登记管理机关申请登记。

同时，在校友会登记注册方面，广东也开了全国先河。广东省民政厅通过出台《关于校友会登记管理的指导意见》（粤民民〔2013〕164 号），以“联合性社会团体”为定位，适度放开校友会登记，使得达至一定条件的校友会有了正式身份。

在降低门槛的基础上，广东省不仅在登记改革上“动真枪”，还进一步以备案制度改革打出“连环炮”。东莞市早在 2011 年左右便对公益慈善类社会组织实行“双轨制”，对暂不符合登记条件者可先备案，取得合法身份后再开展活动。2012 年，省民政厅也在全省范围对“微型社会组织”实行“双轨制”。通过印发《关于培育发展城乡基层群众生活类社会组织的指导意见》，对城乡基层群众生活类社会组织实行“登记 + 备案”制度。对符合登记条件的社会组织按一般性措施注册，但是对尚未达到登记条件的且服务于城乡基层的公益服务类组织实行“倾斜”政策，允许其在镇街进行备案。

另一方面，社会组织登记审批时限也大大压缩。广州市取消了对社会团体申请筹备的审批等一系列前置环节，对社会组织申请成立相关证明与报告做出进一步“人性化”安排，使得登记审批时限从 90 日缩短至 20 日，并于 2014 年以《广州市社会组织管理办法》的形式正式确立下来。东莞市也出台了相应的登记审批改革方案，达至同样的 20 日工作时限成效。佛山市将社会组织成立、注销登记手续时限已统一压缩为最长 15 个工作日。珠海市在借鉴广州简化申请程序的基础上，进一步实现筹备和登记可在 6 个工作日完成的最短时限。

需要特别关注的是，广东省在基金会登记注册方面率先突破，在全国范围内发挥引领带头作用。深圳市已率先突破社区基金会登记制度。2013 年底以来，深圳市在非公募基金会领域大步迈进，成立了国内第一家冠以“社区基金会”之名的此类组织。随后于 2014 年 3 月，正式出台了《深圳市社区基金会培育发展工作暂行办法》，推动社区基金会登记注册工作。

对于登记权限，省级也开始逐步向市一级下放。广东省民政厅于 2012 年 8 月正式发文授权广州市行使登记注册非公募基金会管理权限。而在此之前，除了安徽部分地区进行相关试点，全国范围内无论公募、非公募基金，登记审批权都集中在中央和省，地市级有关机构不能享有这一权限。2013 年 7 月，省民政部门进一步向各地市下沉有关权限。

2. 推进政府向社会组织购买服务工作

首先是编制出台了政府职能转移事项目录。省和各地市往往在行政审批改革过程中嵌入职能转移工作。例如广东省于 2012 年共取消 231 项行政审批项目，其中明确转移的 88 项行政事项由社会组织承接；2013 年再次向社会组织转移职能 56 项。各地级市也是如此。东莞市 2014 年转移 12 项日常管理事项。佛山市的第五轮行政审批制度改革将事权转移作为重要抓手。在这一轮改革中，市一级共公布转移事项 77 项，区一级公布转移了 111 项。其中，顺德区仅区文体旅游局一个部门，在 2013 年行政审批改革中转移了 19 项职能事项。广州市、茂名市、湛江市、清远市 2013 年在行政审批改革过程中分别转移 10 项、10 项、19 项和 47 项。韶关市、江门市自 2011 年以来的多轮行政审批改革中分别转移 35 项、49 项。

同时，省和各地市也将政府职能转移作为独立工作，出台专项目录。2012 年，省机构编制委员会出台了《政府向社会转移职能工作方案》（粤机编〔2012〕22 号）。这一方案尽管实行目录化职能转移管理，但基本上列举了职能事项类型，包括充分竞争、适度竞争和非竞争事项三类，以及社会事务管理与服务等 17 项具体事项类型。随后，从地市到区县在省编办文件的基础上，进一步向目录化管理方向迈进。例如，2014 年，梅州市出台了第一批向社会转移职能事项目录，涉及 13 个市直部门 40 项工作。深圳市龙岗区于2014年出台第一批职能转移目录，涉及7个区直部门22项具体事务。佛山市南海区更加精确定位、更加贴近基层，直接出台了《各镇（街道）总商会承接政府职能转移目录》，确定了50项由商会承接的管理服务项目。

其次是编制出台了政府向社会组织购买服务事项目录。作为职能转移的细化工作，省财政厅发布的首批省级政府向社会组织购买服务项目目录共有五大类49个子类共262个具体服务项目，既涉及一般性社会服务，也包括专业性与技术性管理服务事项。各地市也结合自身情况，细化了有关购买服务内容。例如，江门市出台了《江门市市直单位向社会组织购买服务实施方案》《江门市本级2013年向社会组织购买服务试点方案》《江门市市直单位实施政府购买服务操作指引（暂行）》和《江门市市直单位实施政府购买服务采购操作规程（暂行）》等文件体系。阳江市2013年批复了第一批向社会组织购买服务共17个项目，并于2014年首次向社会组织购买决策服务。

值得指出的是，深圳、南海等区将细化工作进一步标准化，探索实践“三单管理”制度。深圳市在购买服务中探索了“负面清单”管理制度。2014年10月，该市出台了《关于政府购买服务实施意见》以及《市政府购买服务目录（试行）》《市政府购买服务负面清单（试行）》，形成了“1+2”文件体系，不仅明确了240个可购买事项，更进一步明确了购买服务中14项涉及司法审判、行政处罚等方面内容，探索形成政府购买服务的“深圳标准”。南海区在“负面清单”的基础上，进一步完善为“三单管理”制度，包括“负面清单”“准许清单”和“监管清单”。2014年，首批社会组织“三单”项目涉及社会组织登记的“负面清单”8项、“准许清单”7项和“监管清单”11项，这是广东省“三单管理”模式首次向社会管理领域延伸。

最后是编制出台了承接社会组织有关目录。2012年，省民政厅出台了《关于确定具备承接政府职能转移和购买服务资质的社会组织目录的指导意见》（粤民民〔2012〕135号）。自此，省、市和县三级全面铺开承接社会组织目录管理工作。

从省级层面来看，2012年11月发布了《省本级社会组织承接政府职能转移和购买服务目录》，确定了179家具备该资质的社会组织。时至2014年底，确定具有承接政府职能转移和购买服务的省本级社会组织已有718家。

从市县层面来看，各市县逐批确定具有承接政府职能转移和购买服务资质的社会组织，实现了政府职能的有序、高效转移。例如，广州市公布了三批达到108家，东莞市近200家，深圳市和佛山市均达到300多家。汕头市先后公布两批具备资质的市属社会组织共达到56家，揭阳市公布了三批共达到62家，潮州市公布了一批共20家。区县一级也出台了相关目录，例如佛山市南海区共有44家社会组织被纳入目录，广州南沙区公布了两批共包括18家社会组织。

3. 构建孵化培育体系

2011年以来，广东省社会组织孵化培育主要从基地建设、资金扶持与能力培训三个方面开展工作，具体如下。

首先，形成了市、区（县）、街（镇）三级孵化基地体系。对于初创期社会组织来说，孵化基地在场地条件支持、法务财务支持等各方面具有重要意义。各地在社会组织培育过程中对这项工作也十分重视。例如，至2014年上半年，广州市全市已建成30个社会组织培育基地，基本形成三级社会组织培育基地网络。其中，在各区级单位中，最早建立的是黄埔区（2012年），最晚的是天河区（2014年）。汕头市全市建成各级孵化基地21个，入驻社会组织105个。肇庆市在2013年成立了首家社会公益组织孵化平台。梅州市也在2014年6月成立了全市首个综合性社会组织孵化基地。

其次，形成了常态化的培育资金支持体系。省财政厅制定了《广东省省级培育发展社会组织专项资金管理暂行办法》（粤财行〔2012〕245号），将扶持社会组织发展资金列入年度省级预算。该专项资金明确要求由社会组织统筹用于办公场地租金、社会服务项目成本费用以及能力建设费用等支出。其中，仅2012年便安排了资金1亿元。这一资金对于全省范围内的社会组织平衡发展起到了重要作用。例如，在2013年专项资金分配中，河源共40家社会组织获得省级培育发展社会组织专项资金，共980万元，占该次全省获得补贴的400家社会组织数量的1/10。市县也安排了专项资金促进社会组织发展。2013 年，惠州市共落实社会组织专项扶持资金预算 1584 万元。2014 年，江门市各部门申报政府购买服务项目 168 项，为 2013 年的 3 倍，申报预算资金 8050 万元，比 2013 年增长 131.14%。同年度，阳江市 40 家社会组织获得相应的扶持资金，总计 216 万元。佛山市南海区从区到镇级都形成了专项资金扶持社会组织的制度。区级每年投入超 200 万元财政资金孵化培育社会组织，增强草根组织、企业与社工机构的公共服务能力。南海区的桂城街道则以成立关爱基金的形式扶持公益社会组织的发展，目前已通过财政资金拉动社会资金筹集，形成近千万元的扶持资金规模。

作为新型资金支持形式，公益创投等方式也逐步开展。2011 年，东莞市启动首届公益创投活动，从福利彩票公益金中安排 1000 万元，广泛征集公益服务创意项目，共有 16 家社会组织的 28 个项目入选。2012 年，顺德区成功举办公益创新大赛，并最终评选出 12 个优胜项目和 15 个创意点子，并为这些项目和点子提供专业化、规范化的能力建设与技术支持，助力其尽快落地，服务当地群众。2014 年，广州市举办首届公益创投活动，实际投入财政资金 1500 万元，撬动社会配套资金 1100 万元。2012 年以来，深圳市连续举办三届中国公益慈善项目交流展示会，推动公益慈善事业发展的跨界合作与融合。其中，2014 年慈展会上，现场签约对接项目合计 438 个，对接金额达 50.79 亿元。

最后，探索专业化能力建设体系。对于广东省社会组织孵化培育来说，尽管资金扶持很重要，但能力建设也正在逐步获得重视。东莞市的市级孵化基地实行政府与民营的“双轨制”，引进上海的恩派（NPI）团队，接受恩派与民管局的指导与管理。市社会组织服务中心还策划了一系列“社会组织能力建设系列培训”项目，取得了较好效果。中山市团市委的青年社会组织能力建设与培育服务项目引进了上海映绿公益事业发展中心，共投入了 180 多万元资金。

4. 推进社会组织“去行政化”与“去垄断化”

自 2006 年广东省出台《关于发挥行业协会商会作用的决定》和《广东

省行业协会条例》以来，行业协会商会率先开展了“去行政化”与“去垄断化”的改革。两个文件都提出了“五自四无”① 的改革要求。

在“去行政化”方面，2013 年底，深圳市以地方立法形式出台了《深圳经济特区行业协会条例》，进一步明确和细化了行业协会发展要遵循“政会分开”的原则。2014 年，省民政厅等六个部门联合印发了《关于行业协会商会与行政机关脱钩方案》，针对2006 年以来仍存在的行业协会商会未与行政机关完全脱钩的问题进一步改革，深入推进政社分开以及民间化进程。同年，广东省进一步落实中共中央组织部《关于规范退（离）休领导干部在社会团体兼职问题的通知》（中组发〔2014〕11 号），对退（离）休领导干部在社会团体的兼职行为进一步从严规范。

在“去垄断化”方面，各地市放开允许公益慈善服务型社会团体名称以不同名称在同一行政区域申请成立，允许同一行业成立多个行业协会，逐步扩大异地商会登记范围，打破一业一会等形式的垄断问题。此外，湛江市还以引导扩大区域活动范围推进“去垄断化”改革。具体通过让跨行政区域的社会组织改称“北部湾”等字头的行业协会名称，并将其总部设在湛江，实现了“去垄断化”与拓展业务空间的双重目标。

5. 探索开展监管评估工作

在当前社会组织发展水平参差不齐、行业自律不完善的情况下，广东省不仅大力支持社会组织的培育孵化工作，也抓紧社会组织的监督管理工作。具体来看，近年来，广东省主要在社会信用、评估以及跨部门的综合监管方面下功夫。

首先，加强社会组织的社会信用监管。珠海市于 2013 年 8 月出台了《珠海市企业和社会组织信用信息管理办法》，在全省首创将社会组织信用信息也纳入管理。云浮市要求将诚信建设内容纳入各类社会组织章程，推进社会组织信用建设工作，并产生实际效果。例如云浮市石材商会通过开展该

---

① 即自愿发起、自选会长、自筹经费、自聘人员、自主会务，实行无行政级别、无行政事业编制、无行政业务主管部门、无现职国家机关工作人员兼职。

行业内企业信用等级评定工作，助推石材信用企业融资发展。2012 年，金融机构对符合信用要求的国际石材城授信 200 亿元。揭阳市民政局先后出台了《揭阳市社会组织信用信息管理暂行办法》（揭民民〔2013〕144 号），探索建立专门的社会组织信用信息档案库。

2014 年 7 月，省政府出台了《广东省社会信用体系建设规划（2014 ~ 2020 年）》，正式将“社会组织诚信建设”作为“社会诚信建设”的一部分。随后，中山市、东莞市也先后出台了有关诚信建设的办法。

其次，加强社会组织的评估制度。云浮、珠海市分别于 2012 年、2013 年设立了评估委员会作为第三方评估机制，在一定程度上改变了市民政局既是决策者，又是执行者和监督者的局面。东莞市走的则是专业化评估路径。2012 年以来委托由华东理工大学社会工作研究团队组成的东莞市现代社会组织评估中心参与承担评估工作，以科学的指标体系，推进评估工作专业化。对于评估结果，深圳市、肇庆市等地区将其与政府购买服务、取得公益性捐赠税前扣除资格等实行挂钩，规定只有 3A 等级及其上可获得相关资格。

最后，广东也顺应社会组织多样化、系统化发展的需求，探索实行跨部门的监管机制。2013 年，省社工委通过了《构建社会组织综合监管机制试点工作指导意见》，重点支持东莞、深圳市开展登记管理机关、业务指导部门以及各相关职能部门的联合监管模式。其中，深圳市制定了《关于构建社会组织综合监管体制的意见》，并于 2014 年由民政局联合公安、外事、市场监管、法院、银监等部门联合行动，查处了 124 家有违法违规行为的社会组织。

6. 改革成效

2011 年以来，广东省社会组织管理体制改革激发了社会组织发展活力，使得其数量明显增长。同时，在改革过程中，也及时将宝贵的地方经验上升为地方性法规，巩固和深化了改革成果。

一是积累了改革经验，制定地方法规。党的十八届四中全会明确提出“提高社会治理法治化水平”。2011 年以来，广东省社会组织管理体制改革的重大成果便是积累了丰富改革经验，推动了地方立法。仅就出台的专项性地方法规（不包括综合性法规或者交叉部分社会组织管理内容的地方法规）来看，便有深圳、汕头、广州出台制定了有关法规或规章。

二是社会组织数量增长速度较快。2011～2014 年，全省登记成立社会组织分别是 30535、34537、41025、46835 个，年均增长率 13.7%。其中，从数量上来看，2011 年的社会组织数量首次破 3 万。从增速来看，2012 年则是跨越之年。2011 年同比增长是 7.11%，到了 2012 年，连续三年增速达 13% 以上。从每万人社会组织数量来看也有类似的发展趋势。2011 年该指标是 2.91 个，2012 年指标突破了 3 个，2014 年突破了 4 个。因此，从登记总数与每万人的社会组织数量来看，都说明自 2011 年以来广东省的社会组织建设进入快速发展的新时期，详见表 3。

表 3　2011～2014 年广东省社会组织数量变化情况

年份	社会组织数量(个)	增长率(%)	年均增长率(%)	每万人社会组织数(个)
2011	30535	7.11	13.7	2.91
2012	34537	13.11		3.35
2013	41025	18.79		3.85
2014	46835	14.16		4.38

资料来源：《广东省社会建设发展报告（2013～2014）》；刘洪：《在 2015 年全省民政工作会议上的讲话》。

三是广东省社会组织发展走在全国前列。2011 年第 1 季度，广东省社会组织（包括社会团体、民非和基金会，下同）总数在各省份中排第 3，共有 29111 个，次于山东省（46411 个）、江苏省（34350 个），略高于四川省（29082 个）。2014 年第 1 季度，广东省社会组织总数在各省份中上升 1 名，排名第 2，共有 42347 个，仅次于江苏省（57470 个），同时与排名第 3、第 4 名的山东省、浙江省的社会组织总数差距拉大（39207 个、36467 个），说明 2011 年以来，广东省培育发展社会组织工作在全国范围内表现较为出色。

表4　2011～2014年全国各省份社会组织数量排名（前4位）

排名	2011年第1季度		2014年第1季度	
	省份	社会组织数(个)	省份	社会组织数(个)
1	山东省	46411	江苏省	57470
2	江苏省	34350	广东省	42347
3	广东省	29111	山东省	39207
4	四川省	29082	浙江省	36467

资料来源：根据历年民政部各省份社会服务统计数据整理所得。

（三）城乡社区治理与服务体制改革

2011年以来，广东省城乡社区治理与服务改革主要围绕“治理”与“服务”两个关键词，首先扭转过度行政化倾向，恢复城乡社区的自我治理与自我服务基本属性；其次以搭建议事、监督等平台推进多元治理，以搭建多元化供给方式推进多样化公共服务，提升城乡社区的治理服务水平。

1. 推进城乡社区管理体制改革

2011年以来，广东省科学有序地推进城乡社区管理体制改革，主要从清理牌子、镇街延伸设置行政服务站、严格行政事务准入制三个方面入手，逐步扭转村居过于行政化倾向问题。同时，在农村社区，广东省开展具有地方特色的“政经分离”改革，理清各组织主体间关系。

首先，针对城乡社区牌子过多过滥问题，省纪委、省委组织部等多个部门联合出台了《关于治理村、社区组织牌子过多过滥问题的意见》（粤委办发电〔2012〕129号），明确要求只允许悬挂符合规范的村党组织、村民委员会或社区党组织、社区居民委员会两块牌子，严禁继续增挂牌子，突出党的领导与群众自治的基层社区定位。各地市也陆续依此要求开展专项治理工作。以佛山市为例，该市共清理了1.7万块牌子，确保“撤牌令”落实到位。

其次，广东省在对村居进行必要的撤牌摘牌的基础上，进一步按照“站居分设”的思路，以延伸社区行政服务站点的方式，满足群众就近办事的需求。顺德区通过“一村一站”的方式全面建立村居行政服务站，村居行政服务站主要负责人均由村居党组织主要成员兼任，并参照镇街聘员管理。南海区通过全面铺开社区行政服务中心建设工作，为社区居民委员会减轻行政工作负担。目前南海区已有该类中心 269 个，覆盖全区所有村居 300 多万常住人口，形成了“15 分钟便民服务圈”。东莞市在学习借鉴顺德区该项改革的基础上，进一步完善建立了村居党政公共服务中心，实现党务政务“二合一”。通过“一站式”和“一清单”办事制度，既将村居的行政事务做实做细，也提升了行政效率。例如东莞市的万江街道试点中心，除了可以办理相关政务以外，还承办本外地人员党组织关系转接、流动党员登记、入党政审等党务工作。

最后，在对村居进行必要的撤牌摘牌、增站建中心的基础上，进一步探索行政事务准入制度，谨防城乡社区的再次过度行政化倾向问题。在这方面，深圳、珠海在一定程度上走在全省前列。珠海市已经于 2013 年、2014 年先后出台了《珠海市社区行政事务准入管理办法（试行）》（珠府办〔2013〕55 号）和《珠海市社区行政事务准入管理工作实施方案》（珠社准〔2014〕1 号）。在实施过程中，珠海市以香洲区为试点，率先将社区行政事务从原有 130 项降低到 95 项，另明确规定严禁准入的 9 项行政事务。深圳市罗湖区明确了社区综合党组织 6 项工作职责、社区居委会 13 项工作职责，取消责任状 11 项、考核评比检查任务 9 项，以及数十种电子或纸质台账，转移近 50 项事务到街道及其他单位。

与城市社区不同，农村社区涉及集体经济，经常引发各种社会矛盾和社会问题。2011 年以来以佛山南海为代表，多个地区在农村“政经分离”领域开展了有益的改革探索。

首先便是通过加快建立健全基层党组织，将有条件的村党组织的建制升格，进一步强化了党组织在社区各种组织中的监督作用和政治核心地位。其中，佛山市南海区在其改革过程中，全区将所有行政村党支部升格为社区党总支部，将部分党总支再升格为党委，强化党组织工作抓手。

随着“政经混合”的困境被逐步打破，村自治组织在理清关系的基础上，一改以往“重经济、轻管理”的弊病，回到社区管理与服务的自治本位，实现“去行政化”“去利益化”。其最直接的体现便是村委会主要领导不再与村集体经济组织领导交叉任职。

由于村党组织、自治组织的主要领导不再兼任村集体经济组织的负责人，使得村集体经济得以进一步按市场规则运行，提高运转效率。各改革地区通过开展集体资产确权登记，理顺集体资产产权关系，并逐步创新性建立农村综合产权交易平台和农村财务网上监管平台。

此外，中山市、江门市等地市也就“政经分离”进行了有益的探索。其中，中山市东区的“农村及城市社区政经分离”项目被纳入广东省第二批社会创新观察项目。江门市已于2013年选定6个村进行试点，并计划先向年可支配收入200万~500万元的村推广，再在全市推广。

2. 探索多元治理结构

近年来，广东省构建城乡社区多元治理结构一方面从决策前的议事平台入手；另一方面从决策后的监督监管入手。同时，结合广东省近年来基层社区改革的实际情况，社区网格化管理也丰富与创新了社区治理结构。

受户籍、社区交往等条件的限制，外来人口在社区生活中的利益维护、诉求表达等方面存在一系列问题。中山、东莞等珠三角外来人口较多的城市逐步吸纳外来人口参与社区议事。中山市引导非户籍常住人口参与社区民主管理及民主监督工作，其主要做法是规范农村社区建设协调委员会运作，实施联席会议制度，每季度至少召开一次联席会议，使辖区单位、物业管理公司、外来人员代表平等参与社区管理、自治和服务。在外来人口较多的地区，探索聘任优秀异地务工人员作为村委会特别委员，在社区层面逐步破解本地户籍人口与外地务工人员的二元治理结构。深圳市盐田区在人口严重倒挂的情况下，吸纳外来人员合法有序地进行政治参与，即通过加强流动党员管理服务工作，实施基层党建工作区域化。在这一过程中，落实社区流动党员的选举权与被选举权，组建更具代表性的社区党组织领导班子。

同时，鉴于原有的城乡社区自治组织承担了过多的行政事务，广东省近年来也着手进行“增量改革”，吸纳体制外的民间精英，组建城乡社区议事平台，形成社区多元治理模式。作为全省农村改革发展试验区、全国农村改革试验区，云浮市以自然村为基础，启动培育和发展乡贤理事会工作，把农村老党员、老干部、老模范、老教师等各类乡贤能人以及热心人士吸纳到理事会，协助村“两委”开展家乡建设与管理。在开展过程中，以“以奖代补”“一事一议”为抓手，积极协助解决农业发展与农村建设过程中的问题。同时，通过发挥乡贤的文化优势与声誉名望，协助解决自然村的民事纠纷，宣传道德规范，改善农村文化氛围。清远市、阳江市、佛山市等多个地方也相继以村民理事会、说事评理组、社区参理事会、邻里中心、街坊会等多种方式，协助参与城乡社区治理，凝聚居民共识，提高社区整合程度与资源聚合能力，提高自我管理的水平。

再者，广东省城乡社区治理不仅重视决策前议事平台搭建，也重视建设基层决策事中与事后的监督机制。其中，较具代表性的是“蕉岭模式”。梅州市蕉岭县作为全国农村综合改革示范试点单位，建立独立于村支部、村委会之外的村务监督委员会，严格规范农村民主监督，维护村民“管人、管财、管事”的权益。从 2011 年初到 2012 年年中仅一年半的时间，全县通过村务监督委员会制度，成功纠正村干部相关行政行为共 12 次，有效保障了村民自治在合法、合规、合民意的轨道上。

3. 形成社区服务多元化供给模式

近年来，广东省城乡社区的公共服务逐步由行政化单一提供转向社会化多元供给，不仅在法律的专业服务、生活化日常服务两大领域有所突破，还培育出一批扎根基层的社区社会组织。

在法律服务领域，党的十八届四中全会集中提出对社会治理的法治化要求，而广东省在四中全会之前已经在城乡社区治理中向法治化方向迈进。佛山市在这方面有序推进，值得关注。2012 年，顺德区陈村镇成为全省唯一“法治镇”建设试点。同年，该镇便出台了《陈村镇法治镇建设三年行动计划（2012～2014）》。该镇将律师服务需求纳入政府服务计划之中。与一般的做法不同，该镇各村不是只聘请法律助理，而是要求购买服务对象的律师事务所每周共半天时间，各指派 1 名律师入驻各村。2014 年，陈村镇在试点收官阶段，建立了一批村居律师工作站，实现基层公共法律咨询服务工作的常态化。同年，佛山市还出台了全省首个市级公共法律服务实施方案，提出建立“一镇街一律师顾问团”“一村居一专职调解员”、打造“半小时法律援助服务圈”等12项重点内容，进一步深化公共法律服务的社区平台建设工作。

在生活服务领域，鉴于社区服务的特点与社区建设的发展阶段，广东省以拓面为先，提高社区生活服务平台的覆盖率，确保社区服务更加贴近社区。江门市蓬江区、江海区等多个地区已经实现村（社区）公共服务站全覆盖，解决社区服务的“最后一公里”问题。深圳市出台了《深圳市社区服务中心设置运营标准（试行）》（深民函〔2011〕585号），要求每家社区服务中心配备6名专职工作人员（包括至少3名为专业社工），组建一支专业化与多元化的社区服务团队。

广州市通过“幸福社区”工程，全力搭建多元社区服务平台。从其评估指标来看，五项客观指标中有四项聚焦在公共性设施、服务等平台。从其实施效果来看，通过首批26个社区、第二批300个社区的逐步建设，现今形成的“十大幸福范本”都在生活服务方面有突出建树，例如天河区棠下街棠德北社区着力于打造低成本生活区，白云区景泰街隆康社区重点关注社区“稻草人”（志愿者）守护儿童安全。

同时，近年来贴近居民的社区社会组织也受到政府的重点扶持。一方面，政府搭建的公共法律与生活服务等各类社区服务平台为社区居民提供了便捷有效的公共服务。另一方面，社区居民也自发地组建社区社会组织，从而形成了自上而下与自下而上的社区服务合力。目前，广东省的社区社会组织主要涉及文体娱乐、慈善服务等多个领域，充分满足了社区居民的多元化服务需求。

珠海市更是专门建立了社区社会组织孵化器，专门着力培育以社会工作为导向的社区社会组织。深圳市借下放社区基金会审批权限改革的契机，进一步丰富了社区社会组织类别。目前，深圳市已经成立了10家社区基金会，其中光明新区占到5家，为社区互助与社区营造提供了经济支持与财力保障。

值得关注的是，近两年兴起的“智慧社区”也将互联网思维引入社区服务之中，形成了不同于实体化服务的新平台、新模式。

一方面，社区网格化管理更加注重信息管理技术。改革试点地区，普遍按照“街巷定界、规模适度、无缝覆盖、动态调整”的原则，以实有每100～300户为一格标准，划分为若干个网格。在此基础上，网格管理员以信息化手段，全面收集掌握辖区社情民意，联动有关行政部门，以数据共享、业务协动提升城乡社区治理效率。例如，广州市在越秀区试点社区网格化管理期间，将老人证、失业证等78项社会服务事务以及121项管理事务入格操作，并通过网格化服务管理指挥调度中心全面统筹，确保社区治理的信息化与智慧化水平。佛山市南海区在试点期间，开发了“4G伺服社区网格化管理系统”，打造社区管理的“大数据”，并通过联席会议制度、驻班制、网格化工作责任制和议事平台，实现部门联动。

另一方面，微信平台已逐步开始在社区服务中应用。作为微信智慧社区试点单位，广州南国奥园等社区开始通过微信平台，整合社区通知、收费等各项物业管理与生活服务，乃至小区周边商业服务事项，向业主统一发布有关信息，并以服务满意度打分的方式及时收集反馈意见，形成了物业服务、商业服务、生活服务一体化的新平台，打通社区生活的“最后一公里”。

4. 改革成效

一是形成了具有广东特色、全国影响的社区治理模式。众所周知，改革开放以来，广东省的基层发展活力较为强劲。20世纪80年代的广东“四小虎”（东莞、中山、南海、顺德）为全国中小城市经济建设提供了示范经验，与深圳特区等大经济特区相映生辉。在新一轮的社会体制改革过程中，广东省再次提供了一批既有代表性又具先进性的基层治理样本。例如，2012年4月，广东省体制改革研究会向广东省委提交了《着力构建适应社会主义市场经济的行政与社会管理体制——顺德新一轮综合改革调研报告》《“政经分离”：南海推进农村体制综合改革的情况与经验——佛山市南海区体制改革调研报告之一》，受到省委省政府领导的高度重视，2012年9月12

日省委省政府在佛山市召开了“广东省推广顺德南海综合改革试点工作现场会”，全面推行两区综合改革经验。南海区的“政经分离”改革曾被《人民日报》（头版）、《瞭望东方周刊》等中央级媒体报道，将地方经验向全国传播。云浮市“自然村乡贤理事会”不仅在2012年以全省头名成为省社会创新试点项目，更是被《人民日报》《中国治理评论》等全国性报刊专题报道与研究。同时，云浮市这一改革经验也受到国内学界高度关注，推而广之。2014年在“探索村民自治的有效实现形式高端研讨会”上，云浮市是全国代表性实践者发言单位之一（共四个发言单位）。同时，梅州市蕉岭县的农村治理改革也吸引了全省乃至全国基层治理改革者的关注。2011年以来，蕉岭县已先后召开了第十届中国农村发展论坛、全省基层社会治理工作平台建设现场会，被确定为“全国农村综合改革示范试点单位”。

二是社区服务力量显著增强。2011年以来，广东省加大社区服务建设投入，不管是从自身的历时性比较，还是从跨省份的横向比较来看，都说明近几年的社区服务力量显著增强。

从广东省自身发展和在全国占比来看，2011～2014年，广东省的社区服务设施数从13574个增长到51248个，在全国总数中占比从9.17%增长到17.29%，数量增长了2.78倍，占比增长了89%。从社区服务设施覆盖来看，在2011年，广东省的该比例为53.3%，比全国平均水平高31.5%。到了2014年，广东省的社区服务设施覆盖率已经增长到197.7%，基本上每个社区都有2个社区服务设施，比国家平均水平高154.3%。因此，从广东省与全国水平比较来看，2011年以来广东省社区服务力量明显增强。

从跨省份比例来看，仅取前五位省份的数据来分析：2011年广东省社区服务设施排在全国第4位，落后于山东、浙江、江苏三省，高于北京市，社区服务设施覆盖率也同样排在第4位，落后于北京、江苏、浙江，高于山东。到了2012年，广东省社区服务设施数已经攀升全国第1位，覆盖率升到第2位。2013～2014年，尽管第2～4位有所变动，但广东省这两项指标均稳居第1位，充分说明广东省经过这几年改革工作，已经走在全国城乡社区服务发展的前列。

表5　2011～2014年全国及广东省社区服务设施及其覆盖率情况

地区	社区服务设施数（单位：个）	广东在全国总数中所占比例(%)	覆盖率(%)	广东比全国平均覆盖率高出值(%)
2011年第4季度				
全　国	147966	9.17	21.8	31.5
广东省	13574		53.3	
2012年第4季度				
全　国	188225	18.86	27.7	109.7
广东省	35500		137.4	
2013年第4季度				
全　国	255682	19.44	37.4	152.8
广东省	49694		190.2	
2014年第4季度				
全　国	296454	17.29	43.4	154.3
广东省	51248		197.7	

注：覆盖率＝设施数÷（村数＋居委会数）×100%。

资料来源：根据历年民政部各省份社会服务统计数据整理所得。

表6　2011～2014年各省份社区服务设施数量情况（前5位）

排名	2011年第4季度		2012年第4季度		2013年第4季度		2014年第4季度	
	省份	社区服务设施数	省份	社区服务设施数	省份	社区服务设施数	省份	社区服务设施数
1	山东省	21921	广东省	35500	广东省	49694	广东省	51248
2	浙江省	19838	山东省	23131	河北省	26328	江苏省	33087
3	江苏省	15148	江苏省	20034	浙江省	25969	河北省	30590
4	广东省	13574	浙江省	20029	山东省	25324	浙江省	28030
5	北京市	8991	北京市	10093	江苏省	23538	山东省	27009

表7　2011～2014年各省份社区服务设施覆盖率情况（前5位）

排名	2011年第4季度		2012年第4季度		2013年第4季度		2014年第4季度	
	省份	覆盖率(%)	省份	覆盖率(%)	省份	覆盖率(%)	省份	覆盖率(%)
1	北京市	134.6	北京市	150.6	广东省	190.2	广东省	197.7
2	江苏省	69.8	广东省	137.4	北京市	150.6	北京市	161.3
3	浙江省	60.1	江苏省	92.9	江苏省	110.1	江苏省	154.6
4	广东省	53.3	上海市	62.4	浙江省	79.4	贵州省	90.9
5	山东省	28.1	浙江省	60.8	贵州省	75.9	浙江省	85.9

资料来源：根据历年民政部各省社会服务统计数据整理所得。

三是全省城乡社区事务财政支出显著增长。鉴于全省城乡社区服务力量显著增强、社区治理改革不断推进，财政支出在城乡社区事务板块中日益受到重视。2011 年，全省公共财政预算支出中，城乡社区事务板块达 528.68 亿元，完成预算的 118.67%。2012 年，该板块支出达 621.28 亿元，同比增长 17.52%；2013 年，支出 673.05 亿元，同比增长 8.33%。到了 2014 年，支出增长到 733.26 亿元，完成预算的 122.6%，同比增长 8.9%。从 2011 年以来财政预算支出可以看出，完成预算率、增长率连年增长，广东全省对城乡社区治理与服务越来越重视。

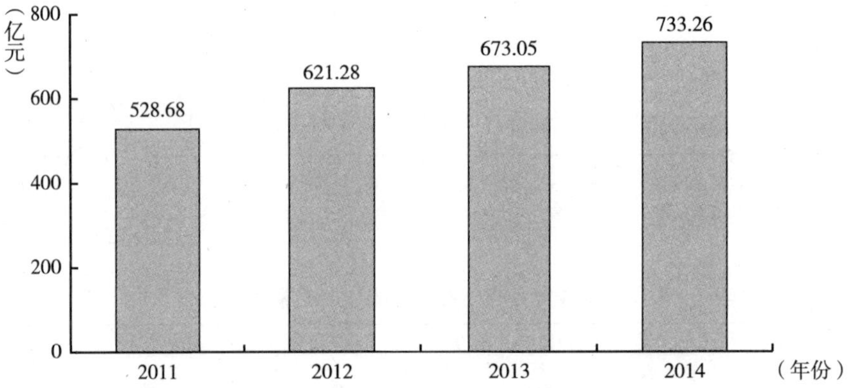

图 1　2011～2014 年广东省城乡社区事务财政支出情况

资料来源：根据历年广东省财政预算执行情况报告整理所得。

（四）流动人口市民化制度改革

2011 年以来，广东省流动人口市民化主要以既有制度改革为基础，进一步向纵深方向改革。总的来看，广东省，尤其是珠三角地区以专责管理机构改革为牵引，以户籍管理制度为抓手，在基本公共服务均等化方面下功夫。

1. 管理机构改革

作为流动人口流入大省，广东省的人口服务管理压力较大，这在珠三角地区尤为明显。珠三角地区，尤其是广州、佛山、东莞等重点城市，先后建立了专门负责流动人口服务管理的政府机构，为推进该群体的市民化进展起到了重要作用。

2009 年修订的《广东省流动人口服务管理条例》明确规定县级以上人民政府可以成立相关流动人口服务管理协调机构。珠三角地区率先启动，逐步成立相关机构。从近年的相关机构改革动作来看，广州市于 2011 年成立了市流动人员和出租屋管理工作领导小组，并在全市普遍建立了覆盖镇街与村居的流动人员和出租屋管理服务中心（站）。2013 年 2 月，进一步成立广州市来穗人员服务管理局。2014 年 1 月，该机构正式挂牌运作。2014 年底，广州市通过了职能转变和机构改革方案，进一步明确来穗人员服务管理局的职责定位，具体负责积分入户组织实施等服务管理工作。

佛山市在 2013 年 4 月建立了佛山市异地务工人员服务管理联席会议制度，市政府还印发了《佛山市加强异地务工人员服务管理工作实施方案》，明确了各单位推进这项工作的职责和任务分工。同时，将市流动人口服务管理领导小组办公室调整为单独设置，挂靠市政府办公室，内设综合科、公共服务科、流动人口和出租屋管理科，以全面加强流动人口工作统筹力度。

东莞市于 2008 年在原有的流动人员和出租屋管理领导小组的基础上，进一步挂牌成立了“新莞人服务管理局”，这是全国第一个专为外来人口而设立的地市级专职行政机构，承担出租屋管理、积分入户等职责。2014 年，东莞市出台新一轮的机构改革方案，将新莞人服务管理局挂在人力资源局，进一步整合工作职能。

2. 户籍管理制度改革

在户籍管理制度改革方面，广东省近年的改革措施主要集中于两大板块，具体如下。

一是创新积分入户制度。自我国从户口指标制转变为户口准入制以来，主要依靠四种方式解决迁移入户问题。一是“三投靠”，即夫妻投靠、子女投靠父母、父母投靠子女。二是民营企业投资纳税入户。三是引进人才入户，包括由人力资源部门审批的特殊高端人才、突出贡献人才等等。总的来说，这三种方式在制度化与普及化方面与当时广东省外来人口入户要求有一定差距。

为此，2007 年，中山市在全省率先探索实行积分入户制度，在原有制度框架基础上，新增了一种具有广泛影响的、面向外来人口的积分入户制度。2012 年，广东省在中山市户籍制度改革经验的基础上，进一步在全省推广积分入户制度。所谓的积分入户制度，就是根据经济社会发展情况，科学设计积分项目及其对应分值，依此评价与审核申请人的入户条件。符合条件者，可获得入户资格。

以最早实行此制度的中山市为例，该市自试点以来，不断完善积分入户制度，不断扩大入户广度，提高入户质量。2013 年，中山市颁布了《中山市流动人员积分制管理规定》《中山市流动人员积分制管理实施细则》，文件取消“暂行”“试行”等表述，标志中山市积分制工作开始常态化、规范化。此外，中山市还将青年社区学院项目纳入积分范畴。获得中山市青年社区学院颁发的结业证书，每次加 4 分；不同类别的课程培训也可累计加分，最高限 20 分。

相较而言，东莞市更加注重发挥积分入户制度作为引进人才的标杆的作用，2012 年规定取得证书并受聘东莞的社工等具备中级以上专业技术职务资格、普高大专以上学历的应届毕业生共十类人才可通过“条件准入”直接落户东莞。广州市鉴于作为特大城市的特定规格，人口规模受到严控，突出引进高端人才与艰苦一线人员，例如引进“两院”院士以及环卫、公交等一线作业的外来人员。

二是探索实行功能性居住证制度。广东省除了在积分入户方面引领了全国户籍制度改革方向，在居住证制度改革方面也走在全国前列。目前，居住证制度被称作外来人口享受阶梯式公共服务的凭证，也就是说，它不仅涉及“硬”的户籍制度，也与“软”的、附着在户籍身份上的公共服务紧密联系在一起。

在深圳市改革试点的基础上，广东省于 2010 年全面铺开居住证制度，使得流动人口分享到制度改革红利。总的来看，全省已经发放了 4000 多万张居住证，使得数千万流动人口享有了考办机动车驾驶证、出入境签证办理等 20 多项服务功能。

3. 加快基本公共服务均等化进程

以基本公共服务均等化为核心，打破户籍壁垒，对包括流动人口在内的全部人口进行一体化统筹，进一步推动“同城同权”改革进程，是流动人口市民化的关键所在。

2012 年，广东省出台了《深入推进基本公共服务均等化综合改革工作方案（2012 ~ 2014 年）》（粤府办〔2012〕30 号），明确以“促进不同群体间基本公共服务均等化”为目标，“在提高低收入群体基本公共服务保障标准、实现户籍常住人口基本公共服务均等化的基础上，逐步实现基本公共服务由户籍人口向常住人口全覆盖”。同时，该项改革确定了惠州市为改革试点市，创建基本公共服务均等化示范区。

作为试点城市，惠州市从 2012 年至 2014 年，户籍人口和非户籍常住人口间标准一致的项目由 11 个增加到 65 个。

其中约 1/3 的项目标准高于全省乃至全国的平均水平。

其中，以随迁子女教育权利为例，惠州市仲恺高新区于 2012 年 9 月在全省首发“电子公共教育券”，惠及异地务工人员随迁子女，享受学费补贴等公共服务功能。2012 年，惠州市财政补助县区共 764 万元实施外省籍随迁子女入读义务教育民办学校资助政策，保障外来工子女入读权益。2013 年，试点从仲恺高新区发展到全市范围，全市民办义务教育学校随迁子女学生在享受全省统一的生均公用经费外，每人每年还获得 100 元的补助。2014 年 6 月，省委省政府将这一试点推广到江门市、阳江市和清远市。目前，三个市均已出台了试点方案。

4. 改革成效

推进流动人口市民化制度改革，并不是一味地让更多的农民变为市民，而是要实现人口城镇化的“新常态”。这种“新常态”包括三个方面：一是人口变动，即形成不同于改革开放初期流动人口快速、大量涌入的平稳增长趋势。二是成本分担制度，即主要是有利于打造广覆盖、高水平的基本公共服务的各级财政支出结构。

总的来看，广东省 2011 年以来，通过对管理机构、户籍制度以及公共服务均等化等采取一系列改革措施，人口变动进入新一轮的平稳增长时期，常住人口增长放缓，迁入率相较以往也保持较平稳比例。此外，以教育、卫生为代表的各级财政支出结构进一步合理化。

一是流动人口由增长与涌入切换至平稳阶段。从积分入户人口来看，2010～2013年底，广东省已经有约60.2万人通过积分制入户。其中，从最早实行此制度的中山市来看，2011～2014年，中山市积分制入户年度指标数从3000个提高到4000个，年度实际获得资格人数也由2486个增长到4000个，说明中山市进一步扩大了积分入户制度的覆盖面。

表8　中山市积分入户制度实施情况

	2011年	2012年	2013年	2014年
积分入户指标数(个)	3000	3000	3600	4000
获得入户资格数(个)	2486	2540	3600	4000

资料来源：根据中山市流动人口信息网、历年《中山年鉴》整理所得。

从常住人口数量来看：2011～2014年，广东省常住人口从10505万人增长到10724万人，仅增长219万人。相较而言，2007～2010年增长了992万人，2003～2006年增长了1349.78万人，充分说明近年来广东省人口增长已经呈现明显的放缓趋势。

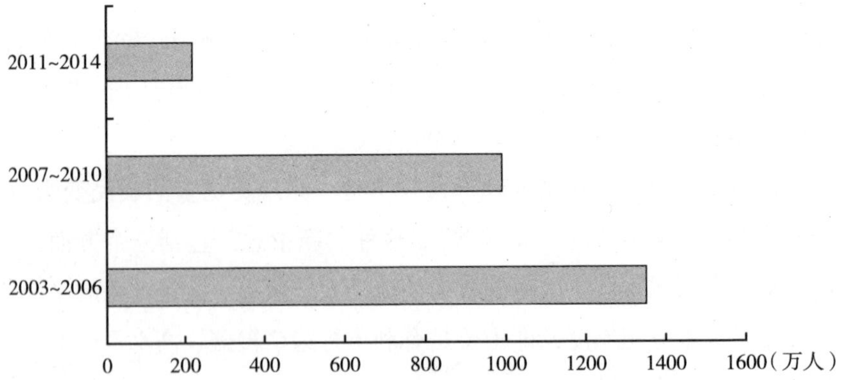

图2　广东省2003～2014年三个阶段的人口增长量

资料来源：根据历年《广东统计年鉴》整理所得。

从人口迁入率来看：2011 年以来，广东省迁入人口规模进入平稳期。相较而言，1995 ~ 2000 年，广东省迁入率均保持在 15% 以上，经过一定的过渡时期，到了 2011 ~ 2013 年，迁入率均略高于 11%，说明广东省迁入人口规模变化进入一个平稳阶段。

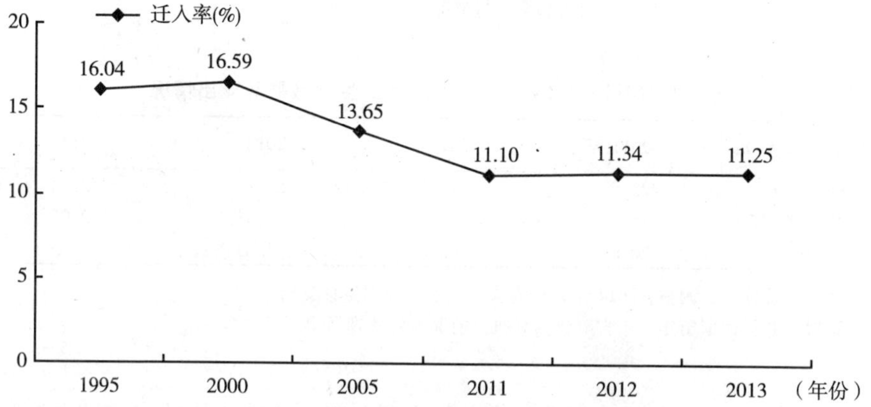

图 3　广东省 1995 ~ 2013 年人口迁入率情况

资料来源：根据历年《广东统计年鉴》整理所得。

二是初步形成了流动人口市民公共服务的成本分担机制。教育与医疗卫生是流动人口市民化的两大主要成本负担，如何协调省及省级以下政府的财政支出责任是促进人口城市化的制度保障。近年来，广东省已经逐步降低了省级支出比例。同时，从基本公共服务均等化试点地区惠州市的情况来看，近年来全市教育与医疗卫生增长速度较快，已经逐步承担起流动人口市民化的成本分担责任。

从省级财政支出比例变化来看：首先，从一般财政预算支出的教育项目来看，2011 年，广东的省级财政支出占 14.01%，到了 2014 年下降到 5.44%，说明市县镇级政府逐步加大承担教育领域财政支出责任。

其次，从一般财政预算支出的医疗卫生项目来看，2011 年，广东的省级支出从 20.01% 下降到了 3.05%，说明在医疗卫生领域，省级以下政府正积极承担医疗卫生公共服务支出责任。

表 9　2011 ~ 2014 年广东省教育领域财政支出情况

单位＼年份	2011	2012	2013	2014
全省(亿元)	1136.91	1466.49	1699.64	1749.53
省级(亿元)	159.28	135.78	136.17	95.15
比例(%)	14.01	9.26	8.01	5.44

资料来源：根据历年广东省财政预算执行情况报告整理所得。

表 10　2011 ~ 2014 年广东省医疗卫生领域财政支出情况

单位＼年份	2011	2012	2013	2014
全省(亿元)	425.57	497.15	557.18	752.14
省级(亿元)	85.16	22.36	25.81	22.92
比例(%)	20.01	4.50	4.63	3.05

注：受统计口径调整，2014 年数据为医疗卫生与计划生育支出。
资料来源：根据历年广东省财政预算执行情况报告整理所得。

从试点地区惠州市的财政支出变化来看：2012 ~ 2014 年的三年试点期间，全市教育领域财政支出从 62.55 亿元上升到 85 亿元，年均增长 26.76%。其中，在试点第一年（即 2012 年），该项支出增长了 47.17%。同时，全市财政医疗卫生支出从 21.8 亿元增长到 32.6 亿元，年均增长 21.98%。

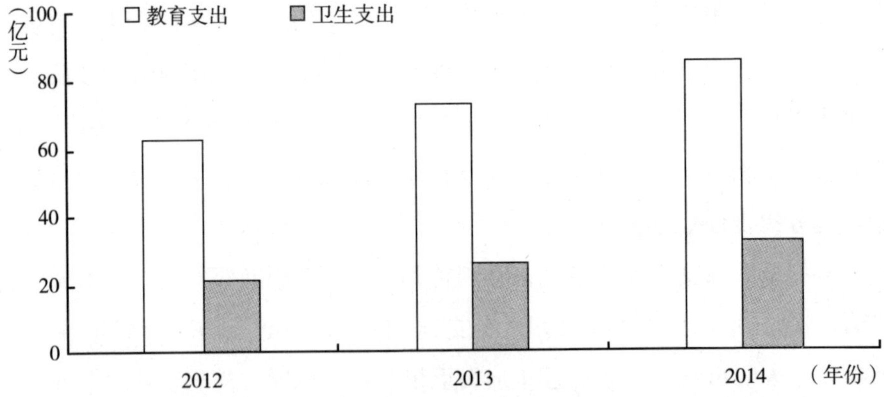

图 4　惠州市在试点期间教育与卫生领域财政支出情况

注：受统计口径调整影响，2014 年数据为医疗卫生与计划生育支出。
资料来源：根据历年惠州市财政预算执行情况报告整理所得。

（五）社工和志愿服务体制改革

2011年以来，广东省把社会工作与志愿服务放在同一平面上考虑，既侧重社会工作发展的专业水平，又着力在提高志愿服务的覆盖面的基础上，向社会工作靠拢，形成社会工作与志愿服务双轮驱动的社会服务格局。

1. 大力支持社会工作发展

作为贴近民生的新兴行业，广东省从环境与人才两方面采取制度化手段大力支持社会工作发展，同时各地区自主探索发展模式，使得这个新兴行业更贴近本地民情所需。

首先是形成了支持社会工作发展的制度环境。自省委“1+7”文件出台以来，各地区纷纷出台社会工作人才发展规划、薪酬标准指导意见以及建设培育机构、开发社会工作岗位设置等方面的实施方案。其中，珠海市于2013年初颁布了全省首个社会工作议题的政府规章《珠海市社会工作促进办法》。该办法要求市区两级政府要将社会工作纳入国民经济和社会发展总体规划，要将社会工作经费纳入同级预算，并与当地经济增长保持同步，以及要分别将下一级社会工作管理职责和经费保障纳入年度考核。这三项硬性要求为当地社会工作发展提供了有力的保障。

其次是加快打造了一批社会工作人才队伍。面对广东省社会工作发展的人才瓶颈问题，各地一方面采取内部转化的方式，以物质奖励与精神奖励等方式激励群团组织等与社会工作邻近的政府部门、事业单位与基层组织人员参与全国社会工作职业水平考试，形成工作实务与专业提升相结合的内部转化模式。另一方面，通过专业教育的方式培养优秀人才。目前，在广东开展社会工作学历教育的共有41家，其形式不仅包括广东省本地学校授课，还包括异地高校在广东授课等。40家教育机构中，在广州市办学共20家，占全省的50%。对比来看，尽管广东省只有23家开设了社会工作本科专业（截至2013年），但是全国各地高校逐步进驻广州等地，充分说明广东省社会工作发展势头较好，环境吸引力较强。

表 11　在广东省开展社会工作学历教育的高校分布情况

	广州	深圳	珠海	其他城市
数量(个)	20	4	4	12
学校	中山大学	南京大学(深圳研究院)	吉林大学珠海学院	茂名职业技术学院

资料来源：《广东社会工作发展报告（2014）》。

最后，广东省各地结合当地产业发展特点、行政管理体制特征以及当地人群服务需求，探索具有地方特色的社会工作服务模式。广州市以家庭综合服务中心为重点，在2010年试点的基础上，于2011年正式出台《关于加快街道家庭综合服务中心建设的实施办法》（穗办〔2011〕22号），全面铺开家庭综合服务中心的建设，培育发展民办社会工作服务机构。该市仅用1年时间，便在2012年底基本实现社会工作服务中心在老城区各街道的全覆盖工作，围绕家庭、青少年、长者等重点群体开展服务。

东莞市围绕自身经济发展特色，着力开展企业社会工作服务。2013年，东莞市成为全省唯一入选首批民政部企业社会工作试点的地区，当地9家社会服务机构也一起被选为企业社会工作试点单位，数量居全省第一。中山市也根据其“市辖镇”的特殊行政管理体制，打造镇区社工综合服务体系，成为我国第一个镇级社工综合服务中心全覆盖的地级市。

2. 提升志愿服务质量与水平

近年来，广东省的志愿服务发展与社会工作发展具有诸多相同点，既反映在志愿服务与社会工作的发展一样都在加强制度建设，提供制度保障，也反映在志愿服务向社会工作学习，走专业化道路。

首先是提高志愿服务的管理水平。2014年，省文明办、团省委等部门联合出台《广东省星级志愿者资质认证管理办法》，这是全国首个关于志愿者资质认证的省级文件。省志愿者联合会也颁布了《广东省志愿服务金银铜奖评选表彰实施办法（试行）》，完善志愿者资质认证、表彰激励的制度。这一制度也细化并发展为志愿服务的记录制度。2012年，民政部出台了《志愿服务记录办法》（民函〔2012〕340号）。广东省随即落实了这一办法要求，运行志愿者队伍管理系统，开展注册登记、服务记录和供需对接等具体工作。珠海市、湛江市、南沙新区等地进一步探索“时间银行”模式，通过建立完善的志愿服务记录制度与社区互助网络制度，探索平等互助、助人自助的现代慈善公益理念。

其次是探索“社工＋义工＋N”的志愿服务模式。2013年，省民政厅、团省委、省文明办联合出台《关于推进社会工作者与志愿者联动工作的实施意见》，探索建立社工和志愿者优势互补、良性互动的长效机制。各地区也相继出台有关“社工＋义工”的政策文件，并在此基础上进一步探索发展。

中山市以建设粤港澳“社工＋义工”合作试验区为契机，借鉴港澳经验，密切与港澳的合作，着力探索“社工＋义工”服务新机制，不断培育和壮大青年志愿者队伍和青年社工人才，推进志愿者服务的常态化、生活化、专业化和本土化，加强社工的志愿化、职业化，实现社工义工联动。中山市石岐区还拓展服务链条，从“社工＋义工”转变为“社工＋义工＋护工”，再进一步升级为“社工＋义工＋护工＋电工＋医生”，为高龄独居老人打造“流动养老院”。佛山市顺德区也将“社工＋义工”拓展为“两社三工”模式（即社区、社会组织、社工、义工、优秀异地务工人员），充分释放社工、义工、优秀异地务工人员在社区服务与社区组织发展中的能力与作用。

惠州市不仅建联动机制，更进一步建联动平台。2014年，惠州市成立了“社工＋志愿者”名家工作室，每月邀请国内外社工专家、公益达人等到惠州开展讲座、培训、现场辅导等活动。

再者，借助互联网思维，形成新型志愿服务平台。2014年3月，在广州试点“志愿时”网络平台的基础上，省社工委、省志愿者联合会等单位联合开发了广东志愿者信息管理服务平台。通过这一平台，公众在网上注册成为志愿者，报名参与志愿项目。同时，管理方也可以发布服务项目，招募志愿者，打破了空间限制与信息不对称问题，促进了双向志愿服务沟通。

3. 改革成效

一是全省社会工作事业发展迅速。2011年，全省民办社会工作机构仅有160个，到了2013年底，已经增长到553个，增长了2.46倍。从全省累计通过全国社会工作者职业水平考试人数来看，2011～2013年，累计人数从8178人增长到24627人，增长了2.01倍。从全省各级政府购买的社会工作服务资金变化来看，已经由2011年的2.35亿元增长到2013年的8.04亿元，增长了2.42倍。从这三个指标变化来看，广东省社会工作事业发展速度很快，势头较好。

表12　2011～2013年广东省社会工作发展情况

年份	民办社工机构数量(个)	累计通过全国社会工作者职业水平考试数(人)	全省各级政府购买社工服务资金(亿元)
2011	160	8178	2.35
2012	300	14210	5.7
2013	553	24627	8.04

资料来源：根据《中国统计年鉴》、《广东统计年鉴》、历年广东省民政厅民政工作总结以及相关新闻报道数据整理所得。

从广东省在全国范围中的社会工作职业发展来看，广东省累计通过社会工作师、助理社会工作师（高级社会工作师尚未开通）人数从2011年的8178人增长到2013年的24627人，广东省占比也从15.10%上升到20.01%，占全国规模的1/5。

表13　2011～2013年广东省及全国累计通过（助理）社会工作师情况

年份	全国累计合格数(人)	广东省累计合格数(人)	所占比例(%)
2011	54176	8178	15.10
2012	84126	14210	16.89
2013	123084	24627	20.01

资料来源：根据《中国统计年鉴》整理所得。

二是全省志愿服务事业发展较快。从2015年3月12日当日数据来看，全省志愿者有6469666人，志愿者组织有27634个，志愿者服务时长共99153166小时，志愿服务项目共135615个。从地域分区来看，珠三角志愿者共有4937125人，占全省的76.31%，志愿者时长、项目数分别占全省的92.03%、97.42%。粤东西北地区的志愿者人数占全省的23.69%，志愿服务时长与项目数分别占全省总数的7.97%和2.58%。

表14　广东省及其各分区的志愿服务事业发展情况

地域分区	全省	珠三角	占全省比例(%)	粤东西北	占全省比例(%)
志愿者人数(人)	6469666	4937125	76.31	1532541	23.69
服务时长(小时)	99153166	91253890	92.03	7899276	7.97
项目数(个)	135615	132121	97.42	3494	2.58

资料来源：根据广东志愿者（志愿时）信息管理服务平台数据整理所得。

从珠三角各市情况来看，广州市志愿者人数最多，达118.82万人，惠州市志愿服务时间最长，达3682.48小时，深圳市志愿服务项目最多，达6.28万个。

表15　珠三角各城市的志愿服务事业发展情况

城市	广州	深圳	珠海	佛山	惠州	东莞	中山	江门	肇庆
志愿者数（万人）	118.82	106.48	22.20	67.03	34.50	76.76	11.71	31.86	24.36
服务时长（万时）	2254.89	1766.95	1016.48	10.23	3682.48	1274.87	0.47	29.13	4.72
项目数（个）	27068	62791	767	145	213	28862	37	5132	203

资料来源：根据广东志愿者（志愿时）信息管理服务平台数据整理所得。

二　广东省社会治理改革创新存在的问题

2011年以来，广东社会建设成绩斐然，社会治理的体制机制不断创新，社会管理和公共服务水平持续提高。在改革进程中，广东也面临着诸多困难和挑战，存在一些问题具体如下。

（一）公共事务决策征询民意制度问题

1. 公众参与公共事务决策的深度有限

一是现行的决策流程具有封闭性，公众缺乏途径参与决策的立项、起草、审查、审议、执行和监督。二是现行的公众参与集中于“资料收集”和“效果评估”两个阶段，公众意见缺乏对决策制定的实质性影响。三是决策部门对待公众参与缺乏策略，被动地回应公众压力，无法和公众形成对话，导致公众和决策部门之间缺乏良性互动。四是现行的公共事务决策需要大量的专业化知识，公众在没有培训的前提下很难提出有价值的意见。

2. 参与公共事务决策的专家咨询缺乏实质性作用

一是专家团队组织不完善，团体作用比较“虚化”，导致无法形成有价值的专业知识建议。二是专家咨询采用座谈会形式，以听取专家意见为主要内容，没有形成实质性的政策咨询。三是专家对政策结果的责任不明确，导致专家意见常常具有明显的随意性和主观性。四是决策牵涉各种变量，复杂性较高，专家团队知识储存不够，对实际情况缺乏了解，导致政策咨询效果较为低下。五是专家团队在决策制定系统的角色没有明确的法律规定，决策议程也缺乏法定工作程序。

3. 网络化决策咨询效用不强

一是现阶段，网络化决策咨询属于个别地区的试点，全省没有建立起全覆盖、程序化和可操作的决策咨询体系。二是现有的互联网没有真正延伸到社会的各个阶层，网络民意具有局限性，导致民意并不代表最广大人民的根本利益。三是网络中暗含着大规模的网络暴力和非理性行为，导致民意“民粹化”。四是网络问政平台没有同政策决策者建立实质性的关联，导致利益表达不能形成可执行的政策。

（二）社会组织管理体制问题

1. 社会组织数量不够充足，能力还有待加强

截至2014年第4季度，广东全省依法登记的社会组织46835个，每万

人拥有社会组织数仅为4.38个，高于全国的平均3.2个，低于上海的7个，与世界发达国家每万人拥有社会组织数一般超过50个相比，差距更大。广东社会组织数量不够充足，在能力建设方面也有不完善的地方：一是某些社会组织自身运行机制不畅，财产关系混乱，内部管理松弛，负责人、理事会和监事会之间缺乏良好架构，规章制度形同虚设；二是社会组织普遍缺乏资金、技术和专业人才保障，依靠具有奉献精神的志愿者开展运作，组织日常运作困难；三是组织社会公信力一般不够强，难以开展有效的项目策划、资金筹措、项目运作等工作。

2. 各类组织间、各地域间发展不够平衡

广东社会组织总体上“运作型组织多，支持型组织少；政府推动型多，民间自发型少；教育培训类多，公益服务类少”。省内社会组织种类间不平衡：教育、文化、兴趣类组织较多，慈善类、经济发展类、科技服务类、外来务工人员服务类、利益维护类发展较慢。省内社会组织各地区间不平衡：广东社会组织积聚于珠三角发达地区，广州、深圳、东莞等地的社会组织数量增加迅速，每万人拥有社会组织量明显高于全国平均水平，社会组织种类繁多，社会组织能力也优于其他地区。粤东、粤西、粤北社会组织数量少，发展缓慢，活力不足，能力不强，发展道路坎坷。

3. 缺少辐射全国、具跨界影响力的社会组织

珠三角地区是我国最为多元、开放的地区，社会创造力、活力与组织力充沛，但是广东却没有形成辐射全国、具跨界影响力的社会组织。本地社会组织致力于自身领域的“深耕细作”，这就导致从业人员忽视了对其他领域的关注，也忽略了对自身领域理念的总结和传播。学界、政界与商界在社会组织领域没有形成合力，导致没有能力推出具有跨界影响力，并辐射全国的本土社会组织。总体上来说，广东社会组织发展是有强大的政府支持作为背景的，本地的社会组织缺乏自身独立的成长机会，导致竞争力和竞争思维缺乏，“先天不足”限制了社会组织的影响力和能力。

（三）城乡社区治理与服务体制问题

1. 城乡社区职能仍有一定的行政倾向

一是城乡社区共同体发育不够完善，居民参与社区事务乏力，社区自我运作功能失效现象严重。二是所在地政府倾向于控制有关城乡社区自治组织的规则章程制定、日常运作和人事决定。三是城乡社区自治组织运转所需的经费不足的部分由所在地政府拨款支持，形成了在财政上对政府的依附关系。四是所在地政府负责城乡社区自治组织及其工作人员的监督、考核、评估，导致社区自治组织必须依照政府机关的工作方式运作。

2. 社区精英领导功能难以发挥

一是由于社会在短期内剧烈变化，人员流动频繁，城乡社区普遍缺乏有能力、有想法和肯干事的本土领导人才。二是社区干部困顿于行政事务与基层自治之间，难以发挥治理社区的积极性与主动性。三是本社区非正式精英，自身具有脆弱性和不稳定性，很难依靠自己的能力来建立和支撑这个自发社区组织的正常运转。四是部分农村社区精英，倾向于进一步融入城市社区，难以在本社区发挥作用。

3. 城乡社区服务质量有待提升

现阶段，社区服务质量存在诸多问题。一是社区自身的组织能力差，不能起到整合本社区资源，提供本社区公共服务的作用，甚至出现公共服务功能退化现象，导致环境、治安等问题突出。二是社区内部利益主体和利益诉求日趋多元，社区利益协调机制没有建立起来，导致社区内社会矛盾难以治理。三是社区群众自治和政府系统管理之间的不协调，社区共治与政府管理难以形成合力。四是社区建设是一个系统工程，牵涉政治、经济和文化环境，治理的复杂性、艰巨性突出。

（四）流动人口市民化制度问题

在工业化、城市化进程中，流动人口，包括农业转移人口向城市转移是必然趋势。现阶段，流动人口市民化制度设计不完善，导致城市化进展缓慢。在社会建设中，人民群众对教育、医药卫生等基本服务的需求日益增长，服务体系建设滞后严重阻碍了社会建设和社会治理改革。

1. 流动人口服务管理机构不够统一高效

根据2010年出台的《广东省流动人口服务管理条例》，省综治委成立了流动人口服务管理工作领导小组，统一负责全省的流动人口管理和服务工作，该领导小组在省公安厅设立办公室。但省内各地市情况有所不同。尽管广州、深圳、东莞等市现已成立了负责流动人口服务管理工作的专责常设机构，但其他各市一般只是成立临时机构，或者尚未成立有关专责管理机构。流动人口服务管理机构不够统一，导致政策上下对接不够通畅，管理原则和标准不易协调，最终难以形成对农业转移人口的宏观统筹和有效管理。

现阶段，广东省对流动人口的管理和服务还处在较初级阶段，管理手段不符合网络化、信息化的要求。没有建立大数据模式下的全省统一的流动人口信息数据库，对流动人口信息掌握不全面，导致执法部门不能做到有效的执法监督，服务部门不能对流动人口提供高效的服务。

2. 户籍管理制度仍存在制度壁垒

在积分入户制度方面：一是设置入户门槛过高，虽然入户规定有向一线工人照顾措施，总体上，积分指标结构倾向高学历人才和投资者；二是现行标准对于入户数量指标控制过严，导致入户基数过低；三是入户办理程序比较复杂，各种证明材料繁多，导致主动入户率低下。

在居住证方面：广东省现行的政策只是将社会服务与社会保障部分挂钩，尚未实现基本公共服务覆盖常住人口的改革目标。同时，广东省居住证制度把个人学历等条件作为申领居住证的核心条件，导致产业工人等农业转移人口的社会融入难以得到制度性认可，约束了居住证制度的改革红利释放空间。

3. 基本公共服务成本分担机制需要进一步合理化

在现行制度下，基本公共服务成本分担机制仍存以下几个问题：一是公共财政成本和市场成本混淆不清，既弱化了政府的公共服务责任，也进一步向市场力量转移并使其承担了过多的公共产品成本；二是在较大的财政压力下，中央、省及市县的财政支出责任不清，基层政府在教育、医疗等领域财政支出的可持续性存在一定风险；三是因属地管理制度限制，经济发达、外来务工人员聚集的地区往往忽视自身的责任和义务，输入地与输出地权责混乱。

（五）社工和志愿服务体制问题

1. 专业社工缺口大，流失率高，资历不足

首先，根据“十二五”规划的标准测算，截至2014年底，全省共有3.3万人获得助理社会工作师、社会工作师资格。2015年，广东省专业社工缺口是1.7万人。现阶段，广东本地高校社会工作专业毕业生1000多名，远远不能满足社会对专业社工的需求。

同时，广东各大城市社工流失率一直偏高。2011年，深圳社工流失率为17.6%，2012年达到18.1%，2013年为19.8%，2014年达到22.2%，呈逐年上升趋势。东莞市也有类似情况，2010～2014年，每年社工流失率一直维持在15%～20%的高位，其中2014年社工流失率近20%。

再者，广东社工存在着严重的短期在职问题，根据2014年的统计数据，社工的平均从业时间为2～4年，以广州为例，七成社工工作时间为2年。深圳社会工作者跳槽率约30%，平均在岗任期年限约为1.7年。

2. 社会工作专业教育与职业规范建设相对滞后

由于社工教育机构还处于发展阶段，教育理念、教育方式与发达国家和地区相比还处于欠发展阶段，社工教育机构专业性不足，不易提供高效优质的专业教育。同时，广东社工机构往往忽视专业社工的职业道德规范教育，导致社工缺乏职业文化和行业道德规范。原社区居民委员会工作人员，经过简单的职业培训后就从事社会工作，很难在职业文化和行业道德规范认同方面出现大的进步。

3. 缺乏有效的志愿者激励管理制度

一是广东缺乏对志愿者激励管理的具体可操作的法律法规，《广东省志

愿服务条例》简单规定省志愿者事业发展基金会的资金要用于对志愿者的表彰，省文明办《关于发展广东行业志愿服务工作的意见》、省民政厅《关于推进社会工作者与志愿者联动工作的实施意见》对志愿者的激励管理也没有具体的规定，志愿者激励管理制度缺乏政策保障和机构保障。二是志愿活动本身倾向于“运动式”开展，用以服务政府支持推动的大型项目和党政中心工作，缺乏民间性、社会性的日常活动，任务型的志愿活动容易失去志愿活动的核心价值。三是志愿者组织发育不完善，志愿活动的形式主义比较严重。

三 广东省深化社会治理改革创新的对策建议

在利益主体和利益诉求日趋多元的社会背景下，随着广东省社会治理改革步入深水区，社会治理改革创新的新要求、新价值凸显出来，对 2015 ~ 2017 年设定改革目标的考虑如下：如果说 2011 ~ 2014 年，社会治理改革的主要目标是建立放权与扶持相结合的发展格局，那么展望 2015 ~ 2017 年，社会治理改革的新红利在于从放权走向确权，从扶持走向赋能，形成确权与赋能相结合的社会治理新格局。

经过三年的改革，广东各级政府出台了一系列的购买社会组织服务的目录，建立了一系列的职能转移制度与机制，初步实现了政府向社会放权的基础性和前设性工作目标。同时，广东各地也通过建立各类社会组织孵化基地，扶持与培育初创的社会组织，并在社会组织年均增长率、总数量等方面走在全国前列。

未来两到三年，一方面，要以确权作为检验社会治理改革创新的标尺，将这些目录、制度、机制固定下来，并具体落实到社会管理与社会建设实践之中，避免出现放权与收权的循环问题与弹性局面，形成政府与社会之间的确定性边界与明确性责任分工。另一方面，要以赋能作为检验社会治理改革创新的试金石，抓好社会组织、社区基层组织等各类社会治理主体的能力建设，形成自律共赢、规范运作和可持续发展的生态格局。

（一）明确政府与社会的职能边界

在既有改革实践的基础上，平衡好政府和社会之间的职能关系。未来三年，广东省要进一步为社会力量确权，把社会能处理的事务统一交给社会组织。也就是说，政府从宏观上去统筹社会治理的规划与设计，把具体的、专业的事务交由相应的社会组织去处理，从而降低政府的管理和运作成本，保证政府在社会治理和公共服务中不“越位”，同时更好地履行政府的责任，保证政府在社会治理和公共服务中不“缺位”。

（二）借力第三方智库，完善职能审议机制

对于政府与社会职能边界的确定、商榷与调整，应建立与完善职能审议机制。为此，建议发挥第三方智库的专业性、科学性与客观性优势，从更加公平的角度，为明确更加稳固与合理的政社关系界限进行有关审议工作。

首先，建议选择广东省体制改革研究会等一些具备良好基础的第三方智库，形成广东省政府与社会职能审议的智库候选库。其次，尽快研究制定职能审议的相关法律法规，逐步建立引导职能审议的规范框架，规定审议的时间周期、审议事项等内容。再者，通过公平抽签的方式，从候选库中筛选出参与职能审议的第三方智库，帮助政府部门和社会力量找出影响双方共赢、平等合作、协同治理的关键制约因素，分析各自所发挥的职能及其价值，以促进政府部门与社会力量更有效地提供公共服务。

（三）优化公共事务决策咨询制度

1. 建立社情民意的大数据平台

既有的社情民意工作多是从直接联系、贴近群众出发，如“两代表一委员”、网络问政。相对于直接联系，如何提高社情民意收集的覆盖面、形成大数据、主动挖掘民意诉求也十分重要。因此，建议借鉴惠州市社情民意库经验，结合市场调研与社会调查，建立和完善科学化、信息化的社情民意数据中心，最大限度地收集公众意见和建议，及时发现与回应公众的迫切需

求与普遍诉求。

2. 进一步推进实体的决策咨询平台制度化和体系化

一是推进实体咨询平台建设制度化。建议规避广州、深圳、南海、顺德等地方在公众和专家参与公共决策创新中存在的共性问题，尽快将公众或专家的决策咨询平台正式纳入一级政府有关的“议事决策规则”和“政府工作规则”中的“征求意见”环节，确保征询公众或专家咨询平台的意见。同时，定期组织公众委员代表或专家委员代表列席政府常务会议。尽管这些咨询委员会只与咨询权相关，不具有决策权和执行权，但为了进一步提升咨询质量，增进公众与专家学者对当地政府政策走向的认识与了解，建议根据专家学者专业领域特长、公众关注的热点重点问题，定期轮流邀请相关委员会列席政府常务会议。

二是进一步整合实体决策咨询平台。在现有改革的基础上，避免出现“摊大饼”的问题，力求决策咨询工作精细化。一方面，撤销部门设立的决咨委，归口为一级政府统一的决策咨询委员会的各小组。由此，将决策咨询机构置于衔接部门决策与集体决策的中间位置环节，强化其打破部门利益束缚的作用，增强其独立性地位。另一方面，对现有决咨委不易发挥作用的领域且确需新增的决策咨询工作，可以增设临时委员会或临时咨询小组，并以“一事一议”的方式，临聘相关领域的专家学者，以增强决策咨询的灵活性。

3. 推进网络咨询平台建设制度化和体系化

首先，建议参照省网上办事大厅的建制模式，将省直部门、市和县区的网络问政平台、微博微信等互动平台统一归口管理，形成自上而下的内部管理体系。其次，建议打造全省统一的网络问政标识与品牌，加深公众的认知印象与政治认同。最后，建议建立党政部门与网络舆论领袖、网络智库之间的定期沟通对话机制，及时了解舆情和有效把握民意。

4. 增强法律顾问的专业化与竞争性咨询功能

在《广东省政府法律顾问工作规定》（粤府令第207号）和《关于开展一村（社区）一法律顾问工作的意见》（粤委办发电〔2014〕42号）等文

件精神的指导下建立完善的法律顾问体系。与政府内设的法制部门不同，建设政府的法律顾问体系更有利于对不同领域的决策予以不同的法律咨询服务。因此，在明确法制部门与法律顾问分工的基础上，要着力打造多元化的法律顾问团队，既避免合法性审查浮于表面，也确保政府决策的法律咨询"无死角"。同时，在不同领域以竞争性方式筛选法律顾问团队，发挥法律顾问的最优化咨询功能，确保法律顾问的独立性地位。

（四）加强社会组织能力建设

广东省要实现社会组织由量到质的提升，提高承接政府职能转移的能力，需要做好以下三方面工作。

1. 加强社会组织的法治化运作

以十八届四中全会确立的"依法治国"精神为指引，结合实际发展情况，有序推进广州、深圳、珠海和汕头以及新近获得地方立法权的东莞、中山等9个城市积极开展地方立法工作，既及时巩固社会组织管理体制改革的成果，也要有针对性地解决社会组织发展中存在的问题。

2. 突出社会组织的重点发展领域

建议转变社会组织碎片化发展的局面，强化政府的顶层设计、全面规划的主导地位，集聚资源，根据社会组织的活动领域及其功能作用，有计划、有重点地培育和发展一批在社会治理和公共服务中能够发挥引领、示范和带动作用的社会组织。

一是在目前社区综合服务机构不断发展的情况下，进一步鼓励发展社区社会组织，社会福利类、公益慈善类社会组织，以及非公募基金会。建议参照深圳的社区基金会试点，在总结2014年试点的基础上，进一步在全市全面铺开。同时，以深圳的社区基金会经验为样本，鼓励与指导有意向进行此类改革的地方参与到创建社区基金会的实践中。比如，佛山顺德社会创新中心已经把发展社区基金会列在2015年的工作计划当中。二是引导与培育支持型社会组织。鼓励已经开展工作并取得一定社会效益的社会组织进一步做深、做精、做强，大型社会组织要向微型社会组织、初创期社会组织提供能力建设服务与日常管理指导，形成社会组织群体的帮扶机制与生态格局。三是参照“中国经济五十人论坛”的办会模式，综合政界、商界、学界、传媒界等致力于社会组织发展的团体、人员，举办“广东社会组织五十人论坛”等类型的高端会议活动。通过这种类型的高端论坛活动，推出高端社会组织品牌，推广广东的社会组织发展经验，打造具有全国影响力的社会组织品牌。

3. 完善社会组织“自我造血”功能

在广州、顺德等地实行公益创投等社会创新的基础上，进一步完善社会组织“自我造血”功能。首先，大力宣传、倡导社会组织商业化运作理念，以有偿服务实现可持续性发展。其次，要在中山市、佛山市顺德区地方创新的基础上，进一步加强社会企业的认定、管理和扶持工作，提升社会企业的社会接受度与认可度，为培育社会组织的经济基础打下管理制度基础与民众认知基础。

（五）提高城乡社区的治理与服务能力

继续贯彻落实《广东省城乡社区服务体系建设“十二五”规划》，做好“十二五规划”的收官工作与“十三五”的编制工作，建议主要推进以下三大方面工作。

1. 加强城乡社区公共服务平台建设

建议进一步建设好社区公用服务平台，整合社区中物业公司、居委会、社区社会组织、居民等零碎化建设与使用的社区服务设施。同时，对于投资较高、收益较难、辐射范围较广的社区服务设施，建议根据地理区位、资源布局和人口分布建立跨社区、跨地域的公共服务平台，避免资源浪费，提升集约效能，切实服务好群众的“最后一厘米”需求。

2. 减轻社区的行政工作负担

社区工作负担过重是基层长期反映的问题，社区干部受困于行政事务、自治服务，使得社区治理工作受到影响。因此，广东省要采取措施，切实减轻和规范社区的行政工作事务。建议在珠海等地试点经验的基础上，在全省范围内逐步推行行政管理事项社区准入制度，进一步规范整合社区的考核、评比、创建和表彰工作，切实减轻村（居）委会工作负担。

3. 优化社区治理结构关系

近年来，广东省社区治理创新实践已经呈现蔚为壮观的态势，引起了国家和其他地区的广泛关注，但多数实践停留在尝试、试验、推广阶段，远未达到常加态化、制度化阶段。建议今后的主要工作：一是要创新基层党组织建设，进一步明确、加强党组织的领导核心地位。二是要理顺各类社区组织主体之间的关系，发挥各组织自身发展优势和积极性，增强社区建设合力。三是大力推进社区治理网格化进程，佛山、南海等先行先试地区力图实现社会治理网格化年底全覆盖是有意义的探索。

（六）创新流动人口权益与服务同享的体制机制

流动人口市民化的瓶颈在于“同城不同权，同城不同享服务”。为此，建议广东在下一阶段在户籍制度改革中重视权益公平问题，以基本公共服务均等化改革解决流动人口的服务同享问题。

1. 创新有利于城镇落户的户籍制度

在广州、深圳等超大城市严格控制人口规模的情况下，建议顺应从城市化到城镇化的发展趋势，拆除流动人口落户珠三角地区建制镇、小城市的门槛，有序引导其落户粤东西北的中等城市，合理调整各类城市之间的人口结构，形成地区人口承载力均衡的格局，为城市户籍人口权益向流动人口覆盖打下现实性的人口基础。

2. 全面铺开基本公共服务均等化改革

建议在总结惠州市的第一改革试点经验以及江门、阳江等第二批试点做法的基础上，向全省铺开基本公共服务均等化改革，促进流动人口与本地人口同享待遇。建议参照惠州经验，在珠三角、粤东西北地区分别发布流动人口与本地人口间基本公共服务标准一致化项目清单，按年度逐项落实。同时，鉴于教育、卫生等公共服务主要是财政支出项目，参照国际经验，对比广东现有的支出结构，建议建立省级政府与中央有关部委的协商机制，提升中央和省级政府在教育与卫生领域的财政支出比重，同时要求流入地的地区承担起为流动人口提供公共服务与社会保障的职责，形成从中央到基层合理的成本分担机制。

（七）完善社会工作、志愿服务体制和人才队伍建设

依照《广东省社会工作专业人才中长期规划（2014～2020年）》提出的到2015年全省专业社会工作者达到5万人目标，要做实以下工作。

1. 推进社会工作与志愿者服务专业化发展

相对于经济建设和政治建设，社会建设起步相对较晚，无论政府部门还是社会组织，总体的专业化水平还不够高。有些政府部门并没有意识到其实社工和医生、律师、教师一样，都是专业性人才，往往错误地把政府忙不过来或者不想做的行政工作委托社工机构去做，这实际是在浪费社工人才。一部分社工机构，特别是本土社工机构成立时间短，社会工作经验、工作方法和社工人才还很欠缺，在相当程度上影响了社会组织的服务能力和承接政府服务外包的能力。因此，必须牢固树立“人力资源是第一生产力”的观念，把专业化作为广东省社会工作重构的突破口，按照“培育、引进、提升”的路径，全面引进省内外、国内外的优秀社会工作人才，提高一线社工的比例，重点培养有素质、有技能、有经验、有效率的社工队伍。

2. 抓好粤东西北地区的社会工作建设

相对于珠三角地区发达地区，粤东西北地区的社会组织发展起步比较晚。广东省要加强粤东西北地区政策和资金扶持力度，推进广东省各地区社会治理改革均衡发展。继续打造“社会工作本土化”，各地区立足于本土的具体情况，发掘社会潜在资源，支持本地社工机构成立，发展具有本土特色的服务项目，出台相关政策，明确对本土社工机构和社工从业人员给予的鼓励和支持力度、政策保障，稳定本土社工人才，以提供更优质的社会服务。比如，秉承“关爱社工 救急扶危”的宗旨，成立了广州市社工互助基金，对社工机构员工在发生重大疾病和意外时提供帮扶。

3. 优化社工人才培训体系

社会组织普遍反映政府主导下的社会工作培训体系不完善，培训类似社工知识宣传，培训质量不高，远远不能满足需求。结合广东省社会组织发展的现实情况，建议提供平台建设，建立一套科学、细化的社工人才培育机制，以政府购买服务的方式，向支持型社会组织招标，并做好相关的监督、管理和评估工作。

4. 创新志愿服务管理制度

一是加强志愿服务的信息化管理。结合共青团的智慧团建创新试点工作，统一、完善“志愿时”等信息化管理系统，在项目、人员、组织“三录入”的基础上，进一步将志愿服务工作信息标准化与指标化，形成志愿服务的信息库，为志愿服务的持续推进与有效评估提供有益的信息化平台。

二是推进志愿服务组织化。为进一步凝聚志愿服务力量，在信息化管理的同时，着力引导志愿服务人才队伍向青年自组织转型，同时根据其发展情况酌情向公益慈善类社会团体升级，为志愿服务的项目设计、队伍管理以及人才专业化建设提供规范有序的组织化平台。

三是完善“时间银行”模式，推广现代公益理念。规避湛江、珠海等地的“时间银行”实践中出现的问题，结合当前人口跨地区流动的现状，通过统筹建立市级“时间银行”的方式，提高志愿服务转移接续、通存通兑的覆盖范围，进一步推广平等互助、助人自助的现代公益理念。

四是大力推行行业志愿服务优势互补策略。在不同的行业领域，志愿服务都显现出不同的特点，为了最大限度地发挥行业志愿服务的专业性、针对性，在广东省志愿者联合会制定的《广东省志愿者联合会行业领域志愿服务联盟管理办法（试行）》基础上，要通过同行业同领域志愿组织的资源和平台整合，探索、完善行业志愿服务的集约化发展道路，成立省志愿服务联合会行业志愿服务联盟。

经济改革篇

BLUE BOOK

B.4

珠江—西江经济带一体化发展体制机制研究

广东省体制改革研究会、广东省综合改革发展研究院课题组

摘　要：珠江—西江经济带作为横跨东西部，以流域经济合作为主题的区域合作，跨越两省（区），直接挑战多个行政区划的经济利益，其中还包括流域沿线地区之间生态补偿、产业转移和城镇化建设等问题。经济带一体化需破解制度障碍和体制壁垒，统筹解决经济带协同发展的重点和难点问题，构建覆盖全经济带的创新机制和粤桂合作的系统格局，融入“一带一路”国家战略，协调各城市之间的职能分工等。

关键词：珠江—西江　一体化　体制机制　创新

“珠江—西江经济带”观念的形成，最早可追溯到珠江区域“9+2”范围内的政府部门在2004年签订的《泛珠江三角区域合作框架协议》。为促进整体经济发展，广东在2009年制定了《珠江三角洲地区改革发展规划纲要（2008～2020年）》（以下简称《纲要》），将粤东西北地区与珠三角之间的共同发展，提高到了战略层面。接着，广西也于2010年颁布了《西江黄金水道建设规划》，并于2013年制定了以北部湾经济区和西江经济带为“双核”驱动的区域计划。在此背景下，2014年，中央高层也意识到协调跨行政区域以及大区域发展的重要性。珠江—西江经济带在中央的指导下，伴随着广东—广西的协调合作，逐渐成为现实规划，并上升到国家发展战略的层面，成为稳定中国经济发展的区域推动力。由此，中国北、中、南区域协调发展的大格局正式形成，北有京津冀一体化，中有长江经济带，南有珠江—西江经济带。由于珠江—西江经济带以流域经济合作为主题，是跨越两省（区）和东西部的区域合作，这将涉及多个省级区域的利益分配格局等诸多问题。因此珠江—西江经济带建设的首要任务就是通盘考量经济带协同发展中的重点、难点问题，创新现有体制机制，清除制约发展的各类因素。

一　珠江—西江经济带一体化发展的现状及意义

（一）经济带的范围

在沿海区域进行试点，再沿内河向纵深腹地形成梯度发展模式，是世界经济史上关于区域经济发展的重要规律。“珠江—西江经济带”概念的提出正好遵循了这一规律，它根据区域的资源环境承载力、发展基础和港口交通条件，通过系统统筹空间布局，形成了合理的行政地理区，将建设成为功能强化、重点明确、有序协调、集约高效、共同发展的功能性区域。

1. 行政地理区。珠江—西江经济带将以“一轴、两核、四组团+延伸区”进行空间布局。

——一轴。即将珠江—西江的主干流地区作为中心轴，涵盖佛山、云浮、肇庆、广州、南宁、贵港、梧州7市。通过推进沿江的交通基础设施的建设，以及加强对流域内的环境治理，形成有序分工、发展互动、独具特色的多方位的增长轴带。

——两核。即将广州以及南宁当作珠江—西江经济带的两个核心城市，在已有的优势基础上，强化二者连接东盟、沟通港澳、服务周边的功能，成为引领珠江—西江经济带开放发展和辐射带动西南、中南腹地的战略高地与核心。

——四组团。将组建广州—佛山，肇庆—云浮—梧州—贵港，南宁—崇左—百色，柳州—来宾四组团作为关键。上述城市作为所在区域的中心节点，能够经过产业集群和人才引进，做到各具特色、分工合作和产业互补，打造新的区域发展模式。

——延伸区。将流域城市的关系作为重点考量因素，并在关键领域内扶持西江上游以及沿江腹地等地区的发展，营造珠江—西江流域间协同发展的新局面。

——广州、佛山都市区。发挥广州国家中心城市和国际交通枢纽性作用，推进广州、佛山同城化建设，加快产业结构调整和经济转型升级步伐，创新对外开放体制机制，建立具有国际竞争力的“广佛都市”，实现经济圈、生态圈和生活圈三圈一体化。

——肇庆、贵港、梧州、云浮产业承接区。要抓住桂东承接区域产业转移的良好机遇，充分发挥承东启西的区位优势和中转港口的枢纽性作用，强化和珠三角以及港澳等地区的沟通合作，承接高水平的产业转移，协调贺州、玉林等地产业发展，推动经济带区域内的产业、城市、港口协同发展。

——柳州、来宾转型发展区。提升产业结构调整和经济转型升级步伐，推进柳州、河池一体化发展。凸显柳州作为西南工业重镇及关键交通枢纽的功能，发挥来宾新兴工业城市的后发优势，将其建设成为现代服务业的产业基地以及先进制造业的区域中心。

——南宁、崇左、百色开放门户区。南宁市作为连接东盟、连江通海的内陆开放型城市，要将其作为经济发展战略的高地，并结合崇左以及百色的资源优势，扩大北部湾经济区开放型经济的对外开放水平。

——延伸协调联动发展区。通过在保护生态环境、规划旅游线路、调整产业结构等方面的沟通协调，将西江上游沿江地区的资源生态优势与下游三角洲地区的产业优势结合起来，推动区域发展提升到更高的水准。

（二）经济带一体化发展的特点

为协调珠江—西江经济带的共同发展，必须紧跟党的十八大，十八届三中全会、四中全会的指示精神，扫除制度障碍，创新体制机制，统筹解决经济带协同发展中的重点、难点问题。目前各方面正在紧锣密鼓地筹划，尚未形成一套成熟的机制。

珠江—西江经济带一体化发展体制机制有如下特点。

1. 跨省份、多级别。珠江—西江流域上接云贵、纵贯两广、下通港澳，涵盖了4个省份，2个特别行政区。珠江—西江经济带目前包括广东的4市和广西的7市，区域面积达16.5万平方公里。跨省份、多级别的协调发展是珠江—西江经济带一体化发展体制和机制的特点之一。

2. 连接发达与欠发达区域。珠江—西江经济带区域内，经济发展水平差距较大。在改革开放的过程中，以往的那套发展模式与理念，由于难以与西江区域的实际发展需求相适应，出现了较多制度缺陷，致使珠江—西江区域内各地的经济发展水平差距拉大。连接发达与欠发达区域，通过体制和机制创新，可以走出一条促进两广、两江地区区域协调一体化发展之路。不同经济发展梯度之间的协调发展，是珠江—西江经济带一体化发展体制和机制的特点之二。

3. 涉及政府、市场、经济、社会与生态环境等多种因素。珠江—西江经济带的一体化发展更多地涉及政治、文化、社会以及生态环境保护，这就决定了经济带一体化发展体制机制是多方面的，必须以政府协调为主导，经济和社会发展为主调，文化和社会建设为保障，环境保护作为支撑。扩大改革开放，离不开政府间的多方合作。西南以及中南地区的经济发展，要坚持基础设施建设先行，辅之以产业优化升级和绿色发展战略，同时也要注重民生问题。坚持多因素协调发展，是珠江—西江经济带一体化发展体制和机制的特点之三。

（三）创新经济带一体化发展体制机制的意义

1. 有助于扩大对外开放，建立开放型经济的新格局。2013 年以来，中央领导对新时期国家对外开放合作特别是与周边国家的交流合作做出了一系列重大战略部署，提出了建设 21 世纪海上丝绸之路，打造中国—东盟自贸区“升级版”等具体措施。珠江—西江经济带贯通西南中南，毗邻港澳及东盟，是我国对外开放格局中的中坚力量。充分依托粤桂两地西南地区建设开放大通道的区位和开放合作的优势，打造成面向东盟对外开放与合作的新格局，这对提升我国西南、中南地区对外开放水平，实现中国—东盟自贸区（CAFTA）的“升级版”，提高对外开放的整体水平，乃至构建 21 世纪海上丝绸之路，都有关键性的引领作用。

2. 有助于深化泛珠经济合作，促进区域协调发展和共同富裕。当前，经济带区域内的经济社会发展水平并不均衡，既有如珠三角这样经济较发达的区域，也有像广西及粤西北那样的经济欠发达的地区。因此，如何依托泛珠三角区域搭建新的合作平台，同时又能借助粤港澳在资金、港口以及航运业等领域的优势，对两江经济带的发展至关重要。目前，珠江—西江经济带已经上升到了国家战略的层面，而泛珠三角地区的合作也将全面升级。珠江—西江流域是位居长江流域之后的中国第二大内河流域，被称作沟通西南以及华南地区的“黄金水道”。它流经云贵高原、两广地区以及港澳特区，具有连接珠三角地区与西南及中南腹地的纽带作用，区位优势十分突出。若能成功依托泛珠三角合作平台，并借助粤港澳充裕的资金优势，进一步优化区域发展的传统格局，珠江—西江经济带将被建设成贯穿中国西南以及华南地区经济发展的新增长极，带动区域间各经济体的协同发展。

3. 有助于打造我国南方国际区域经济合作的新高地。珠江—西江流域贯穿广东 4 个地级市、广西 7 个地级市，向上游还延伸云贵两省的 4 个地级市，是我国仅次于长江流域的第二大流域。成为国家发展战略后，将推动南方地区形成新的经济发展格局，结合自身的地理优势和产业基础，通过扩大对外贸易与合作，打造我国南方国际区域经济合作的新高地。

4. 有助于珠江—西江流域融入“一带一路”战略。珠江—西江经济带作为云贵地区的出海通道，不仅把中国东南沿海的经济发达地区与西南高原的欠发达地区衔接在一起，而且可成为承接珠江三角洲产业转移的战略延伸地带。其发展布局，正好与“一带一路”战略中构建区域开放格局、提升沿海城市经济发展水平的理念相契合。珠江—西江经济一体化将“海上丝绸之路桥头堡”作为战略定位，与国家“一带一路”战略契合，在“一带一路”战略实施之前，珠江—西江经济一体化发展先行，通过打造互联互通大通道，构建生态安全格局，为珠江—西江流域融入国家“一带一路”战略提供了基础设施和环境保障。

5. 有助于形成珠江三角洲经济转型升级的战略腹地。随着珠江—西江经济带一体化发展体制机制的建立，广东地区可通过产业转移，促进经济带的产业协调发展。广东在作为经济较为发达地区的同时，却面临着生产要素供给趋紧，产业竞争力下降，生态环境压力加大，存在可持续发展前景堪忧的问题。珠江—西江经济带可以把不具竞争优势的行业或企业纳入产业转移清单，借助产业转移，使各地区的产业发展具备比较优势，助力区域内不发达城市及地区的飞跃式发展，实现一体化的发展格局，并使之协调化、均衡化、合理化。打破发达地区单向要素聚集的引致效应，实现经济带区域内整体资源的有序开发和合理利用，为实现区域协调发展提供资源保障及需求保障，促使经济不发达的地区建立经济发展的内生驱动机制。在地理位置上，西江与珠江互相贯通，且均位于岭南文化的辐射范围内，因此有较强的地理与文化的同根性。可以说，西江经济带是承接珠三角地区经济与产业的最佳转移区域。

二　发挥市场决定作用，克服创新一体化发展体制机制的障碍

（一）创新一体化体制机制的核心是发挥市场决定作用

1. 要实现市场要素的合理配置与自由流动。创新体制机制，关键是要

促进资源优化配置和跨区域合理流动，核心便是要发挥市场的决定性作用。经济带的发展，一方面需要来自政府方面的指导；另一方面还要充分保证市场要素的合理配置与自由流动。珠江—西江经济带的本质是区域经济一体化，是市场机制不断辐射的过程。因此，为促使珠江—西江经济带的健康发展，行政部门要根据区域内的指引政策，清除各种体制机制障碍，做好统筹规划，相互规划和确认各个地区的优势产业，避免雷同，缓解环境、资源紧张的难题，实现错位发展。清除体制机制障碍，实现区域内各生产要素的合理配置与自由流动，营造优良的经商环境，带动企业的分布与转移。

2. 要把握好市场要素配置的深度和产业供应链营造的力度。珠江—西江经济带的地域间合作，在保证生产要素合理配置以及产业供应链布局完善的基础上，从“四组团”入手，通过增强组团力量实现多元化发展，并高度重视两广协调发展。必须创新体制机制，破除壁垒，打破行政区划固定思维，培养区域经济协调思维，通过转变政府职能，构建多层次合作机制。在公共基础设施建设领域，可通过政府职能运作，实现基本公共服务均等化；而在产业规划布局等领域则要引进市场机制配置要素，同时也要协调各方的利益诉求，不能使经济带的概念只流于形式。

3. 确保经济带的生产要素质量，并提高其创新以及投融资的水平。企业的创新能力是决定其市场竞争力水平的重要因素。珠江—西江经济带要依靠区域内的企业，使之成为真正的创新主体。在注重对企业创新的关注、引导和扶持同时，要意识到企业创新活动不能只依赖于政府、企业以及银行等金融机构的资本投入，还要盘活蕴含在这一广阔经济带的民间资本，充分运用民间力量，同时建立多元化的投融资体系作为支撑，满足产业链对资金的需求，从宏观和微观上保证珠江—西江经济带发展所需的供应量。只有满足了以上的条件，才能促使西南以及中南开放发展这一长远目标得以实现。

（二）以市场的决定作用克服一体化体制机制创新的障碍

1. 各自为政，区域规划难以落实。两江经济带存在不同的行政区域，各地主政官员较易受地方保护主义思维的影响，各自为政。这种行政的区域关系的存在，使区域间的市场联系大大削弱甚至割断，这很不利于资源优化配置和经济融合。地方保护主义的存在，在地区间市场中形成了无形的行政壁垒，将整体的大市场分割成条块状，制约了经济带内生产要素的自由合理流动，致使生产要素成本偏高且流动性较差，更使资源要素难以流向本来有优势的区域，所以区域规划变得更难以实施。例如，广西百色的水利枢纽工程，由于航道管理体制不畅通等影响因素的存在，导致过船设施长达 7 年停建，致使右江上游出现断航现象。

2. 经济发展不平衡，基础设施建设难以协调统一。珠江—西江经济带内，能源电力等供应不均衡，东部地区对外能源依赖程度过高；在道路交通建设领域，道路系统尚不完善，主要表现在各省区的交通发展水平存在差异，通道链接不通畅，同时，经济带内基建重复建设问题比较突出。在港口物流领域，广州开始落实“南沙大港”的建设规划，中山、东莞、惠州、珠海等地也相继投资筹建港口，抢夺华南大港的地位；在商务会馆建设上，各地方互相竞争、滥建各种场馆。地方基建方面的矛盾，由于各地的重复建设以及经济差距的扩大化，变得越来越突出。

3. 壁垒尚存，市场体系难以统一。一是由于珠江—西江经济带各区域之间发展水平有差异，各地方政府为了自身的利益，采取自我保护主义，导致商品流通不顺畅，体制障碍明显，这使得区域统一市场难以形成。二是垄断市场以及市场分割的现象持续存在，尤其是核心与非核心的经济地域间，要素市场的分割现象更为凸显，生产要素价格悬殊。例如广州、深圳、南宁等经济较发达地区的城镇从业人员平均劳动报酬远高于其他地区。畸形的价格差异，导致市场体系难以统一。

4. 地方保护，各种资源要素难以整合。在人力资源方面，珠三角核心地区如广州，由于其在区位、集聚资源方面能够给创业者和投资者提供更好的发展平台，容易产生对周围地区人才及资源的“空吸”，这是经济带一体化均衡发展的一大瓶颈。在经济带区域内，核心与非核心地区的差异所形成的“马太效应”，促使不具竞争力的经济体被挤到经济带发展梯队的末尾，产业布局一直处于被动地位。在技术流动方面，新产品由于地理位置及工业基础的不同，因此产值在各经济地域单元内的分布不平均，阻碍了技术的创新扩散。然后地方保护的存在会导致产业集聚失衡，进而成为制约经济带一体化发展的又一大瓶颈。

5. 利益冲突，公共服务难以协同。由于珠江—西江经济带内各省市各自为政，所以协调难度很大，难以对整个区域的公共服务统筹规划。由于各行政主体的注意力不在本行政区域内部的公共服务，所以各区域内公共服务供应不上，造成资源浪费和过剩同时存在，不利于经济区域的协调发展。“一窝蜂经济”就曾在长三角区域的经济一体化进程中出现，形成了环境难以治理的尴尬局面。珠江—西江经济带的发展也有可能出现这样的公共服务困局，特别是对环境污染问题的协同治理更需要关注，要避免某些地方政府在边缘或交叉地带建设污染程度高的企业或垃圾处理厂，使之成为重型污染区。

三　对创新珠江—西江经济带一体化发展体制机制的建议

（一）转变政府职能，构建一体化发展的统筹协调机制

第一，要构建多层次合作机制。在珠江—西江经济带的一体化进程中，要逐步建立和完善新型社会治理体系，创新管理方式，加快政府职能转变。而且，要在要素的流动和合理配置等方面，将市场竞争机制基础性的作用充分发挥出来，为经济带一体化发展打好基础；在政府机制方面，则通过一体化的政策与规划，解决“市场失灵”带来的隐患。最终，在市场机制规律的引导下，各产业以及生产要素在地区间发生合理的空间一体化集聚和扩散，从而形成多层次的合作机制。

第二，要建立经济带工作委员会作为领导机构。设立由经济带区域内诸省份分管领导来领衔的经济带工作协调委员会，重点解决区域内关键事项的沟通与协调事务。委员会成员包括粤桂两省份主要领导和相关市主要领导，

负责经济带重大决策的落实。一方面，能够把中央的决定充分反馈出来；另一方面，能够反映市场机制，提出政策创新机制，为经济带合作提供一种直接的内在发展动力。为实现经济带工作委员会的领导目标，应赋予经济带工作委员会规划、决策和协调等多方面的职能。在实际工作中，经济带工作委员会应完成以下重点工作：第一，大力培育和发展区域市场经济环境。第二，从宏观方面研究政策和策略。第三，要建立经济带管理委员会作为管理机构。设立经济带管理委员会，作为经济带各省区政府的派出机构，负责经济带日常管理。经济带管理委员会遵循“统一规划、统一建设、统一管理、统一招商、利益共享”的原则，对经济带各区域进行独立管理与运营。管理委员会领导及成员由经济带工作委员会协商确定。其具体形式可采取：一是架构粤桂两省份领导联席会议制度，根据经济带工作委员会的指示，研究重大决定的实施；二是建立“省市联盟”制度，统一解决政府之间的公共服务问题，协调行政主体之间的利益冲突；三是建立城市间合作交流工作制度，实行信息共享，定期汇报；四是建立各专项专家委员会，为解决区域内各种合问题提供经过科学论证的方案。第四，要建立跨区域的常设协调机构。区域政府和经济主体出于自身利益考虑，都有着寻求本地域经济快速增长与效益最大化的意愿和动机，这必然会阻碍经济带一体化发展的推进，所以必须建立跨区域的常设协调机构，来避免出现各地区在招商引资、土地开发出让及产业发展等方面展开恶性竞争，在大型基础设施建设方面彼此互不衔接甚至互为掣肘等问题。常设协调机构必须有权力和法制保障，使协调机构具权威性，才能有效协调区域间的经济利益分配，避免协调只是成为一种建议而无实际效果。此外，常设协调机构对所属经济地域单元以及相邻地区必须有足够的了解，才能在实际工作中更好地协调各方利益。

（二）统筹协商一致，建立覆盖珠江—西江经济带的创新机制

第一，要促进区域内市场要素的优化配置与自由流动。区域内城市要构建多层次型体系，破除城市在准入标准、资质认证、管理规范方面的阻碍。促进人流、物流、资金流、信息流在经济带间的自由流动。通过加强人才的

培养、提高和交流，整合人才市场、劳动力市场和毕业生就业市场，建立相互贯通的人力资源市场体系。促进技术成果的开发、利用和管理机制一体化，根据技术体系构成、技术发展规律以及特点，各区域进行合理的技术分工，通过深化科研体制改革，推动技术要素的合理流动。搭建区域统一性的金融市场体系，拓宽资金的融资渠道，实现区域内资本要素的自由合理流动。各类开放的金融市场，要使用整个区域内统一的市场交易和结算网络。建立经济带金融市场，设立共同开发基金，促进经济带的经济开发和联合。实现资源利用一体化，可以利用协作建立农产品加工基地，加强汽车开发协作，提高资源产业方面的合作力度。市场调节和政府调控两手抓，促进区域内市场要素配置与自由流动。

第二，要实现一体化的投融资机制。近年来，新型金融机构快速发展，金融产品不断创新，金融服务不断丰富，金融服务不断升级，但这些只局限于广东部分地区，针对珠江—西江流域的投融资一体化机制仍然欠缺。在珠江—西江经济一体化建设中，广东、广西两省份经济往来将日益频繁，一体化投融资机制建设迫在眉睫。具体可以通过以下方面进行建设：在加强和改善金融监管的同时，适度增加服务于流域的金融供给；发挥政府投融资平台的作用，建立政府投融资平台的风险代偿机制；拓宽融资渠道，如在项目融资方面，尝试 BOT、TOT、PPP 等投融资方式。在产投机制方面，可采用创投基金、贷款风险补偿基金等政策性基金的扶持形式。

第三，制定并实施《珠江—西江经济带发展规划广东实施意见》和《珠江—西江经济带基础设施建设大会战实施方案》，筹建相关的项目库，重视省、市间的沟通合作，把经济带一体化发展体制机制创新落实到实际工作中。

第四，从整体上提高经济带的创新能力。在科学技术方面，探索技术创新市场导向机制，整合科技创新资源，加快区域技术创新体系建设。企业间要通过科技创新资源的共享共建加强合作，加快健全技术转移和技术成果的转移转化机制。在人力资源方面，根据各产业人才需求，合理制订人才引进计划，挖掘人才引进的方式方法；整合人才市场、劳动力市场和毕业生就业市场，建立相互融通的人力资源市场管理体系。为解决后顾之忧，开通人才服务绿色通道，出台配套措施，比如在住房补贴、科研津贴、专业人才资格认定等方面给予保障。建立健全人才政策法规体系。

第五，在重视科技创新的同时，知识产权保护也须得到重点关注。在当今信息爆炸的互联网时代，知识产权侵权行为屡见不鲜，长此以往将会浇灭科技创新和经济发展的热潮。具体包括：建立严格的知识产权保护机制、打造知识产权“一站式”综合服务平台、做好知识产权的司法保护措施。

（三）积极健全多领域合作体制机制，构建粤桂合作的系统格局

第一，从空间角度考虑，注重强调两点：一是扎实实施粤桂两省份合作特别试验区，争取获得大的政策支持、发展空间，为其他地区提供良好的榜样。将其营造为粤桂一体化发展的先行试验区，搭建跨区域的战略型发展平台。二是把承接产业转移作为两广合作的重中之重，在两省区偏远地带开展多领域的合作，如广东的肇庆、云浮，广西的梧州、贵港等地，通过融入珠三角和对接粤港澳，拓展其发展空间，积累可在其他地区复制推广的发展经验。三是充分依托西南交通要塞优势，加强经济带沿线港口互通，充分运用各地园区资源，推进港城互动，实现口岸经济、园区经济、城市经济一体化发展，打造具有区域特色的产业带与城市中心带。

第二，从产业合作的角度考虑，经济带上的粤桂两省份可以考虑加强在食品加工、林业、汽车、有色金属、节能环保及生态旅游、石化、新材料、电子信息、生物医药等方面的合作。而这其中，有五大产业应重点考虑：一是食品加工产业。两地应充分利用广西拥有丰富的农产品资源优势，再借用广东在食品深加工业方面的先进技术，加强在特色农产品资源加工与物流方面的联系。二是汽车产业。粤桂两地都是汽车产业的集聚地，两地可根据自身的优势条件，实现在整车、零部件项目方面的对接，进行优势互补和错位发展。三是有色金属产业。广西的资源总量较大，矿产资源尤为丰富，种类较多，与此相反的是广东的有色金属量少，但市场需求量很大，这样可利用资源优势结合市场需求，扩大两地在有色金属方面合作。四是电子信息产

业。广东作为电子信息产业的集聚地，有着品牌优势和管理优势，广西应积极承接产业转移，在政策和资金上予以支持，上下联动，实现互补。五是节能环保产业。粤桂两地应在生态产业发展、污水处理、空气污染治理、节能减排、环境监测以及食品药品安全等方面开展全面合作，围绕生态建设一体化这一共同目标，构建西江流域环保生态联控健全机制。

（四）协调区域产业布局，形成经济带增长极带动的互补发展机制

区域经济要想实现一体化发展格局，就要做到区域内城市的优势互补与产业的错位发展。广东作为经济带经济较为发达地区，可以通过以下方面实现区域互补发展。

第一，加强自身建设，使广州、佛山彰显强力辐射作用。珠三角经济区广州、佛山两地产业发展规划和空间布局模式，基本上就是珠江—西江经济带的模式。据悉，广州、佛山两城将作为整个珠三角经济合作圈的“中枢神经”，发挥其互补性强与经济规模大的引领作用。珠江—西江经济带的规划中，广州、佛山两城由于区位优势凸显，是泛珠江流域市场要素的重要聚集地，能够辐射到沿西江走廊以及上游区域，是经济带发展的重要“辐射极”。

按照“辐射极”的要求，主导产业部门和有创新能力的行业和企业在“辐射极”聚集并形成经济活动中心，拥有生产制造、贸易、金融、信息、交通运输、服务、决策等主体中心多项功能，能够产生巨大吸引力并能辐射其他部门和地区，在促进自身发展的同时能够产生强大动力推动其他部门和地区的发展。广州、佛山两城要在珠江—西江经济带的发展中明确自身地位，主动发挥资本流转、技术创新与推广等方面的示范带头作用，不仅要强化经济增长力和辐射力，还要彰显中心城市的作用并形成经济和技术网络，这样既能有效吸引，又可强力扩散，全面助推珠江—西江经济带的发展。广州、佛山两城既要保持经济的“稳增长”，也要努力营造优质的经商环境，激发和调动企业以及企业家群体的创新激情与能力，将市场各方面的需求充分开发出来，加大向周边区域辐射的力度，使广州、佛山真正成为珠江—西江经济

带发展的带头兵。

第二，要搭建基于大数据的经济带产业发展信息平台。在参与经济带一体化建设时，广东可以利用已有行业大数据和坚实的技术基础搭建大平台，使各产业以及相同产业间更好地进行信息互通和技术共享。大数据拥有海量、高速、非结构化的信息属性和复杂、实用的技术特征，能全方位改变人的思维方式、行为模式和管理理念，而且在公共服务领域内也具有较深的可创新空间与应用潜力。广东作为经济带经济发展发达地区，在三大产业建设上经验更为丰富，能够提供更有质量的数据。借力大数据，广东更可以建立公共大数据服务平台，协调涉及食品安全、医疗卫生等多个惠及民生的关键领域。

（五）融入“一带一路”国家战略，健全对外开放机制

第一，建立港口城市联盟。可倡议参与海上丝绸之路的沿线国家组成港口城市联盟，开通广东省与沿线关键节点城市的直达航班，并与沿线的国家达成双向免签证协议。完善深圳、广州、湛江、珠海等重要海上节点城市的业务中转与对接，提速建设国际物流大通道。完善陆海支点口岸的基础设施建设，实现真正意义上的海、陆、空、铁等多元化多层次的发展，积极融入“一带一路”国家战略。

第二，全面推进与东盟各国的经贸合作。应该利用好广西等地与东盟之间的地域联系的优势，深度介入与东南亚市场的合作与竞争，把深入走向我国内地与走向境外有机结合起来，把国内与国外这两个市场、两种资源运用得当，整合归并好资源与市场的优势。发挥区位优势，多方位促进与东盟各成员国在投资贸易领域的交流互通。争取把广东建设成为中国与东盟合作的示范区，同时把东盟打造为经济带的能源资源供应地、进出口大市场和传统产业转移区，为广东提升开放型经济水平扩展更大空间。在产业协作发展方面，可建立合作共赢机制，深化与东盟和港澳地区的经贸合作，启动“海上丝绸之路”和南海海上合作平台建设。推动“南方海谷”建设、海洋产业转型升级、交通一体化和加快港口建设。在湛江延伸澳门自由港，在体制

上实施自由港政策，以自由贸易区政策促进粤西经济向高层次发展。推进与东盟国家港口建立友好港；开辟到东盟国家的定期班轮航线；推动与东盟城市直航；促进与西南、中南地区合作的“零障碍”区，增强对外开放度。推进旅游业融合发展、滨海旅游带建设，深化区域旅游合作，加大力度推介广东旅游资源，各市轮流举办特色节会活动，进行品牌统一运作和营销，塑造“蓝色度假”品牌，打造国际知名的滨海旅游目的地。增强在农业和渔业方面的开发合作力度，利用雷州半岛、东盟各国气候生态条件相似的优势，加强农业机械、农产品加工、农业科技等方面的交流合作。积极发挥中国—东盟自贸区农产品“零关税”的政策优势，确保具备竞争优势的产品在区域内自由流动。

（六）协调各城市之间的职能分工，避免同质化竞争

完善城市群建设中的功能和形成生态宜居城市群是推进经济带协同发展的重要抓手。

第一，发挥广州、佛山作为都市区的功能作用。充分发挥广州的国家中心城市和国际交通枢纽的作用，推进广州、佛山同城建设，加快结构调整和转型升级步伐。通过合理的产业规划转移缓解珠三角及港澳地区城市规模逐渐膨胀、经济发展过度竞争的状态。这一地区的经济发展和产业转移应该从经济带整体城市群的角度出发，协调各方的利益。

第二，把肇庆、云浮、梧州、贵港等地作为重点承接产业的功能区。抓住桂东承接产业转移的机遇，将“承东启西”及中转港口的区位优势凸显出来。同时要兼顾贺州、玉林地区产业的发展，大力推进与珠三角地区、港澳之间的沟通合作，做到高起点承接产业转移，推动两地邻近地区在港口、产业、城镇方面的融合。

第三，柳州、来宾作为西南地区工业重镇，具有新兴工业城市的后发优势，需加快结构调整和转型升级，通过转型发展建设成为区域性先进制造业中心和现代服务业基地。

第四，南宁面向东盟，贯通江海，崇左、百色毗邻东盟，有丰富资源，

要充分发挥三市的区位和资源优势，做到海陆统筹，江海联动，进一步扩大开放沿边城市，推动优势资源开发模式转变，推进与北部湾经济区经济互通，使开放型经济发展水平进一步提高。

（七）争取将珠中江列入经济带，更好推动区域一体化发展

从区域经济发展的角度来看，两江经济带已经将珠中江（珠海、中山、江门）经济圈纳入其中了。作为西江出口的珠中江经济圈，是《纲要》中规划的三大经济圈之一，涵盖了西江出海沿岸的所有城市。随着近几年的发展，珠中江经济圈一体化发展发展比较迅速，可当作珠江—西江经济带的关键力量。

珠中江经济圈列入珠江—西江经济带发展规划，有三个益处：首先，珠中江地处西江出海口，有绵长的海岸线，广阔的海域，珠江流域的八个出海口，有五个位居此地，具有海洋资源禀赋优势。其次，珠中江经济圈是“一带一路”战略与珠江—西江经济带的关键对接点，过去曾是海上丝绸之路的重要补给港，将来港珠澳大桥实现通车后，珠中江地区与港澳的关系将更加密切，切实地发挥沟通港澳、珠三角与大西南的战略节点作用。最后，广东省 2014 年提出“珠西”战略，指出包括把珠中江在内的 6 个市建设成珠江西岸先进装备制造产业集聚带，这标志着珠中江进入珠三角的核心产业地带，未来的发展空间广阔、潜力巨大，珠中江经济圈将是珠江西岸发展战略的重要增长点，也将对珠江—西江经济带的发展起到较强的助推作用。

建议：第一，将珠中江也纳入珠江—西江经济带范围内，促进 21 世纪“一带一路”战略实施和整个经济带区域协同有序发展。珠江—西江经济带现有的规划中，除广州的南沙港以外，区位与海洋相邻的城市很少。如果能将珠海、中山、江门三市纳入“珠江—西江经济带”的规划区域内，有助于形成江海联动，营造粤桂两省份沿海城市对外开放的新局面。例如，江门有史以来都是西江的内河港口，若列入珠江—西江经济带范畴，可增添很大的发展动力。此外，珠海港近年来通过加强与西江各港口合作，成为西江流域重要的物流大通道，建议以珠海港为龙头之一，以西江黄金水道为纽带，

参与珠江—西江经济带的分工。第二，提议将珠中江产业平台像两江经济带那样上升到国家级层面。依托珠海的横琴新区、江门的大广海湾经济区、中山的翠亨新区三大平台，提升对周边产业和区域的经济辐射效应，加速推动珠江—西江经济带的发展。除此之外，珠中江地区还有江门的碉楼与温泉、珠海的长隆乐园和中山的孙中山故居等旅游胜地，可以将这些丰富的旅游资源构建成为一条巨大的旅游产业经济带，还可以与旅游资源丰富的广西乃至大西南呼应。第三，支持珠中江先进装备制造业发展。当前珠中江三市也在广东省“珠西”战略下积极行动，大力推进先进装备制造产业的发展步伐。为发挥龙头作用，珠中江应加大对先进装备制造业的扶持力度，带动珠江—西江经济带的产业改造升级，实现跨越式发展。

（八）争取国家政策支持，促进经济带一体化发展

由于珠江—西江经济带一体化发展涉及面广，所要解决和协调的问题和困难也繁多，这需要国家物力、人力、财力和政策的大力支持，广东可以从以下几个方面争取获得来自国家层面的支持。

第一，建立跨区域合作协调机制。积极向国家争取建立跨省区合作协调机制。一是建立跨区域重大项目建设机制，从全局利益出发建立跨省区协商推进机制，通过多地区互动、多部门合作的协同建设模式，推动重大基础设施的对接，加强产业之间的合作；二是建立跨区域关键领域沟通协调机制，在某些关系到国计民生的关键领域，突破行政区划带来的限制，建立协同发展的新模式，促进跨区域生产要素共享和自由流动，以及信息的共享和互通；三是建立健全跨区域协调联动机制，面对诸如技术、人才、生态补偿等难点问题，要冲破行政框架束缚，成立专门委员会或者区域联合委员会等协调办事机构，协调相关主体进行沟通；四是建立完善中央与地方、粤桂两省区及经济带沿线各市之间多层次、多领域的会商机制，就区域内发展规划、产业布局、重大改革、发展政策、协调管理等进行会商、协调和沟通。

第二，争取在肇庆或云浮等地设立珠江—西江经济带生态文明建设改革

试验区。积极争取国家批准设立珠江—西江经济带生态文明建设改革试验区，争取有关流域开发相关政策的先行先试，破解“生态保护”与“产业发展”协调和谐的难题，为国家进一步推进流域开发探索发展路径、经验，打造生态产业融合发展的样本，以达到国家层面破题的要求。

第三，设立珠江—西江经济带发展专项资金。努力向国家争取，“十三五”期间在珠江—西江经济带区域内，在行政事业性收费收入中，将有关新增地方财政及建设项目的部分，划定相应比例的资金，拨付用于此专项资金的设立。以定额专项补助、投资入股、发行企业债券及贷款贴息等形式，支持和引导经济带中的先进制造业与现代服务业有关企业的发展。

第四，设立珠江—西江经济带产业投资基金。努力争取促使国家设立珠江—西江经济带产业投资基金，探索增加融资资金的来源的新方式，满足珠江—西江经济带建设过程中对资金的需求，指导珠江—西江经济带优先建设和发展基础设施以及关键性产业，保障关键项目、重点支柱产业、重点扶持企业和发展前景好的中小微企业的资金需求。

第五，实行产业倾斜政策。争取国家支持在珠江—西江经济带广东所属区域，加大产业项目布局，并在项目审核、贷款融资、市场准入等方面，对区域内符合政策的产业项目予以政策扶持；申请批准在广州、佛山、肇庆、云浮等地设立粤桂产业园区，园区内企业同时享受粤、桂两省区的相关优惠政策。

第六，组建“广东两江银行”。积极争取国家支持珠江—西江经济带设立地方性银行，可依托沿江的广州、佛山、肇庆、云浮等地的地方性商业银行筹建“广东两江银行”，或通过产权整合共同组建“广东两江银行”。“广东两江银行”可在珠江—西江经济带沿线各个城市设立分支机构，以搭建区域投融资平台，支持区域内基础设施建设、产业结构的调整优化、企业的发展壮大，实现珠江—西江经济带区域内的资金融通。

B.5

广东推动民间投资大发展、大提升的体制机制研究

广东省体制改革研究会、广东省综合改革发展研究院课题组

摘　要：促进民间投资发展、壮大民营经济是完善广东基本经济制度、推动经济结构转型升级的重大举措之一。本报告通过对发展广东民间投资的体制机制的研究，发现阻碍广东民间投资发展壮大的影响因素，并提出相关具有可行性的解决对策，促使广东民间投资得到大发展和大提升。

关键词：民间投资　大发展　大提升　体制机制

社会固定资产中，除去国有经济部分、外商投资及港澳台经济部分，剩余的部分就称之为民间投资。从投资主体看，民间投资主要包括集体资本投资、个体投资、股份制合作、资本联营以及除国有独资之外的其他投资五大类。改革开放30多年来，广东民间投资总量规模不断发展壮大，从1978年的7.19亿元上升到2013年的12780亿元，30多年增长了1700多倍，已经逐渐成为推动广东经济社会发展、产业结构调整以及转型升级、增加社会就业和促进城乡市场共同繁荣稳定的重要支柱力量。促进民间投资发展、壮大民营经济是完善广东基本经济制度、推动经济结构转型升级的重大举措之一。2013年，党的十八届三中全会也明确要求，“必须毫不动摇鼓励、支持、引导非公有制经济发展，激发非公有制经济活力和创造力”①。广东现

① 引自《中共中央关于全面深化改革若干重大问题的决定》。

在已经逐渐步入了“新常态”阶段。经济增长速度将放缓至中高速增长，经济发展的驱动力量也将从过去的依靠要素和投资驱动过渡到依赖创新驱动。在此过程中，必然会引发经济结构优化、产业转型升级等诸多现实问题。因此，根据《中共中央关于全面深化改革若干重大问题的决定》的要求，要坚持和巩固国有经济的主导地位，同时，还要大力扶持非公有制经济中民营经济的发展。这样不仅可以发展和壮大民间投资的规模和力量，使包括国有经济、民营经济、混合所有制经济在内的多种所有制经济，共同发展和公平竞争，而且，完善的市场化机制也可以促使创新驱动发展战略进一步得到落实。当前阶段，在维持社会和谐稳定、保证经济健康发展、提高国内消费水平等方面，也有很大的现实意义。综上，通过对发展广东民间投资的体制机制进行研究，发现阻碍广东民间投资发展壮大的影响因素，并提出相关具有可行性的解决对策，促使广东民间投资得到大发展和大提升，具有一定的重要性和紧迫性。

一　广东民间投资的现状分析

（一）投资总量分析

根据已公布数据，广东民间投资从 2011 年开始，增长速度持续处于 20% 以上，并且投资总量在 2013 年达到 12780.32 亿元，与广东省固定资产的投资同比增长 18.3% 的增长速度相比，高出了 7.2%；占全省投资的比重，也比上一年提高了 3.2 个百分点，达到了 55.9%。除此之外，民间投资对广东省固定投资的贡献率，伴随着民间投资总量的增加，也得到了显著提升。2013 年，全省固定资产的投资贡献率中，民间投资部分达到了 73.3%，比 2012 年提高了 0.9 个百分点，成功拉升全省经济投资增长 13.4%，在推动全省投资经济增长的各因素中占据最重要位置。

（二）投资主体分析

2012 年，广东省开始进行商事登记制度的改革试点。试点两年来，成效十分显著，市场主体的规模及其数量持续增长，民间资本的投资热情十分高涨。至2013年底，广东省民营企业数量同比增长12.9%，比2012年净增65万余户，总量超过567万户。其中个体户和私营企业的数量分别增长10.2%和21.8%，总数分别达到398.97万户和152.97万户；户均注册资金也较上一年分别增长了11.1个百分点和21.3个百分点，分别达到2.50万元和296.45万元。

（三）投资产业分布分析

2013年，广东省民营经济的三次产业中，第一、二、三产业的产值已经累计达到2993.54亿元、14177.99亿元、14887.23亿元。三次产业的比重，也变更为9.4∶44.2∶46.4。与2012年相比，第三产业增幅相对较快，比重提升1%；第一和第二产业同比下降了0.1%和0.8%。总体来看，民营经济的发展势头良好，既稳固了“三二一”的发展格局，也优化了三次产业的结构。从民间投资具体行业情况看，部分基础性行业占全省同行业的比重有所提高，具体数据见表1。

表1　2013年民间投资基础性行业投资数据

行业	石油加工、炼焦及核燃料加工业	电力、热力的生产和供应业	交通运输、仓储和邮政业	金融业	水利、环境和公共设施管理业	卫生和社会工作
完成投资额(亿元)	34.97	177.58	348.93	14.75	518.66	41.04
比重增长值(%)	7.9	4.4	1.0	10.1	1.9	2.5

二　推动广东民间投资大发展、大提升

（一）民间投资在拉动经济增长方面成效显现

根据统计数据，2011～2013年三年内，广东的GDP增长速度按可比价

格口径来统计，达到 16.8%。其中，民间资本对 GDP 增长的贡献率达到 30.5%，拉动 GDP 增长幅度为 5.1%。从以上数据可以看出，贡献率达三成以上的民间资本投资成为推动广东 GDP 增长的重要动力。特别是 2013 年，广东民间资本投资对 GDP 增长贡献率高达 51.08%，拉动 GDP 增长幅度为 4.6%，由此可见，民间资本投资在广东的经济发展中地位将越来越重要。

（二）民间投资提高了居民的物质生活水平

一是开辟促进居民收入增加的新途径。居民的可投资渠道，伴随民间资本投资的发展，不断得到拓宽，资本性收入总量及其占比也不断增加，未来或可成为居民增收的重要途径之一。二是为提升公共配套服务水平做出贡献。民间投资同样也促进了地方财政收入的增加。广东省民营经济所产生的税收，在 2013 年增长了 9.5%，首次在广东省的税收中占比过半，并且高出省税收平均增速水平 2.3%，总额达到 7081.87 亿元。财政收入的增加给当地的社会保障以及教育、医疗等提供了强有力的保障。

（三）民间投资推动国企改革步伐

广东的民营企业，结合自身的优势和发展需求，牢牢把握广东加快国企改革步伐、大力发展混合所有制的机遇，积极参与到国有企业的改革过程中，针对不同国企的特点，分别采取民资参股、企业收购、独资兼并、融资租赁等多种参与形式，巧妙地解决了改制过程中存在的困难，并积极引入先进的市场化管理机制，鼓励企业和员工大力开展科技创新，企业业绩得到了飞速提升。

2014 年上半年，在广州举办了第一届省属国有企业和民间资本的对接会。对接会上，合作双方现场签约 10 个项目，合同金额超过 500 亿元。此外，还推出了关联 13 个行业的 54 个项目，预计将有超过千亿元的民间资本流入。

下半年，广州市又承接了省国有企业混合所有制项目的展示对接活动。推出的 180 个项目，期望能引入 770.8 亿元的民间资本，来推动 17 个行业的国有企业改制。现场有 40 多个项目实现成功对接，引入民间的资本注资近 400 亿元。其中，省、市国企分别签订 14 个和 29 个项目，合同金额分别达 235 亿余元和 140 亿余元。

（四）民间投资增加就业

大量的私营企业和股份制企业在发展的过程中为社会创造了大量的就业岗位。现在广东的民营资本发展，一定程度上处于要素驱动阶段，数量需求大和素质要求低是私营企业对劳动力需求的重要特征。于是，民营经济的发展壮大，在满足社会富余劳动力就业需求、避免阶层对立和社会冲突、维护国家的长期繁荣稳定等方面意义重大。统计数据显示，截至 2013 年末，全省从业人员 6117. 68 万人；民营单位从业人员 3009. 71 万人，占广东省从业人员的比例近半。尤其在私营企业和个体户中的从业人员分别达到 1122. 30 万人和 1122. 30 万人，前者从业人数与上一年末基本持平，后者则相应新增 75. 12 万的从业人员。

三　广东民间投资实现大发展、大提升的障碍因素分析

（一）国家税收政策的约束

在分税制的体制下，民营企业的发展受到了某些不公平对待，制约了民间资本的发展。广东作为国内民营企业大省受到的影响尤为明显。首先，根据税法的现行规定，非股份制公司转增资本时，要按“利息、股息、红利所得”项目，计征个人所得税，这在一定程度上违反了税收公平原则，增加了这部分纳税人的纳税负担。此外，这一举措也让部分非股份制公司本可以用于投资的资金，有相当一部分只能存在银行里，变成了闲置资金，难以实现民营企业的增资扩股，对我国民间资本运作的活力和民间投资的积极性造成了巨大的制约。其次，除像国企那样要上缴企业所得税以外，民营企业

的股东所得的分红，仍需计征20%的个税。这种双重征税模式，既增加了投资者的税收负担，也使投资收益进一步减少。最后，当前民营企业除中小微企业以及高新技术等扶持产业外，既没有外资企业享受的各项政策优惠，也没有如同国企获得的各种扶持政策。除上述之外，当前企业所得税对初创企业的减免政策，往往在企业开始营业的前两年，可是民营企业在企业初创阶段，又往往是难以盈利或者获利甚微的，本身就不需要怎么缴纳所得税，使得这一优惠政策所带来的红利远远不如外资企业在获得利润的年度开始计算减免企业所得税来得实惠。

（二）民间投资的法律保障不到位

与国有企业和集体经济相比，国家关于民间资本投资的法律还不够完善，相应的服务体系建设也不是很到位，制约了民间资本的发展壮大。虽然民间资本已经在投资权益分配方面取得了非常大的成效，可是仍然难以使“谁投资、谁占有、谁经营、谁收益、谁支配”这五个权责利相统一的投资原则得到成功贯彻。部分地区在民间投资的政策上经常“朝令夕改”，让投资者望而却步。例如，有些地方政府部门有时会在不给予经济补偿的条件下，强行要求收回土地使用权或者关停小型企业等。由此将导致民间资本的投资经营遭受巨大损失，甚至会使得民间投资的合法经营难以维持下去。除此之外，由于个体户和私营企业的经营用地并未包括在中国目前实行的《土地法》的法律覆盖范围内，由此会导致民间投资用地的种种不规范行为。部分民营企业也会因经营用地无法解决等，难以注资来扩大再生产，最后甚至可能整体外迁。而且，非法剥夺民营企业资产、乱收费和乱罚款等现象时有发生，究其原因则在于，法律在土地使用权保护和产权明晰等诸多方面，并未给予民营企业行使保护自身合法权益的有效保障，最终会让民间资本的投资信心和积极性丧失。而且，由于没有专门的主管部门或服务型机构来服务于项目投资，也会让民营投资在确定投资目标和获得相关技术支持等方面，得不到优质服务，会造成广东民间资本的盲目投资和资源浪费。

（三）行业准入壁垒

对比国有企业，可以看出广东的民间资本发展受到行业准入方面的很多限制。民间资本能够进入的行业，大多数是国有单位放弃的行业。此类行业的特征主要是：市场竞争环境恶劣、利润水平低，特别在消费品的生产领域内，现有的市场份额已濒临饱和阶段，几无较大投资回报的项目。民间资本在收益率高、前景好的部分第三产业的投资比重较低，但由于存在行业壁垒等因素，民间资本很难获准进入。最终致使这部分行业出现技术创新停滞、经营垄断以及服务水平低等现象。因此，影响广东民间投资的重要因素之一就是市场准入壁垒。

（四）服务于民间资本投资的金融体系不完善

健全的金融制度关系着民间资本投资的健康发展与壮大。但从目前情形来看，广东的金融制度并非十分完善。第一，融资难是制约广东民间资本发展的重要因素。预算资金、自筹资金、国内债务、国外投资以及其他来源这五大类，是广东的社会固定资产投资的资金主要渠道。近年来，虽然预算内资金与国内贷款在广东民间资本投资中的比例有所提高，但自有资金还是民间资本最主要的来源，而且，间接融资伴随着商业银行市场化运作机制的推广，渠道也逐渐收窄。第二，民企的融资曾主要依赖于职工集资以及社会集资这两种直接融资的方法，但在金融体制改革后已经难以继续维持下去。但是，能够促进中小微企业发展，并提供相应专门性投融资的新服务体系，还未能成功搭建，而可通过使用股票发行的手段获得融资的此类企业又是少之又少。第三，广东还未建立起体系规范的民间资本投融资市场，这一市场仍处于初级发展阶段，而技术性因素则是制约民间资本发展的关键性因素。

（五）现有鼓励政策可操作性差

近年来广东配套引导民间资本和民营经济发展的多项政策逐渐出台，虽然这些政策具有很高的原则性，但却不具备较强的操作性，有些甚至缺乏实施细则难以落地。而且，地方保护主义的盛行、对民间资本投资的歧视性政策、行政管理体制的滞后等，导致配套政策中相当部分条款成为“弹簧门”“玻璃门”，挫伤了民间资本投资的积极性。目前，省府及各职能部门、地市陆续出台的鼓励民间投资的相关文件已经超过了 20 个，内容涉及推动民间资本发展所需的各类优惠。可是，政策的实施并不是十分理想，这与政策的可操作性较弱有很大关系。

四　创新广东民间投资体制机制

（一）率先制定《民间投资鼓励条例》

美国民间投资的繁荣发展与其完善的公法体系有着分不开的联系。美国自 1776 年建国以来，公法体系就将行政部门及机构的相关决策活动涵盖在其范畴内，不仅能最大限度地避免决策的随意性以及行政权力的滥用，而且还能够充分行使其弥补市场机制缺陷的职责。自二战结束以来，欧盟与日本都在健全和完善经济法律体系方面投入较大力度，并出台了一系列法律法规来保障投资者合法权益以及刺激资本投资。

健全的法律制度体系有助于规避民间投资的潜在风险，减少投资决策和实施的交易成本对于促进民间投资来说，其效果比提供各种财政和税收优惠更为显著。广东作为国内民间投资的大省，应尽快根据国家相关法律，制定《民间投资鼓励条例》，对民间投资的主体、运营机制、管理体系等加以明确和规范。

及时修订和清理对所有制经济发展区别对待的政策、法规等，对各种投资主体实现平等对待，对投资主体各方面的运作，均不强设单独条款。

在公共服务领域内，大力推动投资体制改革，扫除阻碍改革的因素。建立主体多元化、服务多层次、资金多渠道的新公共服务体系，将社会事业的全领域向民间资本开放。经政府依法批准后，可将国有资本投资并运营的市政公用设施项目以及经营性基础设施的经营权或产权，转让给合适的民营企业。建立和完善城市公用事业的采购和特许经营权制度，明确运营方与投资方的招标和运作机制，并将市场竞争机制融入其中，使城市公用事业领域也能对私人资本开放。健全和完善政府采购的相关政策以及采购目录的内容，使民间资本和国有资本处于相同的起跑线上。依据“补偿成本，合理盈利”的相关原则，以健全公共产品的价格形成机制为改革突破口，带动其他领域价格新制度的形成，奠定公共服务等领域对民间投资开放基础。创新民间资本的参与形式，在基建项目的多流程中都能让民间资本参与进来，并进一步完善基础设施的运营监管机制。

（二）根据相关的上位法制订实施细则，明确路径指引

2010 年以来，省府与下属各职能部门以及各市陆续出台的引导民间投资的文件超过了 20 个，内容涉及推动民间投资的各方面。但是，这些政策文件却未能获得很好的成效，这与政策的可操作性不足有很大关系。

当前一方面需要进一步完善促进民间投资的政策体系；另一方面需要对已经出台的各项政策制定实施细则，明确路径指引，提升现有政策的精确性和可操作性，并在相关关键领域取得突破性的进展。

（三）加强各类产权交易所的建设，完善产权交易市场体系

活跃产权交易市场，增加资本的流动，是健全民间资本进入和退出机制、拓展民间资本投资市场的重要一环。企业资产重组过程中，民营企业更加需要通过广州产权交易所、深圳联合产权交易所、南方联合产权交易中心等多个平台，整合资本并参与其中，推动产权实现合理流动。完善产权交易市场，需从法律、产权交易的规则与规范方面入手，并不断推动相关产业市场上的业务创新、交易制度创新，提升与产权交易相关的配套服务，使政府能够更好地发挥监管作用。

一是要逐步完善与产权交易相关的信息披露制度。首先，要把信息真实及引起投资者关注作为落脚点，使信息披露更加完善。有关部门要坚决落实信息内容认定和披露、结算资金监督、挂牌审核等多种职责。建立健全涉及

产权管理的制度规范，主动接受监管部门的管理，保证信息披露内容的权威性与统一性。在信息披露制度上，要保证内容的真实有效性，引进黑名单制度，进行“地毯式”的全覆盖监督，并及时对外公布。其次，整合所有的信息披露平台。依托信息异地同步显示系统，搭建“产权转让信息网”，建立非上市民营企业数据管理库，实现广东省的产权转让信息资源共享。

二是要进行做市商和竞价交易方式有效结合的制度创新。混合型做市商制度已经成为各国资本市场最好的选择，尤其对场外交易市场来说。究其缘由，是因为竞价交易制度与做市商制度各有不同的优势以及缺陷。因而，产权交易市场的发展，必须要紧跟市场流动性的强弱以及所处的发展阶段，选择混合型做市商制度，开展做市商和竞价交易方式高效结合的业务。

三是要完善经纪会员的代理交易制。第一，产权交易机构要承担搭建产权交易系统平台、组织汇集多方产权资源等建设的职责。而且，还要能规范市场操作，实现审核、鉴证等功能。经纪会员要能够提供项目策划、代办专利转让、产权交易等多方位多层次的代理业务。第二，通过多种形式引进符合条件的硕、博士生，培养高水平的经纪机构从业人员。

（四）创新混合所有制模式，突破民间投资“玻璃门”

过去，诸如邮电、铁路、通信、银行、自来水等基础服务和关系国计民生的领域，发达国家也曾对其实行过国家层面的垄断。20 世纪 90 年代，美国修改并通过《反垄断法》，为了增加同业间的市场竞争，已经减少或取消了对诸如金融、电信机构经营等所设的限制。对于通信、广播、电视等产业，在对《通信法》改革后，限制其交叉发展的条款也被取消。为推动各网络之间的互通互融，重新制定了新的行标，并间接敦促娱乐业的企业将“考虑更广泛的民众利益”放在更重要的位置。这些举措，促使电话公司开放了自身的电话网，实现资源的共享，并期望有线电视公司在未来也能够引进这样的模式。全国的交互网络实现统一，美国政府的政策和说服是关键所在，最终使通信与信息市场的巨大潜力得到显现。

当前我国正进行国有企业混合所有制改革，广东作为此次国企改革的先行省份，在全国发挥着先锋的作用。应当将国企改革和促进民间投资结合起来，在混合所有制改革中提升国企效率，促进民间投资增长，大胆创新混合所有制模式，突破民间投资“玻璃门”。

一是要制订平等对待、公开透明的市场准入标准。同等对待各类投资主体，积极探索采用 ABS（资产证券化）、PFI（民间主动融资）、TOT（移交—运营—移交）、BOT（建设—运营—移交）、BT（建设—移交）等多种形式①，在基建、市政建设与其他未明文禁止进入的领域内，采用市场竞争机制，吸引民间资本进行投资。就当前形势而言，重点放宽以下三大领域的市场准入：第一，战略性基础设施。在包括机场、港口、铁路等在内的主枢纽工程、高快速路网工程、城际城市轨道交通工程、能源工程、信息基础工程、生态工程、水利工程、文化工程、市政工程、环保工程（含“三废”处理设施）等十二大类的工程领域，放开对民间资本的限制。第二，战略性主导产业。鼓励民间资本参与到优势产业和新兴产业领域，例如文化旅游、现代物流、金融保险、商贸会展、时尚创意、生物与健康、新能源与节能环保等行业。第三，战略性发展平台。吸引民间投资进入新城区，如广州南沙新区、珠海横琴新区、惠州环大亚湾新区等，粤东西北城市的中心城区以及除海关特殊监管区外的各类经济功能区②，如各类高新技术开发区、各

---

① 2014 年 9 月 24 日，财政部下发了《关于推广运用政府和社会资本合作模式有关问题的通知》（财金〔2014〕76 号），提出“为贯彻落实党的十八届三中全会关于‘允许社会资本通过特许经营等方式参与城市基础设施投资和运营’精神，拓宽城镇化建设融资渠道，促进政府职能加快转变，完善财政投入及管理方式，尽快形成有利于促进政府和社会资本合作模式（PPP）发展的制度体系”。随后，在 2014 年 11 月 29 日，财政部下发了《政府和社会资本合作模式操作指南（试行）》（财金〔2014〕113 号），以保证政府和社会资本合作项目实施质量，规范项目识别、准备、采购、执行、移交各环节操作流程。PPP 模式主要包括 BOT、TOT、PFI 等具体模式。

② 根据《中国开发区审核公告目录》（2006 年版）、《珠江三角洲地区改革发展规划纲要（2008～2020）》、《中共广东省委、广东省人民政府关于进一步促进粤东西北地区振兴发展的决定》提到的相关经济功能区以及现有广东省已通过审核公告出来的开发区名单整理。依据“职能相似为一类、主导产业类别相似为一类、管理体制相似为一类”的分类原则，广东省经济功能区可分为工业开发区、经济技术开发区、高新技术开发区、产业示范区、海关特殊监管区和新兴产业园区六种主要形式。

类经济技术开发区等。

二是对战略性新兴产业要引导和支持民营企业进入。采取补助、贴息、担保等多种方式，引导和支持民营企业进入战略性新兴产业，不仅可调动社会资本的积极性，还能实现国有资本和民间资本的协调互补，落实国家产业发展战略规划。因此，要特别注重发现具有自主品牌和知识产权以及产品高附加值的民营企业，引入社会资金来促进其加快发展壮大。支持民营单位设置契合需求的创投基金，为新兴的产业实施创业投资计划提供资本保障和引导服务。政府推动民营企业参与到“产学研”创新联盟的建设中。“产学研”联盟要主动承担省和国家的核心技术攻关任务及产业项目建设，推动战略性新兴产业的发展。创业投资领域积极引导民间投资投入到担保公司、小额信贷公司等金融性机构的融资中，实现金融与新科技的有效结合，建设科技投融资新体系。清洁能源以及新能源产业要对民间资本全面开放，并积极引导和支持其投资，比如对依靠可再生能源发电的企业，政策上可推行扶持性电价制度。环境监测领域的服务先进行社会化试点，并在环保设施的建设和运营等业务中逐步放开限制，吸引民间资本的投资。在环保技术、装备、产品、服务等重点的环保产业中，鼓励民间资本投资，弥补公共资金缺口。

三是要放宽登记注册出资限制。民间资本的主体在提高其占注册资本的比例上限的时候，能够将非货币资产采用货币估价以及合法出让的方式，实现作价出资。允许出资期限可经申请进行延长。试行“零首期”的注册货币资本。

（五）完善法治化国际化的民间投资管理体制

一是对行政审批事项中关系到民间资本管理的部分，全部进行整合和清理。对企业的投资管理制度的改革，要依照“缩减审批权限、简化审批流程、引入市场机制、政府管理职能转移、重视规划约束、提升监管力度”的原则，并落实企业的自主投资权。进一步简化税务登记程序，创新登记审批制度，在公共服务及社会事业领域内，清理和减少行政审批事项。取消没有法定依据的年检（年审），合理规范年检（年审）制度，创新年检（年审）机制。依照权责一致原则，落实审批权下放的政策，凡是与基层政府部门的职责相对应且能够落实的审批事项，审批权限一律下移。对政府部门审批权配置结构进行优化，对业务交叉的行政审批事项实行整合和归并。明确各部门的管理权限，避免职能交叉。审批事项的相关审批节点，如能都放在同级政府的相关部门，可由终审单位直接向业务相关部门征询审批意见，缩减中间的流程环节。

二是要建立规范的收费制度。对关系民间资本投资的各类收费项目进行大力整顿，尤其是具有垄断性质的经营服务项目，要更加严格规范其收费行为。注重收费项目审批的规范性，并严格遵循和完善收费公示制度和听证制度。完善相应的监督反馈机制，促使收费行为更加规范合理。

三是要加强信用体系建设。根据民营企业的特点，可依托于省社会信用体系，设立多方联席会议，建立涵盖信用信息征集、管理、查询及评价等功能的综合信用信息系统。提高民营企业的信用意识，建立相应的失信惩戒制度进行约束。

四是要完善对民营企业的科技服务。通过健全科技研发成果登记制度，以及提高科技成果转化政策的鼓励力度，为民营企业购买及转让科技成果营造便利环境。完善技术产权交易市场建设，为民营企业提供技术咨询等相关服务。设立科技服务机构等平台，服务于民营企业的自主创新。对从技术类服务的相关业务中获得的财产收入，可按照税法的相关规定，给予免征营业税的优惠。

五是要鼓励民营企业“走出去”。2015 年 1 月 28 日，李克强总理在国务院常务会议上说：“民营企业自己拿钱到国外投资，政府没必要给人家审批，帮人家把关！谁投资谁负责，谁出钱谁负责，权责一定要对等！真正‘懂’市场的不是主管部门，当然是企业自己啊！”[①] 按照这一政策方向，取消审批，积极鼓励民营企业“走出去”。充分利用国家“一带一路”战略带

① 中央政府门户网站，www. gov. cn2015 - 01 - 28。

来的机遇，积极鼓励民营企业参与“一带一路”建设。广东省应积极向国家争取，在省内试点扶持企业“走出去”的相关政策。此外，还要结合友好省州、姊妹城市等对外交流平台，发动境外商会的积极性，并与提供境外投资服务的专业中介机构配合，最终建立和完善民营企业境内政策扶持体系与境外服务保障体系，为民营企业建设产业基地和实现集群投资提供各种机制保障。民营企业若在香港和澳门所开展的业务规模较大，且信誉比较高，可循因公渠道，在办理相关手续后，临时或多次赴香港和澳门，缩减通关时间。民营企业如若在境外收购品牌，与研发设计机构合作，或者进行企业兼并，政府部门可给予相应的支持和引导。重视民营企业在跨国经营过程中所需要的融资增信服务。指导民间投资遵循市场化原则，组建股权投资基金来专门服务于境外的投资事务。通过商业保险、担保、设立信用准备金等方式，使民营企业的融资能力得到提升。

五　强化金融对广东民间投资的支持

金融支持对民间投资的重要性不言而喻。美国的金融市场相对较为发达和完善，除了商业银行这一成熟体系之外，还有债券融资、股权融资等众多直接融资渠道作为补充，为美国国内的投资者提供了较多选择余地。信用评级制度，伴随着债券市场的发展需求而产生。债券市场的繁荣发展，还可以延伸推动会计、法律以及审计这些行业的进步。投资活动的合伙人广义上可以包括个人、企业、基金、银行、保险公司以及国外投资者，它们均是国内民间资本投资的主力。二战后，日本搭建起了间接与直接融资这一主辅相结合的投融资体系，支撑民间投资在经济的高速增长时期发展壮大。在这一时期内，以银行为主的间接融资体系比重达到70%～90%，占据金融领域的绝对主导地位，而以股票、债券等有价证券为主的直接融资体系，则是在20世纪80年代末，才逐渐发展壮大。广东需要借鉴发达国家经验并结合自身特点，在强化金融对民间投资的支持上实现新突破。

（一）加大财政扶持力度

政府部门可将财政预算内资金、国外借款（包括政府和国际组织）、专项补助资金等各种政府性资金，在统一的资金使用规则与标准下，同等对待所有的投资主体。优先将拥有民营企业的省重点项目，归类到专项资金扶持范围内。创新财政资金使用方式，通过财政贴息等方式，根据发放贷款的增量，给予金融机构以及担保公司适度财政补助。

同时，要落实土地支持政策。要在严格遵循城乡建设规划以及城市经营土地利用总体规划的前提下引导民营企业使用建设用地。对于符合标准的属于民间资本投资的重点项目，由相应的国土部门，根据属地原则，协调解决民营单位用地的指标问题。对某些有历史遗留问题的项目用地，依据土地规划、产业政策、城乡规划以及环保标准等各方面的要求，达标后可依法办理相关手续。针对“三旧”改造的土地，按相关改造政策予以办理。民营单位改变工业用地利用率及扩大容积率的，若符合规划且未改变土地用途，将不再追加追征相应的土地价款。对于集体用地使用权的转让，出台有关的配套政策，集体土地的回购机制也要更加完善。农村集体建设用地被企业使用的，也要在符合土地规划的前提下，依法办理不动产登记，并享有与使用国有土地相同的权益。

（二）推进民营企业改制上市

开辟民营单位的直接融资的新渠道，相应地配套开展“民营企业上市培育工程”。建立服务于拟上市企业的资源库，将一些符合未来产业发展方向和前景好的民营企业纳入其中，作为上市的后备军。通过设立服务中小企业发展的专项资金，逐步推动民营企业的股份制改造进程，使其法人治理结构实现规范，并与优质投资者建立战略合作伙伴关系，最后以上市为突破口使其获得跨越式的发展。

（三）鼓励民营企业发行债券

民营企业债券是债券市场的主要构成部分。现阶段，债券市场在债券发行门槛高，市场单一，立法、信用评级机制以及信用担保体系不够健全和完善等多方面因素的影响下，大多数的民营企业在实际操作中，是没有发行债券的机制和机会的。针对广东民营企业的发展实际，建议：一是在宏观层面上，政府要完善相关法律法规，运用多种形式为其提供相关的中介服务，营造优质的外部环境，支持民营单位发行债券。二是通过金融单位的柜面发行作为改革的关键点，逐步清除国家对民营单位发行债券的阻碍因素，推动服务于民营企业的债券市场的建立。三是通过监管体系建设，保障债券市场的正常运作。最终找到民营企业发展债券市场的突破口，拓展相应的直接融资的资金来源渠道，提高配置资源的效率。

（四）完善民营企业担保融资体系

支持相关担保机构提供专门针对民营中小微企业的低费率的融资担保服务，使民营企业的融资成本真正得以降低；商业银行对民营中小微企业的贷款，要加大对差异化金融政策的落实力度，并增加不良贷款比率的容忍度，促使民营企业的融资环境得到改善；探索建立健全的融资担保领域的再担保体系，将各地融资担保机构相关的再担保业务的成效充分放大，保障商业担保机构实现平稳较快发展。

（五）引导构建民营企业资本合作平台

通过增资扩股或股权转让的方式，使股权交易中心的作用得以发挥，也让民营企业能够通过此平台顺利引进投资者以及合作伙伴。支持项目所在公司在股权交易中心实现挂牌，并采用股权交易等合作方式，拓宽民间投资的进入渠道，并建立健全民间投资的退出机制。落实企业股权登记、查询、托管等基础服务，并根据民营企业的融资需求，为其提供股权质押及知识产权质押的相关配套服务。组建企业融资方、民间资本投资方和相关金融机构之间定期沟通协商的平台。建立政府、民营企业、银行和项目对接的例会制度，使银行和民营企业之间建立良好的合作伙伴关系，维持民间资本投资项目的资金来源渠道的稳定。挑选一批企业较为集中，产业搭配好，管理制度完善的示范产业园区，试点开展“园银担企”一体化的产业园新投融资模式。试行各大银行、相关行业协会、融资租赁公司与有资质的担保机构之间“四方合作”的新融资租赁模式。

B.6

举全市之力加快广州“一号工程”建设

——南沙新区开发建设的若干建议

广东省体制改革研究会、广东省综合改革发展研究院课题组

摘　要：根据南沙新区目前在上级重视程度、交通规划、项目资源和管理体制方面存在的问题，本文提出要以广州的“一号工程”之理念，优先向南沙集中配置重大基建和产业项目，推进投融资体制和运营机制改革，打造具有突出优势的港口经济集群，促进产业转型升级，创新人才服务机制，建立新型行政管理体制的六大建议，进而充分发挥南沙新区自身的优势资源，完成国家赋予南沙新区的定位任务。

关键词：南沙新区　港口经济　产业升级　人才服务

2015年1月5日，李克强总理等视察了南沙新区、广东自贸区南沙片区，李总理就“新常态”下南沙新区建设如何抓住新机遇，再创新优势，推动自贸区建设做出了重要指示。他提出广东是改革先行者和排头兵，要利用毗邻港澳的区位和专业人才优势，加强同港澳深度融合，优先发展金融、科研等高端服务业，注重城市的发展内涵，同时特别强调广东自贸区要争创审批“特区速度”。

“新常态”下，我国经济面临着前所未有的复杂局面，同时也蕴藏着重大的发展机遇。加快南沙新区的综合开发，再造一个现代滨海城市，对壮大广东经济总量、建成经济强省，增强综合竞争力，具有极为重要的作用和意

义。我们一直关注南沙的开发建设，现就此工作提出若干建议，供省、市领导决策参考。

一　南沙开发建设取得了实质性突破，但仍存在许多问题

近年来，南沙新区围绕加快建设国家新区的目标，按照省委关于广州市、南沙区要担负起南沙新区开发的历史责任，将南沙新区开发作为广州“一号工程”来抓，省直各部门要贯彻落实好省委省政府的战略意图，积极主动地支持广州开发建设南沙新区各项工作的相关指示，以及2012年“谋篇布局”、2013年“起步开局”、2014年“提效破局”的工作部署，全情投入，全力奋斗，使南沙开发建设取得了实质性突破，新区呈现出蓬勃发展的新气象。

但是，南沙新区开发建设仍然面临许多亟待解决的问题和困难。

第一，广州对南沙的重视程度有待提升。目前南沙新区还仅仅放置在广州原有“123”城市功能布局战略中，作为广州市的一个新城区在经营，还没有从全市、全省乃至全国发展的战略高度来统筹、整合和调配资源以推进南沙新区的开发建设。

第二，在至关重要的交通基础设施方面规划虽好，但落实力度不足。南沙与周边区域的交通联系未能打通，区域交通枢纽地位未能确立，未能起到加强广州与珠江三角洲各城市之间产业联系的作用，直接影响了广州作为国家中心城市所应当发挥的作用，珠江三角洲产业发展方面几近有城市无中心；南沙疏港铁路计划一再延后，作为我国南方对外开放的重要海上门户，其港口运输枢纽和贸易窗口功能难以体现；南沙作为广州一个行政区，其公共交通建设也比其他城区远为落后。

第三，南沙港业务快速增长，带动了港口产业，但南沙港业务繁忙，却没有成为国际航运中心，与国内其他港口一样，落入有装卸业务没市场，或者有市场没服务的困局。国际贸易基地、航运金融等附属功能未能很好地发

挥，即南沙核心产业优势未能发挥出来。

第四，缺乏落地的资源与吸引项目的能力，未能形成产业集聚效应。项目来源渠道过窄，产业层次总体偏低，产业链不够完善，以产业集聚带动项目落地的优势不突出，产业规划难以落实。

第五，在新区管理体制、政策配套、公共服务体系建设、高端人才引进等方面长期积累的问题迟迟未能解决。总之，开发的步子较慢，声势不够大。

二 南沙新区是广州未来发展的希望所在

南沙新区具备超越常规建设发展的诸多优势。

政策高地。南沙目前已成为国家级新区和广东自由贸易试验区中最大的片区。而具有这种“两区”政策叠加优势的区域，全国目前仅有上海浦东新区、天津滨海新区和广州南沙新区。这充分表明，南沙新区在国家改革发展战略中扮演着极为重要的角色，占据非常关键的地位，因而也必将放射出极其巨大的能量。

区位优势。南沙地处珠江出海口，是大珠江三角洲地理几何中心，距香港、澳门分别仅 38 海里和 41 海里，也是连接珠江口两岸城市群的枢纽节点和我国南方重要的对外开放门户；周边地区有包括香港在内的超大城市 5 座、全球著名的制造业基地以及 7000 多万常住人口，具有无限的消费能力与市场机会；南沙周边一小时范围内还有 4 座国际机场，是全国国际航班最密集的地方，具有广阔的发展潜力与市场磁力。

产业优势。南沙的汽车、造船、重大装备等先进制造业和航运物流、科技创新、休闲旅游等现代服务业快速发展，临港现代产业初具规模。

核心资源。南沙港是得天独厚的国际深水良港，可停靠全球最大集装箱船，集装箱运输量连年跃增，2013 年已达 1000 万标准箱，覆盖世界主要贸易区，正向亚洲枢纽港口迈进。南沙港是南沙发挥政策、区位、产业优势的核心资源，新区依托南沙港这一核心资源，完全可以将自身进一步打造成为国际航运中心和物流中心。

地域空间。广州作为世界级大城市，人口密度越来越高，产业发展、生活用地空间越来越少。南沙是拥有土地发展空间最多的城区，广州市未来五年的480平方公里用地指标，其中240平方公里在南沙。

自然禀赋优良，生态环境良好。有可能打造成为珠江三角洲美丽生态生活城。

所以，唯有南沙才能提供广州未来发展空间，更好地发挥广州作为国家中心城市的影响、带动、辐射作用。此外，南沙新区建设还有以下重大意义。

其一，南沙在深化粤港澳全面合作关系中能够起到重要作用。随着珠三角地区经济实力的壮大，国内外市场的不断开拓，对外开放步伐的加快，粤港澳之间将出现越来越多的全面化、升级版的合作机会。南沙定位为粤港澳全面合作示范区，要利用其区位形成的国际市场通达性好、经济腹地广阔的优势，推动更多高端资源向新区、自贸区集中。同时，要充分利用港澳在国际经济中的突出地位和优势，吸引香港高端服务业在南沙获得空间和运作平台，从而带动珠三角企业参与跨境经贸合作，带动珠三角乃至华南地区经济结构的战略性调整和经济质量的整体性提升。近期，人民银行等部门联合印发了南沙金融改革15条文件，这是广州市首个经国务院批准实施的金融专项政策，是南沙新区继《广州南沙新区发展规划》后首个经国务院批准实施的专项政策。南沙要充分利用相关政策，着力将南沙新区打造成投资贸易便利、服务贸易自由、金融创新功能突出的粤港澳全面合作示范区。

其二，南沙在加快与泛珠三角区域城市的经济合作、推动珠三角企业转型升级过程中可以发挥重要作用。改革开放30多年来，珠江三角洲地区利用毗邻港澳的优势，率先成为全省乃至全国市场化程度最高的地区，一跃成为世界级制造业基地。但是，珠三角企业总体属于加工贸易业，技术和资本含量不高，产业层次较低，产业结构不合理，产品附加值不高，环境污染严重等问题逐步显现，传统发展模式难以持续，迫切需要找到产业转型升级的突破口。南沙新区是珠三角经济交往的核心枢纽，背靠大学及研究机构，高新技术产业、装备制造业具有一定规模，通过加强粤港合作、创新体制机制，打造先进制造业和生产性服务业新高地等措施，可助力推动珠三角产业转型升级。

其三，南沙在国家“一带一路”战略中占据极为关键的位置。广州是世界闻名的国际商贸城市，南沙港是华南最大的枢纽港，并具有海运、内陆河运、公路、铁路、航空等完善的立体交通运输体系，毗邻港澳，地处与东盟国家经济互补性强、产业集聚程度高、消费能力强的珠三角的中心位置，若发挥其国际航运物流、生产性服务业、国际贸易优势，将在与东盟经贸合作关系中起到重要作用。

三　聚焦聚力加快广州“一号工程”开发建设的几点建议

南沙基础薄弱，百业待兴，必须在全面规划的基础上，找准突破口，实施大项目大企业带动策略，突破一点，带动全局，胆子要大一点，步伐要快一点，创新加强招商选资工作。因此，必须把加快“一号工程”开发建设作为广州在“新常态”下继续当好排头兵，再创改革开放新优势的抓手着力扭紧；作为坚持国际化视野，面向全球集聚优质发展资源，推进21世纪海上丝绸之路建设，推动自贸区建设，增强创新能力的切入口、突破口，奋力突破。

我们建议从2015年开始，举广州全市之力，加快南沙新区的开发建设。使南沙形成磁极效应，进一步吸引全省乃至全国的资源集聚于南沙，把发展资源、重大项目尽可能布局和聚集到南沙新区，打破制约新区起飞的物质、资源、基础建设瓶颈；给予相关政策，加快南沙在产业、服务、人文等方面的建设，努力将南沙新区建设成为广州的第二个CBD、泛珠三角的CBD、世界级的大都会区，建设成为市场化、法治化、具有国际化营商环境和有序平安城市环境的先导区、粤港澳合作综合示范区，增创广州发展新优势。

（一）优先向南沙集中、配置重大基建和产业项目

1. 在重大交通建设项目方面向南沙倾斜。一是争取国家和省在区域综合交通体系规划中，将南沙新区确立为珠三角综合性交通枢纽中心，适当调整包括城际、城市轨道交通在内的有关交通设施布局规划，加快推动南沙国际邮轮码头等项目开工进程，加快地铁 4 号线南延段项目、庆盛枢纽建设，积极协调万顷沙枢纽、深茂铁路、深广中通道等项目，大力推进广州南沙新区商务机场规划建设，全面构建海陆空立体交通体系。二是研究广州中心城区与南沙区中心区的直达快速交通方式，确保 30 分钟内直达市中心的连接路径，进一步增加区内交通网络密度，建设轨道环线，提升南沙区位吸引力。

2. 在重大产业项目方面向南沙倾斜。一是建议由市牵头，争取中央、省在符合南沙新区产业战略规划的条件下，优先将航运物流、装备制造、科技智慧、商业服务、旅游健康等重大产业项目落户南沙。二是建议全面统筹规划各区产业发展，明确南沙新区与其他各区的产业分工，避免产业发展冲突，支持重大项目优先落户南沙新区，实现南沙新区优势产业集聚发展。

3. 减少南沙新区配套资金压力。一是由市政府设立总额约 150 亿元的专项资金，专门用于未来 3 年南沙新区基础设施建设。调低重大基建和产业项目中的南沙区配套资金比例，避免“市级请客、区级埋单”，确保南沙区财力可持续增长。二是明确市级与南沙区的财政分成体制。调整市级收入范围，扩大南沙区留成税种税收范围，进一步增加南沙区的参与分成比例，对南沙区行政、治安、教育、社会保障、医疗卫生方面超过一定额度的年度支出，由市全额予以补助。

（二）推进投融资体制和运营机制改革

1. 规范完善投资项目核准机制。凡法律法规没有明确要求必须在项目核准之前办理的审批事项，一律不作为核准前置要件，理顺和解决前置条件相互交叉、互为前置的问题。深入推进并联审批工作，严格实施核准事项公

示制，一次性告知申请条件和办理程序，全面公开受理情况和办理结果。积极开展并联评价、联合审查、网上审批、联合验收等，不断提高核准效率。

2. 充分激发民间投资活力。凡法律法规未明确禁止准入的行业和领域，依法平等向民间投资开放。制定具体办法，鼓励民间投资通过特许经营、合资合作、资产收购、参与改制等方式，参与投资、建设和运营市政基础设施和公益性事业项目，采取放宽市场准入、购买服务、以奖代补、贴息等多种方式，引导和鼓励民间投资加快进入。以健康、养老等服务业以及市政基础设施、保障性住房等领域为突破口，加快向民间资本推出投资项目。按照国家和省市安排部署，积极放宽外商投资准入条件，推进外商投资管理体制改革。

3. 建立政府与市场合理分工的城市基础设施投融资体制，有效拓展政府融资渠道。确立南沙现有投融资平台公司的市场主体地位，明确产权关系，完善法人治理结构，并按照业务板块注入和盘活各平台公司资源资产，做大和增强公司资本。对政府统筹投资建成的经营性项目，探索国有资本退出机制，通过股权转让、增资扩股、合资合作等多种形式引入社会资本。继续支持在南沙污水处理领域推广 BOT 模式（建设—运营—移交），支持投融资平台与政策性金融机构开展保障性安居工程建设等方面的融资合作，根据开发时序进一步在明珠湾起步区、电子信息产业园推广与战略投资者合作开发模式，同步推进土地一级开发与产业导入。进一步由市支持探索创新发行市政债券，协助增加银行贷款、中期票据，设立城市开发基金和产业发展基金等多种方式组合的投融资模式。

（三）着力打造南沙港口经济集群，形成具有突出优势的港口经济

1. 提升南沙港口建设水平。优化枢纽货运布局，加快南沙港三期建设，大力推进疏港铁路建设，积极与泛珠三角区域重要城市合作建设“无水港”，进一步拓展国际海运航线。打造结构合理的船舶运力，增加泊位数量，完善大中小泊位结构，重点发展集装箱、游艇等业务，实现货运船舶标准化、大型化、专业化，提高货物运输规模和效率。

2. 抓紧以港口为基础的高端服务平台建设。必须加快形成航运物流产业集群，逐步形成港航仓一体化，物流、信息流、金融同步发展的态势。一是学习新加坡，打造大通关体系。目前应打通电子口岸系统、综合物流信息系统，将由各个政府部门办理的与进口、出口（包括转口）贸易有关的申请、申报、审核、许可、管制等全部手续通过一网办理，形成为港航服务的单一窗口，服务效率逐步向世界级港口城市看齐，提高港口竞争力。二是在建设亚洲枢纽型港口物流中心的基础上，争取相关政策，以申办有色金属保税交割仓为切入口，逐步建成以珠三角制造业需求的进口资源类大宗商品为主要对象的交割仓群。三是推动广州航运交易所发展，打造世界级航运资源的知名交易平台，加快粤港澳现代化航运服务聚集区的建设。四是在南沙与周边珠三角城市路网对接更通畅的基础上，依托珠三角城市的制造业优势，让南沙成为华南物流集散中心，打造高端产业服务平台。

3. 创建面向国内市场的全球分销中心。构建面向国内市场的全球分销中心，使之成为商贸物流结算一体化创新平台，并且建设以分销中心为供应链核心（链主）的规范化的进口商品流通体系；建立健全诚信体系和追诉体系，防止商业欺诈，促进商贸流通企业国际化运营，跨省区发展。

4. 探索建立免税购物中心。加快协调和落实《珠江三角洲地区旅游一体化规划（2014～2020年）》，以免税政策助推形成区域特色购物中心，规范免税适用对象和商品品种、税种、次数、金额、流程，建立与港澳免税业务长效合作机制，建立专门化免税品物流保税仓储区，增强南沙相对邻近港口的比较优势。

（四）促进产业转型升级

1. 推动已有工业企业服务环节分离发展。通过财税政策，鼓励工业企业根据产业发展规律，将生产流程中的服务环节，通过内部创业或外部委托等形式实现制造与服务相分离，充分运用工业基础培育生产性服务业。建构完整的生产链条，增加产品的附加值。

2. 打造科技型中小企业“孵化—加速”培育体系。建设一批育成中心、创业中心等孵化载体。鼓励对在孵企业进行股权投资，吸引重点发展领域的技术、服务项目进入孵化器。鼓励孵化器进一步向后端延伸建立企业加速器，培育在孵化器毕业的高成长性企业，促进科技企业快速发展壮大，实现境内外上市，为促进南沙新区经济转型升级做出引领和示范。

3. 建设技术创新公共服务平台。要坚持国际化的视野，面向全球集聚优质发展资源，打造国际创意中心、国际研发中心。针对珠三角的产业特征与发展趋势，依托广州工研院、南沙资讯科技园、香港科技大学霍英东研究院等现有平台，进一步引进与共建国内外优质技术创新公共平台，以企业会员制的新型服务模式为牵引，进一步赋予公共平台在管理体制、运营机制、投入机制和市场化运作方面的自主探索权与相关优惠政策，为中小企业提供技术信息、质量检测和认证、专利申请服务、法律咨询、员工培训等服务，形成灵活开放、专业精尖的协作网络，推动珠三角中小企业流程升级、产品升级和功能升级。

4. 强化产业升级的要素保障。逐步淘汰落后产能，促进土地、能源、环境容量等要素向先进制造业和生产性服务业集中。支持采用项目上市融资、债券融资和设备租赁融资，积极引导金融机构和民间资本投资先进制造业和生产性服务业。探索采用发放教育券、减免学费等政府购买的办法，支持企业内部培训和职业教育院校培训先进制造业紧缺人才。

（五）打造华南地区教育合作高地

1. 支持港澳和境外高校合作办学。支持港澳及国外高校在南沙新区合作办学，创立高水平大学、二级学院及国际联合研究中心。加强教育国际交流与合作专业服务机构建设，吸引国际教育组织落户南沙，满足华南地区在高端求学方面的需求。

2. 争取建立独资国际学校。支持港澳教育服务提供者经批准在南沙新区设立独资国际学校，其招生范围可扩大至在南沙新区工作的取得国外长期居留权的海外华侨和归国留学人才的子女，满足外籍人士子女入学和广州市国际化人才培养的需要。

3. 推动先进职业教育发展。支持开展内地、港澳与国际职业资格的培训和认证，率先实现“一试三证”，为国内外人员提供高水平职业教育培训服务。

（六）打造华南地区医疗服务高地

1. 允许港澳医疗机构入驻。建议市支持并向中央、省争取，放宽港澳医疗机构在南沙新区独资办医的准入条件，探索建立粤港澳居民转诊制度，推动三地医院病情查验结果互认。

2. 加强与国内先进医疗机构协作。进一步与省市著名医院共建附属医院，设立特色医院或康复机构，加快建设南沙广州健康医疗中心，集聚华南地区优质医疗人才和医疗资源，集中发挥广州在华南地区的医疗、教育、文化、科技等方面绝对优势，满足华南地区对高端医疗服务的需求。

3. 建立医疗教育机构。积极促成香港、澳门的医疗教育机构和国内医疗教育界合作，在南沙建立具有世界先进水平的医学教育机构，培养医疗卫生从业人员。依托在南沙的医疗教育机构，面向周边，积极发展医疗康复业。

（七）创新人才服务机制

南沙要发展高科技产业、发展生产性服务业，人力资本、知识资本是最重要的投入，如何培养、吸引一流人才，关键是要推进人才体制机制的创新，当前特别要创新对人才的服务机制。

1. 创新对接港澳的人口管理制度。一是对在南沙新区工作、生活的港澳高端人才实施居住证制度，给予投资南沙新区和长期在南沙新区从事高端产业的港澳及外籍人士居留权，探索放开外籍人士的免税居留期限，提高南沙新区的国际形象和吸引力。二是以南沙新区为试点，率先实现 CEPA 中港澳与内地自然人的双向对等流动，促进广州与港澳之间的服务资格互认和服务市场对接。

2. 支持推行吸引高端人才的奖励制度。一是设立“人才引进与发展专项资金”。每年拿出3000万元帮助南沙新区引进经济社会发展的领军型人才，其子女可选择市内优质学校（幼儿园）就读，给予其最高200万元创业启动金。鼓励以技术成果入股投资，其技术成果可按注册资本最高不超过70%作价入股，增资时，技术成果入股投资比例不作限制。同时给予住房补贴、财政奖励等资助，解决配偶就业问题。二是在税收方面，争取将在南沙新区的领军型人才取得的工资、薪金、股息、红利所得，自其缴纳个人所得税起三年内按缴纳的个人所得税地方留存部分的100%予以奖励。

3. 创新吸引外来建设者的户籍管理制度。结合南沙的产业特征与人才需求，在积分入户政策方面进一步倾斜，合理分解积分入户指标，使更多符合南沙新区开发建设的外来建设者以个人身份入户。筹建南沙集体户口，保证南沙新区的建设者可以便捷容易地在新区落地生根。

4. 建设新区人才公寓，满足人才住宿需求。现阶段，南沙新区的基础设施建设比较落后，生活居住条件比较差，来南沙就业人员大都散居于南沙各处的民居中。应当根据政府引导、财政支持、市场化运作、社会化管理的原则，在南沙大开发中，建设充沛齐全的人才公寓体系，满足来南沙就业人员的需求。

（八）建立符合南沙新区的管理体制

必须创新新区管理体制，要用体制创新推动经济、技术创新。沿用传统的管理体制难以打开综合开发局面，要加快建设南沙新区管理机构，充分给管委会放权，充分信任，项目审批原则上由区管委会决定。

1. 优化组合南沙新区管理机构。建议合并南沙开发区、南沙保税区的管理机构（党工委、管委会），建立南沙新区工委和管委会，统一负责自贸区、开发区和保税区开发建设工作

2. 建立完善的区街（镇）两级服务体系。秉持“宏观决策权上移，微观管理权下移”的原则，理顺区、镇街权责关系。强化区级统筹协调发展的能力，以及镇街面向基层和市民的社会管理和公共服务能力，将镇街主要

职责定位于强化综合管理、监督专业管理、组织公共服务、指导自治组织。

3. 积极探索建立法定机构参与管理。新区管理机构主要承担着开发任务，公共管理服务能力不足，社会治理能力落后，应当建立符合新区要求的法定机构，负责管理和提供民生服务。独立运营的法定机构更加灵活，富有弹性，可以更好地满足人民对公共服务的需求。

B.7
关于培育和发展南沙新区交割仓群的思考与对策

周林生　齐 暄*

摘　要：交割仓在吸纳国际名企落户，集聚物流、信息流和资金流方面有基础和引领作用。加快申办设立由“国内三大期货交易所的保税交割仓”和“国内一些现货交易所的交割仓”共同组成的南沙“交割仓群”，可为南沙新区开发找到新的突破口，解决南沙新区产业不易“落地”的现实困局。

关键词：南沙　交割仓群　期货保税交割　港口产业发展

《国民经济和社会发展第十二个五年规划纲要》提出要在南沙新区“建设临港产业配套服务合作区”；国务院批准实施的《广州南沙新区发展规划》再次明确南沙新区要形成“以生产性服务业为主导的现代产业新高地”。这是国家根据南沙肩负的历史使命及其区位、资源优势做出的科学抉择和重大战略部署。但到目前为止，南沙新区对自身独有的港口资源优势及产业发展路径认识不足，在推进港口优势产业发展方面举步维艰，已经制约了南沙新区开发建设进程。

根据港口经济发展的普遍规律，“港（口）、航（班）、仓（交割仓等)”配套建设是集聚港口优势产业发展的三大核心要素。尤其是交割仓，

---

* 周林生，广东省体制改革研究会会长、广东省综合改革发展研究院执行理事长、广州大学广东发展研究院理事长，研究员；齐暄，广东省综合改革发展研究院经济体制改革与发展战略研究中心助理研究员。

对吸纳国际名企落户，带动国际化的物流、信息流、资金流加速集聚发展具有基础和引领的作用。本院课题组在对南沙新区的全程跟踪研究和服务过程中，发现培育和发展交割仓群可为南沙新区开发找到新的突破口，解决南沙新区产业不易“落地”的现实困局。为此，特向省、市领导提出如下建议。

一　为什么要选择发展交割仓群作为南沙新区发展生产性服务业和港口经济的突破口？

指定商品交割仓库是指经交易所指定的、为商品期货合约履行实物交割提供仓储等服务的经营组织。它在期货交割体系中占有举足轻重的地位，是实现期货价格与现货价格接轨的保证，是期货市场功能发挥的重要条件。

第一，交割仓本身就是港口的配套功能设施。完善的港口配套功能设施，能给港口带来稳定增长的吞吐量。吞吐量是港口经济的核心利益，吞吐量的增长同当地经济增长又紧密相连。交割仓是流通商品的落脚点，也就是交易需求发生的地方。

第二，投资期货交割仓的国际物流企业在港区设立基地，将会使南沙进入全球网络，提升南沙作为亚洲枢纽港口的国际影响力，并由此带来各种商业机遇。

第三，国际物流巨子在南沙投资，还会给南沙带来成百上千的优质客户，带来物流、金融、信息等各类服务企业。最后，由此带来的劳动就业机会、税收等更会呈几何级数式增长。

南沙新港已迅速崛起在珠江口西岸。珠江三角洲及中国大陆的强大需求，像一块巨大的磁铁，吸引着东南亚以及西太平洋的资源、商品和资金源源而来。而南沙新港正是这块磁铁的最前触点。进出口的巨大商流在此汇聚，产生大量的交易需求、交易活动和交易机会。因此，国际上不少行业顶尖企业看好南沙，纷纷要求进驻南沙。例如世界五百强企业之一、总部位于荷兰鹿特丹的全球最大的仓储物流公司——世天威仓储有限公司就一直谋求进入南沙建立交割仓。建议沙南沙新区加快步伐设立交割仓群，鼓足全力振兴港口经济，进而积极培育生产性服务业的交易主体，形成庞大的商圈、生活圈，不断提升南沙港口的影响力及辐射力，最终完成以港兴区的战略部署。

二　南沙新区可重点建设的交割仓及相关资源分析

（一）国内期交所保税交割仓

同国内期交所指定交割仓相比，保税交割仓是一个新事物。目前只有设立在上海洋山港的上海期货交易所阴极铜保税交割仓和2014年批准的在天津的大连商品交易所的塑料保税交割仓。

开展期货保税交割具有四方面的意义，一是促进期货市场资源配置功能辐射范围逐步扩大至国际市场，有利于形成国际物流中心、航运中心，提高我国的国际市场影响力；二是开展期货保税交割将大幅提升我国期货市场的价格影响力和国际话语权，是国际金融中心建设的有力推手；三是有利于将国际资源纳入期货市场，便于实物交割，对我国期货市场稳步发展具有重要意义；四是探索我国期货市场国际化、增强国际竞争力的重要手段，能为我国期货市场走向全球化积累经验。

因此，南沙新区若能参与其中，对于实现保税物流与期货金融的有机结合，促进港航仓优势的发挥，对于珠江三角洲外贸升级转型、区域市场建设和经济发展、南沙区域国际航运中心的建设，均有极为显著的意义。

（二）可交割资源分析

“销区设仓”是交割仓设立的基本理念。对南沙来说，就是以珠三角制造业需求的进口资源类大宗商品为主要对象而设仓。这类商品有食品工业原料，如大米、白糖、棕榈油、小麦等；也有铜、铅、锌、镍、锡等有色金属。

（1）有色金属。广东是我国有色金属第二大消费地，仅次于华东长三角地区。阴极铜消费约占30%，超过200万吨。原铝消费全国第一，达到1000万吨。铅锌的消费也有100万吨左右，进口总量稍小。而铜大部分来源于进口，仅仅2012年黄埔口岸就进口了80万吨。原铝绝大部分国产，但由于消费基数大，年进口量也有数十万吨。因此，有色金属是一个适合发展的品类。

（2）食品原料。食品资源既是工业原料，也是一般商品。供应链短，销售面大，行情波动幅度较小，交易参与门槛较低，交易品种设计相对简单，风险相对可控，也易于作为南沙今后的大宗商品交易平台的铺垫基础，因此也是可选择的重要资源品类。

三　培育和发展南沙新区交割仓群的若干对策建议

（一）由市、区金融办积极牵头，以申办上期所有色金属保税交割仓为切入口，在南沙保税港区的范围内逐步建立“交割仓群”

根据粤府办〔2013〕7号文关于“积极支持南沙等保税区申请设立保税交割仓库”的精神，南沙资产经营公司自2013年6月开始，开展了申请设立上海期货交易所（以下简称上期所）阴极铜、原铝、铅锭、锌锭保税交割仓的工作；并于2014年5月向上期所正式提交了申请在南沙保税港区设立保税交割仓的相关资料，6月中旬取得开发区管理委员会的支持函件后方才完成资料递交的全部工作。

在此期间南沙资产经营公司向保税协会、广州海关做了沟通和非正式的汇报，和上期所保持了工作的沟通。但是各方面的情况显示，申办工作如果停留在企业层面显然是不足够的。

根据海关方面的建议和海关总署2013年11月以《海关总署关于实施有关先行先试政策措施的意见》的精神，设立期货保税交割仓属于金融管理部门的事权范围。故相关期交所保税交割仓的申办工作应尽快进入一个新的阶段，即转入由市、区金融办牵头组织申办的阶段，加快设立由“国内三大期交所的保税交割仓”和“国内一些现货交易所的交割仓”共同组成的南沙“交割仓群”。

（二）在南沙保税港区内设立香港联交所商品期货交割仓

1. 项目效益

推进此项目，具有重大国家战略利益与可观经济利益。

国家战略利益，主要体现在以下三个方面。

（1）弥补香港金融市场的短板，提高香港国际金融中心的地位。商品期货一向是香港金融市场的短板，因为香港本身对大宗商品的本地消费需求极少，香港的大宗商品贸易主要是过境转口贸易。而且因为地价昂贵而失去建立交割地的基本条件。正因为如此，整个珠三角地区乃至华南地区的外向型企业，失去了一个定价机制平台。而现在联手建立大宗商品交易所及利用南沙新港“亚洲枢纽”的地理优越性设立其交割仓，不但为国内的外向型企业提供一个我国自己掌握话语权的平台，而且使中国港澳台、东南亚、南亚乃至西太平洋、南美进口到我国的大宗商品，拥有一个合适的交易平台。并可将大宗商品的部分战略储备从新加坡前移到南沙新港。同时，对于增强香港联交所的竞争力、影响力和国际金融中心地位，也具有现实的政治意义。

（2）人民币国际化战略的大步前进。目前香港联交所推出的铜、铝、锌三个商品期货的合约，是以税前人民币作报价的，同国际惯用的税前报价的惯例接轨，清楚地体现了人民币国际结算的战略方向。我们必须认识到：定价机制就是国家之间的利益输送机制，定价话语权代表了国家重大利益。在贸易中使用人民币结算，已逐步被许多国家接受，2014 年我国已在伦敦、法兰克福建立了人民币离岸结算中心。在一个具有极高公信力的国际金融平台上实现人民币结算，将使人民结算国际化产生“质的飞跃”，我国在国际大宗商品交易领域人民币国际化战略将大踏步前进。

（3）粤港经济合作的密切互动平台。粤港经济一体化是我国重要的战略决策之一，对于“一国两制”伟大构想的实现，有着重大的实践意义。

但长期以来，粤港之间的合作项目，双向联动性并不大。而这次港联所决定进入商品期货这个领域，正好给我们一个天大的合作良机。在香港设立交易平台，在南沙新区设立交割仓，无异于设立一座美妙的“双子星”互动平台。

2. 可能的项目合作前景

（1）最简单的就是只设立交割仓，不在资产上进行合作。即使这样，双方都能得到极大好处：香港联交所有了商品期货实物的交割地，也等于有了上市交易品种的孵化地，大大扩展交易参与者群体，打好市场发展的基础。南沙新区则在具有公信力的交易活动下，带来巨大的稳定的物流和现金流，并展开大量的场外交易活动，并且吸引各类金融机构进入南沙保税港区，大大增加区内的金融活动。

（2）共建一个以大宗商品交易为主的商品交易所。这个交易所最好设在联交所的框架内，但由于联交所是上市公司，恐怕合作存在不少问题。当然，如果香港联交所在此问题上能与南沙达成共识，并主导项目，那就比较容易推进项目。届时南沙方面应积极争取承接交易所的部分后勤基地（如电子交易系统）。

（3）在联交所的框架外成立交易所。如果出现这种情况，主要是联交所方面考虑交易资源的不足，那就需要考虑吸引握有大宗商品资源的投资者，以增加市场对项目的认受性。

3. 项目的切入口

掌握南沙新港大宗商品到货状态，包含大宗商品物流的去向，以及买卖双方的需求，并通过整理，捋顺因南沙而派生出来的交易资源和交易需求。这就是南沙的筹码，也是项目的切入口。

B.8

财政票据管理是现代财政制度的重要基石

广东省体制改革研究会、广东省财政厅票据监管中心联合课题组

摘　要：财政票据是省财政部门对市县级财政工作发挥直接领导作用的重要手段，是财政部门对各类社会组织进行财会监督管理的重要手段，是财政部门对财务会计同步实施事前监督管理的重要手段，是财政部门在财务监督、公共政策、公共管理中运用大数据管理的权威手段，财政票据管理也是财政部门所拥有的一项具有行政执法权的财政监督手段。以新的思路用好财政票据监管手段，可以更好地服务于现代财政制度建设。

关键词：财政改革　现代财政制度　票据管理

党的十八届三中全会决定对于我国财政改革具有革命性的意义。决定一方面指明了财政的作用和地位，即“财政是国家治理的基础和重要支柱”；另一方面明晰了财政改革的任务，即“建立现代财政制度”。如何发挥好财政在国家治理中的基础性和支柱性作用？怎样助力现代财政制度建设？通过财政票据管理的实践以及对其理论和价值的挖掘，我们发现财政票据管理是国家财政不可或缺的重要基石，是现代财政制度不可分割的重要组成部分。

广东省委省政府决定广东在 2018 年提前完成十八届三中全会决定要求

的改革任务，率先完成现代财政制度的建设。作为国家治理的重要基石、现代财政制度的必要组成部分，规范全社会最为基础的财务会计秩序的财政票据监督管理新体制有条件先行一步，走在全国前列，为广东省的治理建设做出贡献，在全国继续发挥好改革排头兵的作用。

一　财政票据发展历史的简要回顾和现实分类

（一）财政票据的发展历程

1. 票据业务显现，财政、税务部门分设

1949～1976年，国内的税务与财政部门历经了数次分合，至“文革”后期各地以财税两部门合署办公为主。当时各地财政体制是划分为预算内收入和预算外收入进行管理，一般情形下，税收占到预算内收入九成以上。管理上各地主抓预算内收入，对预算外收入则多进行粗放式管理，甚至有地区计算每年财政总收入时，完全忽略掉预算外收入。1978年改革开放以后，随着我国各类经济迅猛增长，国家税收逐年攀升。在这样的背景下，客观上要求我国进一步规范和完善国家税收制度，体制上则有必要设立专门的管理机构负责税收的征管以及相关政策的研究工作。最终，大多数地区的财税管理部门进行分离。为规范企业的纳税行为，为对税收与其他收入进行严格区分，财政部将税局使用的票据归类为发票。直至《发票管理办法》于1993年12月23日颁布，税务发票的管理被纳入了法制轨道。

财税管理部门分离时，财政票据的概念尚无实质性内容与其对应，当时仅存两种收据：一为“非经营性专用收款收据”；二为“罚没收据”，使用该收据获得的收入列入预算内。财税分离在当时具有积极意义，有助于分清企业和政府、盈利和非盈利、税和非税的区别，推动了基础设施的建设，保持了经济的稳定增长。

2. 治理行政事业性收费乱象

随着经济的快速发展，财政票据也发生了较大变化。由于经济的增长，

1990年以后，我国人民生活水平不断提高，很多公务机关及事业单位开始转变机构职能：由无偿服务转为提供收费服务，由管理型机构向服务型机构转变。随之我国各类行政事业性收费显现出两类现象：一是收费项目日渐增多；二是收费总额猛增。有的地区预算外收入几乎占到50%。但由于各地对大额预算外收入多采取粗放式管理，致使“三乱”问题频发，造成财税秩序混乱，各界对“专用票据”的呼声很高。

1998年，出台了《关于印发〈行政事业性收费和政府性基金票据管理规定〉的通知》，该通知旨在通过进一步细分资金性质，来加强预算外资金的管理。“规定”首次确立了政府性基金票据的概念。该类票据的出现，在当时具有三重积极意义：一是便于合理调度预算外资金和进行财政监督；二是通过细化行政事业性收费项目，有效地纠正了票据混用现象；三是进一步划清了收费行为和纳税行为的界限，实现了税收增收，也为缴费者提供了相应的权益保障。

3. 正式的财政票据出现

行政事业性收费精细化、规范化管理效果逐渐凸显，财政部开始规范其他预算外资金的管理。2004年7月，财政部肖捷副部长提出用“非税收入”代替“预算外收入”一词，并主张“加强非税收入管理”。同年8月，在财政部综合司主导下，财政票据的概念应运而生，有关部门也开始着手制定《财政票据管理规定》。

（二）现有财政票据的种类

我国现有财政票据的分类见表1。

表1　财政票据分类

序号	财政票据大类	子　类	定　义
一	非税收入类票据	非税收入通用票据	指行政事业单位依法收取政府非税收入时开具的通用凭证
		非税收入专用票据	指特定的行政事业单位依法收取特定的政府非税收入时开具的专用凭证

续表

序号	财政票据大类	子 类	定 义
一	非税收入类票据	非税收入一般缴款书	指实施政府非税收入收缴管理制度改革的行政事业单位收缴政府非税收入时开具的通用凭证
二	结算类票据	资金往来结算票据	指行政事业单位在发生暂收、代收和单位内部资金往来结算时开具的票据
三	其他财政票据	公益事业捐赠票据	指国家机关、公益性事业单位、公益性社会团体和其他公益性组织依法接受公益性捐赠时开具的凭证
		医疗收费票据	指非营利医疗卫生机构从事医疗服务取得医疗收入时开具的凭证
		社会团体会费票据	指依法成立的社会团体向会员收取会费时开具的凭证
		其他应当由财政部门管理的票据	

二 财政票据管理的作用与意义

财政是国家治理的基础和重要支柱，该论断为进一步深化财政体制改革提出了总的方向和目标任务，即以国家治理要义丰富财政职能，并以财政改革为抓手推进国家治理现代化，注重财政职能与国家治理二者的有机统一。

国家治理的题中应有之义理应包含两个方面的内容：一是国家和社会发展的各种秩序是健康可持续的，也就是在各个方面均具备从制度、体制、机制到手段、方法的系统完整的规范，符合法治、科学、民主的现代社会基本要求；二是国家治理的目的是维护好全民的根本利益，使发展成果最终由全民共享，使人民安居乐业、幸福地生活。国家治理的秩序包括国防安全、社会治安、经济秩序等方面，而财政票据所规范的就是由财务与会计所体现的国家最基本的经济秩序；在维护人民根本利益方面，规范的财务会计秩序是社会可持续发展的前提，发展带来的是人民的长远利益，财政票据对于各种收费行为的规范，保护和维护的是人民的当前利益。从长期看，财政票据管理活动是一种动态的、发展的过程，因此它应随着社会发展阶段的变化体现出重要的时代性特征。本文对于财政票据价值所做判断和意义分析是从“完善国家治理、促进政治经济社会持续健康发展”的大背景和财政票据管理的现实出发的。在国家治理的视角下，我们将看到财政票据丰富的内涵和作用，它可成为财政管理的有力抓手，将财政管理切实落实到细微之处。

财政票据是省财政部门对市县级财政工作发挥直接领导作用的重要手段，是财政部门对各类社会组织进行财会监督管理的重要手段，是财政部门对财务会计同步实施事前监督管理的重要手段，是财政部门在财务监督、公共政策、公共管理中运用大数据管理的权威手段，财政票据管理也是财政部门所拥有的一项具有行政执法权的财政监督手段。总之，用好财政票据监管手段，可以更好地服务于现代财政制度建设。

（一）财政票据的基础作用

财政票据的基础作用指的是对财政票据的监管。从作用范围上来看，对于经济活动具有“横向到边、纵向到底”的广覆盖的特征；从对象上来看，涉及除企业和经营性经济活动之外的所有社会合法组织；从作用机理上来看，为社会经济中最基本的财务与会计秩序确立法与非法的界限，并由此制约着各类组织的细微和具体的经济行为，以维护正常的最为基本的社会经济秩序，达到维护社会成员基本利益的目的，进一步在社会的政治、经济、文化、环境方面发挥着积极的影响。

1. 财政票据是各类社会组织财务活动与会计活动的基础和前置性条件，它限定了财务活动的有效性范围，也限定了会计活动中法与非法的范围。财政票据管理介入最微观的社会性经济活动，规定每一笔经济业务必须以拥有财政票据或者税收票据为合法前提。因此，财政票据是社会经济秩序的基础，是界定每一笔经济活动合法或者非法的根本依据。

2. 财政票据是规范国家财政秩序的重要前提。税收票据是随着我国社会主义经济建设的蓬勃发展，为规制营利性活动的秩序，从财政票据中分离出来的。目前所有非营利性、公益性、公共性服务的提供，都需要纳入财政票据的管理范围，财政票据划定了税收票据的边界。

3. 财政票据关乎基本公共服务均等化。财政票据通过落实党和国家的民生政策，规定着我国基本公共服务、社会公共建设等方面的秩序，规范着与民生密切相关的基本公共服务和公益性方面的最为基本的收费秩序和关系，影响到所有与人民生活利益相关的财政补贴领域。财政票据能够防止侵害人民利益的行为发生，起到保护人民切身利益的作用，是国家和人民利益与共的最直接的体现，规制着我国最基本的社会秩序。

4. 依据我国现行《财政票据管理办法》，我国将社会团体会费收入纳入财政票据管理范畴，对社团会费提供免税待遇，有力地扶持了我国社会组织的发展。财政票据从财务制度层面对社会组织进行着约束和规范，促使社会组织强化其内部治理；财政票据也对社会组织有序开展社会活动、积极发挥作用起着重要的引导作用。财政票据是政府加强社会组织管理的最有力的抓手，具有维护社会秩序的基础性作用。

5. 农村是当今中国的社会基础，在由小农生产社会向现代社会的嬗变过程中，农村处于不稳定的状态，会损害国家治理的根基。过去为了强化村两委的治理实行了村账镇记的财务管理措施，但是两委财务与会计的有效合法凭证阙如，不能从源头上细微之处进行管理控制，这就需要用财政票据来予以规范、明确。

综合以上可以得知，税票的功能是单一的，仅仅负有规范经济领域的经营活动秩序的责任，而财政票据则是对社会更广泛领域经济秩序的共同规范。

（二）财政票据的管理作用

财政票据的国家治理的基础性作用的发挥是通过财政票据的一系列管理手段来实现的，财政票据的监管是现代财政制度的重要组成部分，是对各类社会组织经济行为的能动管理，体现了“没有管理就没有分配”这一现代财政制度的重要特征。

1. 财政票据管理具有实时性、时效性的特点。由于财政票据管理的微观性，只要用票单位有经济活动发生，就要用到财政票据，并且依法规定每一笔都不能遗漏。

2. 财政票据的监管对象不仅包括部门和预算单位，而且包括事业单位、社会团体组织和社会公共服务性组织（包括民营非营利性机构）。从监管对象上看，唯有财政票据的监管延伸到了事业单位、社会组织甚至到不分所有制的单位。在监管资金范围上，财政票据管理不像其他手段管理整体资金，而是细化到了每一笔资金的管理。因此，财政票据管理具有极大的广泛性。

3. 财政票据具有事前管理作用。预算、国库支付、政府采购、投资审核、财政监督和会计集中监管等众多财政监管手段，具有事中、事后的监管作用，唯独财政票据可起到前置性监管作用，并且可以延伸到“税”与“非税”的划分上。

4. 财政票据将合法社会组织的经济活动置于阳光之下，通过公开一切社会组织的收费情况，使全体社会成员可直接有效地行使相应监督权。票据管理是对社会组织财务活动进行社会监督的起点，也是审计监督的依据。

（三）财政票据的服务作用

财政票据规范社会各类型组织的基础财务与会计秩序，规范社会组织与社会成员之间的分配关系，是国民收入分配体系中的“稳定器”，是透明分配的有效机制和制度安排，体现了稳定社会经济秩序的服务作用。

1. 民生财政以全面推行基本公共服务均等化和社会保障制度为主要表现形式，其实现方式需要综合反映政治、经济、社会、文化、环境等方面内容。财政票据通过规范公共性、公益性服务机构的经济行为，服务于民生财政。在广东省目前用票数量的排序上，医疗票据排名第一，约占用票总量的75%，教育行业票据排名第二，约占用票总量的10%。医疗和教育等公共服务不断均等化，对维持我国社会的稳定、维护社会公平正义、凝聚人心投入社会主义建设具有至关重要的影响。从教育、医疗两个行业来分析财政票据管理对民生的影响，考察财政票据服务民生的力度，可以看到，财政票据管理规制的“社会服务量”巨大到惊人之地步，而科学的财政票据管理方式对形成良好的社会秩序、推行民生财政具有极为重要的引导作用。

2. 近年来快速发展的社会组织暴露出在机构治理、业务管理及活动开展等方面存在诸多问题，制约和束缚了社会组织作用的进一步发挥。财政票据是政府对于社会组织、农村基层组织少有的可以合法运用的“看得见的手”，用于规范这些组织的经济活动行为，用好这只手的意义重大。财政票据可通过对社会组织用票、基层组织用票的引导和规范，充当政府的“有力抓手”，一方面使财政部门担当领导责任，肩负创新使命，确保制度供给；另一方面帮助政府培育和完善社会组织，健全社会组织内部财务制度，进而促使社会组织更好地发挥作用，真正承担起与政府共管共治、构建幸福社会的责任。

3. 激发财政票据的活力，使财政票据监管真正做到“横向到边、纵向到底”，在促使我国财政完成“三大转变”中发挥重要的服务作用。做好财政票据工作有利于财政调控手段从单一宏观调节转变到宏观调节与微观治理并重，有利于财政部门从被动分配资金转变到主动承担国家治理责任，有利于财政部门从管理财政资金转变到管理整个“社会会计”。通过“财政票据—财政—国家治理”这样由下而上的“治理链条”，切实提高财政在改革全局中的重要地位，推进现代财政制度建设，进而真正发挥好财政基础性作用和重要支柱作用，为全面提升国家治理能力做出贡献。

4. 促进省财政厅各相关处局的工作，全面强化财政监管。通过强化财政票据监管工作，有利于监督局更有效地实施事前财务监督，有利于会计处从凭证票据合法性的角度有效规范会计秩序，有利于农村财务管理处通过票据管理的链条强化对乡镇财政所的财务监管力度，有利于信息中心“金财工程”的建设、丰富“金财工程”信息平台的内涵。总之，重视和做好财政票据管理，有助于打造“财政大监督”格局。

三　财政票据管理新思路

课题组建议从以下四方面着手，提升财政票据管理水平。

（一）提升财政票据管理的法律地位

《财政票据管理办法》和《医疗收费票据使用管理办法》的相继出台，表明我国已初步建立了财政票据监管制度框架体系。该体系为加强财政票据管理提供了坚实的制度保障，使财政票据管理有法可依，有章可循。但是随着财政用票范围的不断扩大，从行政单位到事业单位、社会组织甚至到农村基层组织，财政部门面临着政府权威性和组织管理的缺失。已出台办法地位不高、实际管控力不足的问题。因此，需要着力提升财政票据法律地位，健全财政管理的法律体系。

（二）使财政票据服务于民本民生

随着财政票据管理范围的扩大，应当加大力度细化研究各类型组织用票问题，完善财政票据监管体制机制建设，注重利用信息技术，依托网络优势建立治理信息系统。应将申请到财政补贴的组织，均纳入财政票据监管的范围，通过财政票据管控，促使这些组织加强内部建设，提供更优质的公共服务于社会，服务于民本和民生。

（三）使财政票据服务于社会组织管理

理清政府与社会的关系，加快社会组织进入国家治理结构的步伐，积极发挥好“政府主导型治理之手”的作用，以财政票据管控社会组织内部财务制度建设，使财政票据服务于社会组织管理。

（四）使财政票据服务于现代财政制度建设

通过电子票据，运用先进科技手段进行电子化管理，以信息系统或信息平台规范人和组织的经济行为。对财政票据中所具有的大数据进行挖掘，以服务于财政管理和精细化的财政监督，服务于精准化的财政政策，服务于有效的社会公共管理，服务于科研、教育、卫生等广泛的社会活动。以财政票据管理的“有形抓手”，有力地推进现代财政制度建设。

B.9

信息化发展模式与广东发展空间再造

谢俊贵*

摘　要：信息化发展模式是由信息技术范式导出的，建立在优越信息基础结构之上的，以促进产业升级、拓展发展空间为主要途径的新型发展模式。这种发展模式是一种综合创新型、成本节约型、效益高端型、环保可控型、空间拓展型、“雁阵”引领型的发展模式，它是广东未来发展的一种再造模式。根据这种发展模式的基本特点和广东发展空间的拓展进程，广东应当积极推进体制改革，有效实行“互联网+”发展、省内梯度发展、区域链接发展、大区联动发展、跨国拓展发展，以及文化产业发展等重大战略，以确保广东社会经济发展再造辉煌。

关键词：信息化　经济发展　空间拓展　发展战略　广东

广东是一片神奇的土地。改革开放以来，这里先行先试，真抓实干，取得了经济社会的长足发展。广东的发展乃得益于天时、地利、人和。天时是国家改革开放政策的出台；人和是本省人民、全国人民以及港澳台同胞和海外侨胞的支持。至于地利，则是身处沿海，靠近香港以及东南亚地区。作为全球工业化进程中“雁阵式”发展的中国第一接力者，它提供大量土地，开建众多工厂，招募内地民工，通过“三来一补”等经营方式，不畏辛劳，

* 谢俊贵，广州大学公共管理学院党委书记，教授，博士生导师。

艰苦奋斗，变成了一个富有省域。但随着省域经济的快速发展，人口大量聚集，土地供应紧张，生产成本和生活成本不断增加。早有评论认为，“雁阵”必然北移，广东有可能失去往日利好。面对这一客观存在的现象，广东当前到底应该怎样发展便成了党政决策和学术研究至关重要的课题。不少政府官员和专家学者提出了很好的建议，都值得称道。不过，在当今信息网络化快速发展，并且大力推进“互联网+”的时代，笔者倒有这样一项建议，即广东从现在到未来一定时期内的发展，可以而且应当采用信息化发展模式。

一　信息化发展模式：含义之解说

“信息化发展模式”（Informational Mode of the Development）是一个新的概念，20世纪80年代末，美国加州大学社会学教授曼纽尔·卡斯特便提出了这一概念。所谓信息化发展模式，或称发展的信息化模式，是由信息技术范式导出的，建立在优越信息基础结构之上的，以促进产业升级、拓展发展空间为主要途径的新型发展模式。具体来讲，自20世纪80年代以来，由于信息技术的广泛应用，在“技术—经济—社会”系统中，信息技术范式（或称信息主义范式）对经济社会产生了广泛而深刻的影响，进而在人类社会中，逐步形成了这样一种新的经济社会发展模式。[1]P2很明显，这种发展模式乃是由信息技术范式导出的一种新的发展模式。卡斯特曾说道：“每一种发展方式，都由生产过程中促进生产力的根本元素所界定。”他之所以称当代社会的这种发展模式为信息化发展模式或发展的信息化模式，乃是因为“它的构成起源于以信息技术为基础的新技术范式的浮现”[2]P20。

信息化发展模式是一种以知识和信息技术为基础的发展模式。这种发展模式特别强调知识的积累和技术的创新。尽管知识与信息是一切发展模式的关键因素，前工业社会和工业社会的发展模式都离不开知识的作用，但信息社会的发展模式无论从对知识的利用目标还是从对知识的利用方式来看都有所不同。具体来讲，“信息化发展模式所不同的是，知识和其本身发生作用是以创造出更高水平的生产力为结果的”。换句话说，在前工业社会中，知识主要用来引导大量的劳动力在相应的生产方式之中流动；在工业社会中，知识主要用来发现和利用能源，依靠大机器大工厂来重组社会的生产过程；在当代信息社会中，知识的积累和创新则成为生产力的主要来源。“工业化的目标是经济增长，即最大的产出。信息化的目标是发展技术，即知识的无限积累，因为更高水平的知识意味着更多的产出。”[3]P10－11 当今信息化发展模式的特殊之处在于：生产力的主要来源是针对知识本身的知识行动。[4]P20

信息化发展模式不仅是信息技术产业发展的模式，它同时也是我们对现有产业进行信息化升级的发展模式。或许也可以这样认为，信息化发展可以分为两个层面：一是信息技术本身的产业化发展；二是现有产业体系的信息化发展。对于前者，人们一般易于理解；而对于后者，人们一般难以很快接受。其实，信息化发展模式并非对现有产业体系的全盘否定，它主张既大力发展信息产业，又将信息产业发展成果有效应用于现有产业发展之中（俗称“互联网＋”），拓展产业发展空间，对现有产业进行信息化改造和升级，这主要“意味着工具力量的加强”[5]P18。“工具力量的加强”将带来产业发展新的变化，主要包括：一是在产业空间结构上由工业化条件下的产业集中布局转变为信息化条件下的产业分散布局；二是在产业组织结构上由工业化条件下的科层制结构转变为信息化条件下的扁平化结构；三是在产业经营管理上由工业化条件下的福特式管理转变为信息化条件下的网络化管理。

值得注意的是，以前，我们有的经济学人更多的是从发展信息技术与信息产业的角度来理解当今社会经济的信息化发展问题，至于依靠信息技术拓展产业发展空间、对现有产业进行改造和升级，则往往考虑不多或明显落实不够。例如，过去我们在考虑产业转型升级、“腾笼换鸟”的过程中，不少地方往往是急于将某些现有产业迁出本地、本省甚至本国，有的地方很快出现“笼”是腾空了，“鸟”却一时难以进来的情况。这显然是对信息化发展取向、信息化发展模式不甚了解的表现。卡斯特在谈到信息化发展时明确地指出：“我认为要将信息处理镶嵌在物质生产或商品处理中，才会具有最大的生产力，而非在递增的技术分工过程中把信息处理区分开来。”[2]P257 事实上，信息技术不同于传统工业技术的一个重要特点就在于，它不仅自身可以发展为一个大的产业，而且完全可以将其与现有产业融于一体，构建出一种不同于现有产业的新的产业体系。这就是信息化发展模式的绝妙之处。

二　信息化发展模式：优势之所在

信息化发展模式是西方发达国家尤其是美国、日本以及欧盟主要成员国选择使用的一种重要发展方式。信息化发展模式是基于新的信息技术和国家信息基础结构而建构起来的以拓展发展空间、改造现有产业为主要途径的先进的发展模式，这种发展模式的建构逻辑是当代社会发展的信息逻辑[6],[7]P43，其发展目标并非单纯地推进信息技术产业发展，而是利用新的信息技术和国家信息基础结构来推进包括工业产业、农业产业、服务产业等在内的各种产业的信息化发展，其产业发展运作的核心是高端的技术创新、高端的经营管理、高端的信息服务和高端的空间拓展。信息化发展模式之所以能够受到西方发达国家的青睐并取得良好经济成效，主要原因在于这种发展模式具有许多长于工业化发展模式的优势。

1. 信息化发展模式是一种综合创新型发展模式

信息化发展模式是一种创新发展模式，而且还是一种综合创新型发展模式。主要的原因在于：首先，信息化发展模式具有丰富的创新内涵。具体地说，它包含了技术创新、制度创新、管理创新、营销创新、消费创新等意蕴，从而有利于推进企业或其他机构的整体创新，全面提升企业或其他机构的综合实力。其次，信息化发展模式具有多产业应用价值。“互联网＋”或其他的信息化手段和方式，不仅在信息产业可以得到应用，而且在工业产业、农业产业、服务产业中都有着重要的应用价值和应用空间，从而能够综合性地促进一个国家或地区的经济发展甚至社会进步。再次，信息化发展模式具有多领域沟通作用。经济、社会、文化、环保等领域都可通过信息化发展模式全面沟通，实现协调发展。

2. 信息化发展模式是一种成本节约型发展模式

信息化发展模式因其可以将生产、营销和管理相互分离开来，从而可以超越地方空间来组织生产和开展营销活动，以至在本土上可以节约土地使用；因其可以在欠发达地区就地招募劳动力进行生产，从而可以节约大量劳动力成本；因其可以借由信息化的手段进行产品设计和配料等，从而可以减少对原材料的损耗；因其可以在原材料供应所在地或目标市场所在地组织生产，从而可以节约运输成本。信息化发展模式在西方国家运用有当，不胜枚举。例如，西方一些汽车厂家，他们确认中国发展需要大量汽车，于是就与中国合作，在中国开办工厂组织汽车生产；而他们本国需要的大量劳动密集型产品，则在劳动力相对廉价的国家和地区组织生产，最后运回本国进行销售。这是一种典型的节约型模式。

3. 信息化发展模式是一种效益高端型发展模式

信息化发展模式促成的是信息经济。信息经济是一种基于信息资源的广泛开发和信息技术的有效利用的经济，是一种高效型经济。信息经济具有倍增效应。信息经济的倍增效应主要由四个方面促成：一是信息经济大量运用先进的信息技术，直接或间接地减少了产品生产过程中的物质、能源消耗，从而相应地提高了经济效益；二是信息经济积极采用现代化的信息手段进行生产管理甚至直接进行生产操作，大大减少了劳动生产用工，从而节省了人工成本，提高了经济效益；三是信息资源是一种非消耗性的资源，可以多次重复使用，因而其边际成本较低，投资效益较高；四是信息劳动是高智力劳动，而高智力劳动是一种高效率、高效益的劳动。信息经济的倍增效应在当代社会已发挥重要作用。

4. 信息化发展模式是一种环保可控型发展模式

信息化发展模式因其可以跨区域组织生产，生产基地可以设在经济较为落后的小城镇甚至乡村，因而对人口集中城市的环境保护具有特定的作用。首先，信息化发展模式对于大城市来讲具有明显的环保作用，这是因为在信息化发展模式中，生产车间搬出了大城市及其近郊，事实上清除了大城市关键的污染源。其次，对于经济落后地区来讲，虽然会给当地带来某些环境保护负面影响，但由于具体生产项目可以相对地进行分散布局，不像在大城市那样集中污染，因而对经济落后地区的环境影响不会特别严重。当然，要实现此目标有两个重要条件必须满足：一是生产基地的布局必须相对分散；二是生产基地的环保管理必须得力。而对于这些条件的创新，信息技术在很大程度上又是可以担当的。

5. 信息化发展模式是一种空间拓展型发展模式

信息化发展模式借助于信息技术和网络技术，可以拓展发展的社会空间。卡斯特把这种社会空间称为流动空间。他认为，网络能够通过改变生活、时间和空间的物质基础，来构建一个流动空间。除了原来意义上的地方空间外，网络的出现及彼此相连，将使信息在全球范围内的及时流动成为可能，从而形成流动空间。流动空间乃是通过流动而运作的共享时间之社会实践的物质组织。在流动空间中，各类经济体都可以依靠信息流的作用来拓展可以支配的更大经济发展空间。比如，一个总部设在广州的企业，可以依靠信息技术尤其是信息网络的作用，在全省、全国甚至全世界范围内来科学地组织企业的生产、销售和管理，而完全可以不限于将生产基地、销售公司设在广州或广州附近的地区。

6. 信息化发展模式是一种“雁阵”引领型发展模式

在全球经济的“雁阵式”发展中，信息化发展模式可以使一定的经济体处于发展的显要领导地位。西方发达国家借由工业化发展过程中取得的经济优势，并通过信息化发展模式，很早就已占据了世界经济发展的显要领导地位。至于其他的经济体，即使它们不可能处在经济发展的显要领导地位，但借由信息化发展模式，也能设法跻身世界经济发展中“二传手”的关键地位。正如韩国、新加坡、泰国、中国台湾、中国香港等经济体那样，最早它们也只是处于全球经济“雁阵式”发展中相对较后的位置，但当它们的经济发展起来之后，它们便借由信息化发展模式，渐次充当了“雁阵式”发展中的“二传手”角色，成为亚洲经济“雁阵式”发展中的“领头雁”，从而很快获得了良好的经济效益。

三　信息化发展模式：广东之再造

广东前些年采取的主要是工业化发展模式。工业化发展模式虽然带来了广东经济的繁荣，改变了广东经济落后的面貌，使广东成为中国的富裕省域，但是，这种“世界工厂”性质的工业化发展，也给广东带来许多负面影响。一是过度集中的工业化发展模式使经济发展聚集于珠江三角洲发达地区，而在粤东、粤西、粤北工业化进程推进缓慢，区域发展极不平衡，社会分化压力明显增大。二是过度集中的工业化发展模式带来了珠江三角洲地区的人口聚集，城市化发展速度不断提高，城市人口压力明显增大。三是过度集中的工业化发展模式造成了珠江三角洲地区严重的土地浪费，城市规划压力明显增大。四是过度集中的工业化发展模式造成了珠江三角洲地区严重的环境污染，环境保护压力明显增大。正是在这样一种情况下，广东省委省政府按照科学发展观的要求，较早就提出了“转变经济发展方式”“再造新广东”的重大课题，并大力推进“腾笼换鸟”的工作，取得了较好成效。然而，广东到底应如何发展，却是一个颇值得思考的问题。为此，笔者建议，广东从现在到未来一定时期内的发展，应当主动向发达国家或地区学习，根据自身的现有基础、有利条件和环境因素，采纳信息化发展模式。初步的战略思考如下。

1. 实行“互联网＋”发展战略

产业转移是经济发展、环境保护的一条重要路子。过去，人们往往将产业转移单纯视为产业在地方空间上的平面转移，而见不到作为产业形态上的升级转移，也即传统产业在某一地方空间中的改造升级。“互联网＋”的网络思维给我们以新的启迪。所谓“互联网＋”，简单地说就是“互联网＋各个传统行业”。但两者并非简单相加，而是利用信息技术以及互联网平台，让互联网与传统行业进行深度融合，创造新的发展生态，让传统产业焕发新的青春。“互联网＋”是当今社会经济发展的一种战略。通过“互联网＋”，可以为某一地方空间的创新、发展提供广阔的网络支撑平台，进而推动某一地方空间原有经济形态在不过度进行实体位移的情况下不断发生演变，以强化社会经济实体的生命力，提升社会经济实体的活泼度。广东已将那些对社会具有过度副作用的传统产业转移出去，现在要做的事情并不在于继续转移传统产业实体，而要实行“互联网＋”战略，让广东现有传统产业得以改造升级。

2. 实行省内梯度发展战略

根据笔者对广东有关地区的社会考察，广东至今仍是一个典型的“三合一”社会，即信息社会、工业社会、农业社会并存的社会。由于地理区位和发展基础之故，当珠江三角洲地区进入工业社会甚至信息社会的时候，粤东、粤西、粤北大片地方还是农业社会。经济发展的省内不平衡是广东经济发展的一个重要实情。为了实现珠江三角洲地区经济更好更快地发展，使广东经济发展走上一个新的台阶，当前广东仍需实行省内梯度发展战略。当然，这种梯度发展战略与以往有所不同，它是一种档位提升的梯度发展战略。这种梯度发展战略的关键是：第一，在珠江三角洲城市“腾笼换鸟”，主要在采取信息化发展模式之时，粤东、粤西、粤北地区则应承接产业转移，主要采取工业化发展模式，并使两者有效连接。第二，在粤东、粤西、粤北发展过程中，积极进行信息化的改造和升级，提高经济效益。这既有利于提升珠江三角洲城市经济发展水平，也能解决“三粤”地区经济落后问题。

3. 实行区域链接发展战略

当今的经济是一种超区域发展的经济，在更大的范围内甚至是一种全球化的经济。任何区域经济的发展，都不能只盯住一地一区的范围，必须加强区域之间的链接和合作，在超区域的社会空间中思考经济发展问题，提出新的发展战略。这种新的发展战略我们称之为区域链接发展战略。就广东来讲，区域链接发展战略的含义是：切实推进与港澳更紧密合作[8]P38，创新合作方式，努力构建粤港澳高端经济发展圈域。在珠江三角洲的大城市大力发展总部经济，而在粤东、粤西、粤北等经济较为落后的地区发展生产加工基地。尤其对于像钢铁、陶瓷、玻璃、建材等环境污染较为严重的生产行业，更要采取这种发展战略。具体来讲，就是将相关企业总部留在珠江三角洲的大城市，而将分部或全部生产车间搬到经济较为落后地区，并采用网络化的手段进行区域链接，形成跨区域的信息化管理。这样不仅可以将广东经济做大做强，而且可以解决经济较为落后地区的经济发展与劳动就业问题。

4. 实行大区联动发展战略

大区联动是在本省及其附近地区实现链接与合作的基础上再行放宽眼界，积极推进广东经济与大区经济的链接，从而形成范围更大的超区域经济发展联合体或共同体，使本省经济在超区域经济联合体或共同体中求得更好更快的发展。广东省省会广州一直以来就是中南地区的政治中心，是当年中南局的所在地。改革开放以来，广东成为中南地区甚至全国经济最为发达的省份，深圳成为我国最有活力的特区，广州更成为重点建设的国家中心城市。与此同时，广东还领头建立了泛珠三角协作组织。在这种情况下，广东完全可以借由中南地区中心地位，依靠泛珠三角等联合形式，充分发挥广东经济在全国经济发展中的引领作用，加强与中南地区和其他地区的经济联动，采取“雁阵式”发展策略，将不宜再在广东发展的产业转出广东，并当好“雁阵式”发展的“领头雁”或“二传手”，进一步提升广东经济地位，扩大广东社会发展空间，并为有关省区提供广东可能提供的技术和贸易支持。

5. 实行跨国拓展发展战略

根据笔者考察，广东在中国的地理位置和功能类型大致与加州在美国的情况相似。加州的发展，一直都是采取一种跨国拓展的外向型发展战略。面向亚太地区的对外贸易是加州历来的“拿手戏”，加州一贯依靠对外贸易而“发家致富”。文化产业是加州的另一个“重头戏”，好莱坞文化旅游产业的国际性令世人瞩目。信息产业是加州新近出台的“压轴戏”，这些产业虽然集中在加州的“101 号公路”旁边，但它们却是跨国拓展的先锋。对于广东来说，加州当是一个楷模。尽管如卡斯特所言，洛杉矶并不能直接复制，但其经验总是可以吸取的。广东实行经济发展的跨国拓展既有地利条件，又有人和条件。广东的跨国拓展战略重点应关注三个方面：一是利用空港、海港等交通优势，继续做好对外贸易这篇大文章；二是充分利用现有的基础，加强技术创新，努力发展信息产业；三是通过信息化、网络化的技术支持，开拓国际经济发展新空间，将适当产业转移到非洲等地，实行信息化管理。

6. 实行文化产业发展战略

文化产业是一本万利的产业，也是最具空间拓展能力的产业，还是增强地区发展软实力的产业。目前，许多国家正在为未来文化产业竞争和文化软实力竞争作准备。广东拥有特色地域文化，文化产业的发展也有一定基础，但还大有潜力可挖。这些方面主要包括：第一，切实办好文化产业，积极开拓文化市场，创造拳头文化产品，形成富有活力的文化产业经营机制。[8]P29这方面要向加州学习，真正打造出广东自己的、有鲜明特色的、可走向世界的文化品牌。第二，切实发展创意产业。创意产业也是一种文化产业。未来社会是创意社会，应对创意产业提前给予高度的重视。第三，大力建设一批国内一流、国际上有影响的名牌大学，吸引国内外学生前来广东学习。加州还有一条我们尚未从经济学上深入考察的经验，就是办出多所世界一流水平的大学，这些大学不仅有私立大学，更有公立大学。加州的公立大学成为其经济发展的一颗新星。广东经济实力雄厚，这方面肯定可以有所作为。

信息化发展模式是广东拓展社会发展空间、提升经济发展水平、再造辉煌发展业绩的一种可选模式。选择这种发展模式，不仅是广东经济发展到现在必然需要的一个决策选项，而且是广东社会发展到今天必然需要的一个决策选项。广东应充分利用自己天时、地利、人和、信通、本大、经验多的优势，通过积极采纳信息化发展模式，“大力推进城市的产业辐射来带动农村的发展”[8]，具体是带动粤东、粤西、粤北经济落后地区的发展，大力推进珠三角地区的产业转移升级来带动各地区以至泛珠三角地区的发展，整个广东经济完全有可能实现再一轮大步前行。如此，不仅有可能改变广东省内某些地区的经济落后面貌，减小工业化发展模式给珠江三角洲中心城市带来的诸如人口、资源、环境等的巨大压力，真正保证广东各地区的工业化、城市化、信息化在内生性、外促性和外向性“三向并举”的轨道上良性运行，取得广东经济社会的全面发展，而且有可能为全国的发展做出更大的贡献。

参考文献

[1]〔西班牙〕曼纽尔·卡斯泰尔：《信息化城市》，南京：江苏人民出版社，2001。

[2]〔西班牙〕曼纽尔·卡斯特：《网络社会的崛起》，北京：社会科学文献出版社，2001。

[3]〔美〕约翰·奈斯比特：《大趋势——改变我们生活的十个新方向》，北京：中国社会科学出版社，1984。

[4]〔美〕阿尔温·托夫勒：《第三次浪潮》，北京：生活·读书·新知三联书店，1984。

[5]〔美〕丹尼尔·贝尔：《后工业社会的来临》，北京：新华出版社，1997。

[6] 谢俊贵：《当代社会变迁之技术逻辑》，《学术界》2002 年第 4 期。

[7] 谢俊贵：《信息的富有与贫乏：当代中国信息分化问题研究》，上海：上海三联书店，2004。

[8] 南方报业集团：《聚焦珠三角广东再出发——〈珠江三角洲地区改革发展规划纲要（2008～2020 年）〉》解读，广州：南方日报出版社，2009。

B.10

南海区在“三打两建”中构建协同共治食品市场监管体系的调研报告

南海区药品食品监督管理局

广东省体制改革研究会、广东省综合改革发展研究院课题组

摘　要：2012年，南海区结合“三打两建”率先在全区推行“肉品统一冷链配送”改革。7月，南海区委托广东改革智库课题组开展专题调研。课题组经过三个月的调查和专项研究，10月向省委、省政府领导上报了《南海区在“三打两建”中构建协同共治食品市场监管体系调研报告》。省委、省政府主要领导对报告做了重要批示：南海经验对全省市场监管体系建设具有先行示范意义，应认真总结，并在省试点工作中积极借鉴。

关键词：食品　市场监管　协同共治　调研报告

《国务院关于加强食品安全工作的决定》（国发〔2012〕20号）（以下简称《决定》）指出，食品安全是重大的民生问题，关系人民群众身体健康和生命安全，关系社会和谐稳定。党和国家对解决食品安全问题高度重视，先后制定了《关于加强食品等产品安全监督管理的特别规定》《食品安全法》及其实施条例，设立了国务院食品安全委员会，开展了一系列食品安全专项治理和整顿，保持了我国食品安全形势的总体稳定。但当前我国食品安全的基础仍然薄弱，违法违规行为时有发生，制约食品安全的深层次问题尚未得到根本解决。《决定》明确要把破解食品安全重点、难点问题与构建

食品安全保障的长效机制有机结合起来，用3年左右的时间，使食品安全治理整顿取得明显成效，违法犯罪行为得到有效遏制，突出问题得到有效解决；用5年左右的时间，使我国食品安全监管体制机制、法规标准和检验检测体系等更加科学完善，生产经营者管理水平和诚信意识进一步增强，社会各方广泛参与的工作格局基本形成，食品安全整体水平得到较大幅度提高。随着生活水平的不断提高，人民群众对食品安全更为关注，全面提高食品安全保障水平，已成为我国经济社会发展中一项重大而紧迫的任务。

佛山市南海区针对以往行政区域内“定点屠宰企业到市场配送环节存在的肉品质量不稳定”，严重影响到南海区及周边的广州市等地大批消费者食肉安全的问题，以监管肉品配送环节、保证肉品质量作为切入口，大胆创新肉品市场监管工作，在实施生猪“定点供应、定点屠宰、厂场挂钩”，建立信息化监控平台的基础上，依照政策法规，结合“三打两建”（打击欺行霸市、打击制假售假、打击商业贿赂、建设社会信用体系、建设市场监管体系），在全市率先推行肉品统一配送；并以肉品统一冷链配送为突破口，建立“政府联合监管、生产企业自治、行业自律、社会监督”四位一体、协同共治的食品安全市场监管机制，构建“全链条闭环式市场监管体系”。通过创新食品安全长效市场监管机制、加强基层建设、加大整治力度、提高监管能力、提升产业素质、动员社会参与等，摸索出一条规范高效、切实可行的食品市场监管路子。

一　南海区推行肉品统一配送的主要做法与经验

1. 深入调研反复论证，广泛征求意见

南海区在制订《佛山市南海区肉品统一配送工作方案》（以下简称《方案》）为行动纲领和市场监管规范的过程中进行了大量调研和细致的论证。一是组织区内屠宰企业负责人到汕尾市进行了实地考察，参观学习屠宰行业管理和肉品统一配送的经验做法。二是借脑区内外知名专家学者、业内著名人士和大专院校研究人员，听取建议。三是组织召开区内屠宰企业、肉贩、

屠宰户、市场开办者及相关职能部门代表座谈会，征求社会意见。四是通过《珠江时报》和南海区市场监督管理局网站发布公告，广征意见。五是举办了“市民走进肉联厂”活动。《方案》由南海区政府办颁发（南府办〔2012〕75号）为肉品统一配送赋予行政权力保障。

2. 坚持试点先行，逐步完善调整

在《方案》出台前，南海区将里水镇合谊肉联厂确定为全区肉品统一配送试点。屠宰场结合生产工艺升级改造，共投资400多万元，购置符合国家标准的冷链运输配送车15辆以及配套器材。经过对肉联厂生猪供应来源、屠宰生产能力、肉品配送地点等进行反复论证，依照《方案》的规范，明确配送试点工作的各个环节内容。2011年8月底，合谊肉联厂开始向中南批发市场、里水新天地市场、大冲市场等实行肉品统一配送。经过近半年试点实践，获得市场开办方、肉品经营者和市民的一致好评。区对肉品统一配送方案作了修订完善，周密部署在全区铺开肉品统一配送。

3. 政府搭台，市场化运作，政策扶持

2012年3月23日，“南海区肉品统一配送启动仪式”在大沥肉联厂隆重举行，区政府明确了“政府搭台、市场化运作参与、政策配套扶持”的路子，明确了相关各职能部门的工作职责，确定由区市场监督管理局牵头负责，政府统筹，部门配合，有效维护市场秩序和社会稳定，结合“三打两建”工作，强力推进。区纪委派驻纪检组，认真抓好预防腐败体系建设，对容易引发违纪行为的环节专门督导和检查；对投诉、信访主动联系法制部门了解调查，扎实解决突出问题。

4. 完善配套措施，加大监管力度

南海区制定出台一系列被媒体称为“全市最严”的监管措施。在屠宰加工厂，规定当天待宰牛必须在中午12点前进入待宰间观察，待宰间不得安装水龙头；按屠宰数的10%以上进行水分检测，对水分超标的牛严格禁止出厂并进行无害化处理；屠宰过程实行24小时监控；对不采用经备案的冷链运输车配送的肉品严禁出厂，对不按规定实行冷链配送的企业进行查处，甚至取消其定点屠宰资格。在农贸市场的终端配送关，非备案冷链运输车配送的肉品，严禁进入区内市场销售；市场开办者与肉贩签订协议，明确所销售肉品必须使用专用冷链车配送，镇街组织人员巡查，监督落实情况；区职能部门组织巡查组和督察组，有效提升市场监管力度。

5. 以民生为导向，冷静处理危机

南海区的严厉监管措施，触动了部分屠宰户的利益。2014 年 4 月，委托大沥肉联厂代宰菜牛的 19 户中南市场经营者，认为南海区监管较其他区严格，造成不公平竞争，试图通过煽起社会舆论同情给政府施加压力，以经营困难为由，集体罢市，引起了媒体和市民的广泛关注。广东电视台、《南方都市报》、佛山电视台、佛山电台等省市媒体进行了大篇幅深入跟踪报道。南海区引导舆论大讨论，佛山电台开辟了专题节目和网页进行报道，政府部门在屠宰户经济利益和肉品质量之间选择后者的做法得到了民众、专家学者和媒体的一致肯定和一致认同，南海区积极与屠宰户对话沟通，冷静处理危机，平息了罢市风波。

6. 依靠省市支持，化解疏导舆情

罢市无果，部分区外屠宰经营户改为上访，试图利用当前维稳形势倒逼南海区放松市场监管。5 月 16 日，15 家区外肉贩和顺德信良肉联厂到省、市上访；5 月 18 日，12 家肉品经营户到佛山政府上访，投诉南海区实施肉品冷链配送政策违反有关法律规定，涉嫌垄断，以及可能带来物价上涨等社会后果。南海区政府回复省、市政府部门，明确南海区实施肉品冷链配送符合国家、省有关法律法规和佛山市的文件精神，合理、合法，符合当前食品安全严峻形势下人民群众的根本利益。实施肉品冷链配送对区内外企业一视同仁，并没特别针对区外产品，不存在垄断、歧视等做法，实施肉品冷链配送也不会对企业，特别是不承担车辆购置、维护、保养成本的普通肉贩造成过重负担，更不会造成肉品价格显著上涨而带来社会问题，承诺做好沟通协调和解释，期望上级出台相应的支持政策。佛山市政府高度重视，市经信局就南海区实施肉品冷链配送过程中出现的罢市、上访等问题，于 6 月 29 日召开南海区肉品统一配送协调会，协调全市各区在做好维稳工作基础上，配合南海区稳步推进肉品统一配送；7 月 30 日又召开全市生猪屠宰管理工作会议，

传达市领导对南海区肉品统一配送工作有关问题指示精神，明确肉品统一配送是未来行业发展的方向，鼓励支持实施肉品统一配送。在省市政府部门和广大消费者的支持下，有效疏导舆情，化解了个别屠宰户的上访风波。

7. 升级改造市场，优化配送节点

南海区推行肉品统一配送，起点在屠宰加工厂，终点在农贸市场，运输途中采用备案的冷链车，区政府投入130多万元安装GPS定位仪监控车辆按规定线路行驶，密封车厢设置电子封条和设置开车厢门同步录像功能，对肉品配送全程监控，把好肉品“出厂”关和“进入市场”关两个重要环节。“出厂”关的筛选检测监管早已严密完善，“进入市场”关升级优化，南海区结合农贸市场升级改造，在各个农贸市场统一建设与高标准冷链配送车运行相适应的“滑轨”卸货平台，配置方便识别和规范备案冷链车进出的关口，防止非冷链配送车运肉品进入，优化肉品配送的关键节点，建立农贸市场长效管理机制。

8. 发展冷链物流，促进合理配送

冷链车配置标准高、投资大，传统肉品配送模式下的社会化低端送肉车被淘汰退出市场。行内人士担心，南海区的肉品配送业务或因此被少数企业垄断，导致外区肉品难以进入南海区市场，有可能打破多年来形成的统一、开放、健康的肉品销售市场格局，甚至担心形成肉品市场区域封锁，滋生地区个别势力欺行霸市。南海区除要求屠宰加工企业必须按全市统一标准配置冷链运输车外，还大力鼓励其他企业和个体运输户投资冷链运输车参与肉品配送，发展冷链物流业，形成多元化运输和肉品冷链配送开放有序的竞争格局。

二 南海区创新协同共治市场监管机制

1. 构建政府部门联合监管机制

南海区委区政府依据《食品安全法》等法律法规，以“区食安委”为总指挥，构建由区市场监督管理局、交通、交警、城管、工商、农业、公安、发改、镇（街道）九个政府职能部门协调联动的食品安全市场监管机制。在省、市政府职能部门的支持与协作下，南海区在肉品统一冷链配送改革实践中，充分显示出“九龙治水”、联合作战、统一协调的监管威力。食品安全的政府部门联合监管机制，已成为南海区政府年度考核部门班子的重要内容，成为评价政府行政绩效的责任机制。

2. 构建生产企业自治监管机制

南海区充分发挥屠宰加工、肉品配送、销售等生产企业自治的积极性，引导企业建立食品安全自治监管机制。越来越多的企业认识到，自治监管是建立企业品牌、提高企业信用、确保产品质量与服务、规避市场风险的重要举措。南海区的代宰加工企业、猪贩贸易商、市场开办者、猪肉销售户、猪场生产商等生产企业，对自身可能发生食品安全的环节主动要求严格检测、提高抽检率；企业内部更加强自我检测，自治监管成为企业一项自觉的行动。政府引导和企业意识的提高，构建起企业自治的食品安全监管机制。

3. 构建行业自律监管机制

南海区严格要求肉品生产、加工、配送、销售行业主体互相签订“食品安全责任书”，建立监管信用契约，明确行业主体各自的责任、义务与承担的风险，促进行业内对国家法律、法规政策的遵守和贯彻，规范行业行为，协调同行利益，维护行业间的公平竞争和正当利益，促进行业发展，逐步形成行业内成员相互监督的食品安全自律监管机制。目前，南海区正在筹备成立肉品行业商会，通过行业组织巩固行业自律的食品安全长效监管机制。

4. 构建社会监督监管机制

南海区在推行肉品冷链配送中，通过改造屠宰场开发工业旅游，肉联厂定期开放社会公众参观等方式，建立社会监督窗口，运用报纸、电台电视媒体、24 小时电话投诉、网络举报信息平台，畅通社会监督网络渠道，特聘屠宰行业专职监督员和兼职监督员，设立村及社区食品安全协管员，提高社会监督的沟通协调，形成一套系统的社会监督制度流程，建立起有效的食品安全社会监督监管机制。

三　南海区构建“全链条闭环式”市场监管体系

1. 构建政府部门合纵连横监管体系

南海区在肉品冷链配送改革中，构建了由区分管领导挂帅、区食安委指挥、政府职能部联合、镇（街）协调、村及社区协管政府食品市场监管体系，形成纵到底、横到边的市场监管架构，各个监管层次职责明确，功能清晰，各司其职，各负其责，协调联动。如《佛山市南海区肉品统一配送实施方案》明确：区市场监督管理局负责冷链车配备与申报，与镇街及肉联厂分别签订《肉品安全监管责任书》《肉品质量安全责任书》，监督检验检测制度与措施落实等；区交通部门负责给冷链配送车免费办道路运输证；交警大队负责道路通行证；城管负责打击无证肉贩；区工商局负责监管冷链配送肉品的市场准入；农业部门负责生猪检验检疫；公安分局负责执法处置；发改局负责调控物价稳定；各镇街做好属地监管的沟通落实，构建了政府部门合纵连横的食品安全市场监管体系。

2. 构建生猪（牛羊）来源筛选过滤监管体系

生猪来源是肉品安全的第一道关口，南海区政府通过相关职能部门牵头，组织屠宰企业与全国各地 140 多个拥有相应资质、符合安全认证的养殖基地签订供应协议，在全区范围内推行“厂场挂钩”，实行肉品源头的定向、定位监管。定点养猪基地供应的生猪进入区定点批发市场，仍要进行 10% 的抽检，生猪批发经营户购进定点养猪基地生猪，还要独立抽检，层层把关。南海区建立了定点养猪基地考评淘汰制度，每年两次组织工商、农业、市场监督等政府部门实地考察抽检定点养猪基地，考核不达标的取消其定点供应资格；对非定点养殖场来源的生猪，南海区建立农业、检疫部门常驻定点批发市场 100% 检疫货源制度，通过多重筛选过滤，杜绝不安全的肉品猪源，构建生猪（牛羊）来源筛选过滤监管体系。

3. 构建屠宰加工全程监测监管体系

南海区结合屠宰加工企业整合和升级改造，对保留的7家屠宰企业全部实行机械化屠宰工艺升级，配备全套检疫检验设备，省对每间屠宰企业支持10万元的信息化建设资金，屠宰环节实现24小时视频监控，全部达到了国家屠宰企业三星或四星标准，佛山南海金怡肉联食品有限公司更被列入省经济信息化委员会“送春”重点扶持企业。南海区建立起屠宰企业视频监测平台、全区屠宰企业视频联网监测平台，严格监管屠宰加工每个环节安全卫生，及时无害化处理病害肉源，运用电子技术信息技术手段，构建屠宰加工全程监测监管体系。

4. 构建流通环节统一冷链配送监管体系

南海区根据国务院《生猪屠宰管理条例》和《广东省生猪屠宰管理规定》，按照“佛山市肉品冷链运输专用车设计标准”的要求，制订《佛山市南海区肉品统一配送实施方案》，在全区率先推行肉品统一冷链配送，要求冷链运输车辆符合国家机动车的有关标准，厢体密封严密，厢体内设有轨道式吊挂胴体设备，配备消毒设施并有消毒记录等，构建流通环节的食品安全监管体系。该体系包括：肉品从屠宰场到终端销售市场用统一标准冷链密封车按照规定路线运送，加装密封电子封条、GPS定位监控、到达农贸市场在规定地点电子反馈、验证卸货，构成流通环节的全程监管体系。

5. 构建肉品销售社会监督监管体系

南海区通过特聘屠宰行业专职监督员和兼职监督员，设立村委或居委干部兼任的村及社区食品安全协管员，实施屠宰场升级开发工业旅游功能，肉联厂定期开放供媒体记者、人大代表、政协委员、学生及消费公众参观等创新举措，以及销售市场统一标识冷链配送肉档招牌、24小时电话投诉、网络举报，同业者相互监督等社会渠道，形成社会监督窗口，建立社会监督网络、社会监督制度系统化的食品安全社会监督监管体系。开放屠宰场工业旅游增加食品安全透明度，扩大社会监督范围，南海区每家肉联厂一年一次开放日，每批都吸引40人的社会公众代表踊跃参加，形成广泛的社会监督氛围。

四　南海区完善食品市场监管机制的创新性探索

1. 完善政府服务，引导企业转变经营模式

南海区的屠宰企业目前实行“代宰制”经营模式，由肉品经营者自主选购生猪（牛、羊），自行委托屠宰企业加工出厂，自行销售，企业收取屠宰费并对出厂的产品质量负责。这种模式容易造成“代宰”企业屠宰费收益与承担风险不对等，也因环节复杂、主体责任不易明确加大了政府监管的难度。南海区在创新食品安全监管机制的同时，要求政府相关职能部门搞好配套服务，积极鼓励和引导屠宰企业改变粗放型经营模式，逐步转型到从生猪养殖、采购、屠宰、配送、销售到深加工腊味的全方位经营、集约化经营，实现产业转型升级和发展方式的转变，力促屠宰企业成为相对集中的肉品生产商供应商，提升政府监管效率。

2. 加大扶持力度，打造屠宰企业肉类品牌

在“代宰制”的经营模式下，南海区屠宰企业的主要生产能力只集中在“宰杀”这个低端、低回报的环节，肉品的深加工、精加工能力薄弱，导致屠宰企业综合效益不高，政府特许屠宰企业定点加工的资源效能没得到最大限度的利用。南海区结合创新食品安全监管机制，顺势引导政府职能部门加大对屠宰企业的扶持力度，通过政策、资金、技术扶持，培养企业的品牌意识，注册自有肉品商标，打造自主肉品品牌，通过品牌形成“放心肉”的标签占领市场。形成品牌企业食品安全责任自律的良好社会风气。政府从疲于奔命监管肉品，转变到监管肉品生产企业，这样有利于明确监管主体，落实监管责任。目前大沥肉联厂已进行企业转型升级的探索，利用自有的门面开办肉品批发、零售商场，购进生猪、牛、羊屠宰后直接进行品牌批销。

3. 继续强化监管，规范肉品行业市场秩序

南海区实施肉品统一配送后，从生猪养殖、采购进场、屠宰加工、检验检疫到运输配送、市场销售，逐步形成了完整产业链条，任何一个环节出问题，整根链条必将无法正常工作。南海区政府与时俱进，积极转变观念、适

应形势、主动作为，运用信息化、动态化监管手段，创新市监管机制，对每个环节进行严格的、有效的、全链条的监管，相应建立起一条与之对应的完整监管链条。各部门形成合力，运用法律手段、技术手段实施严格的监管，对严重扰乱肉品市场、危害人民群众健康的违法犯罪行为严厉打击，发现一起、查处一起，全力维护整个行业的良好秩序。

4. 加强纪检监察，杜绝贪污腐败行为

肉品统一配送推动整个肉品有关产业和行业整合，带来利益的集中。这种利益的集中有可能诱发权力的“寻租”，一旦没有强有力的手段进行制约，就会引发贪污腐败行为，使肉类统一配送的社会公信力遭受灾难性的打击，创新市场监管机制成为泡影。南海区政府以责任政府、服务政府的精神，调动一切资源为创新市场监管机制保驾护航，立足全局，加强惩治和预防腐败体系建设工作。区纪委在教育、制度、监督、改革、纠风、惩处六个方面密切关注肉品统一配送工作，形成合力，在重要时机、重要环节积极介入，对重点岗位和重点人员密切关注，确保权力高效合理地运行于阳光之下，有效推进了创新监管机制的建立。

五　南海区创新市场监管机制的实践意义与理论价值

1. 有利于转变政府职能建设服务型政府

南海区在广大人民群众最关心的食品安全问题上，找准肉品冷链配送这一突破口，颠覆传统粗放的送肉方式，敢于打破固有的利益链条与格局，创新食品监管机制，建立食品安全监管体系，积极引导屠宰加工企业改造升级，建设星级企业，开拓屠宰场工业旅游及配套现代服务业，扩展产业链；鼓励屠宰加工企业投资冷链运输，参与现代物流；引导“代宰”企业向“屠宰”的经营模式转型，利用定点屠宰的行政许可资源，发展生猪养殖、采购、屠宰、配送、销售品牌化集约化经营，打造自有肉品品牌，实现发展方式的根本转变，取得了显著成效，实现了政府行政与企业服务的双赢。

2. 有利于建设法治化国际化营商环境

为贯彻落实省第十一次党代会精神和部署，省委提出，力争通过五年努力，基本建立法治化国际化营商环境制度框架。“三打两建”专项活动是营造法治化国际化营商环境的重要举措，对规范市场秩序、净化竞争环境起到决定性的作用。南海区在“三打两建”中，借推行肉品统一冷链配送，创新市场监管机制，建立“政府联合监管、生产企业自治、行业自律、社会监督”四位一体、协同共治的食品市场监管机制，构建“全链条闭环式市场监管体系”，符合省委建设法治化国际化营商环境的统一部署，有利于推动广东“软转型”。

3. 有利于深化改革建设幸福广东

广东省经过改革开放30多年快速发展，已全面进入经济社会发展转型期，完善公平竞争有序的市场体系，是深化经济体制改革，增创广东市场经济新优势的保障。南海区创新食品市场监管机制的改革，首先依法律法规制定“肉品统一配送方案”，依法行政，引入竞争机制，通过市场配置资源，发展冷链物流业，解决统一配送车辆的市场化运作，维护市场竞争的公平正义；同时发挥政府的服务职能，引导企业转型升级，激发市场主体的活力，有利于深化经济体制改革。其次是构建协同共治市场监管机制，畅通社会监督诉求的表达渠道，建立长效的食品安全市场监管机制，彻底解决与人民群众切身利益息息相关的食品安全问题，解决人民群众的心头之忧，提高了广人民群众的幸福感，有利于建设幸福广东。

南海区的实践结果表明，专用恒温车冷链配送，保证运送肉品的车不再与运送生猪的车辆混用，全链条封闭式配送避免各种二次污染，也在运输环节堵死了注水肉、瘦肉精肉、病害肉、私宰肉流入市场的机会。冷链配送成本与以前基本持平（10～15元/头），肉品价格未见上涨，市场供应稳定，秩序井然。

南海区推行肉品统一冷链配送的市场监管方式，获得各方利益主体认可和社会群众的广泛支持。

广东省经信委领导专题调研后充分肯定了南海区的做法，认为是全市食品市场监管的方向，是“三打两建”中建立市场监管体系的重要工作，盛赞南海区屠宰企业升级改造投入大、标准高，在全省做了表率。国家工商总局、公安部、农业部等多部委组成的督察组充分肯定了南海区的经验，认为南海区打击私屠滥宰的经验与做法值得在全省乃至全国学习推广。

课题组认为，南海区在广东坚持社会主义市场经济改革方向，建设法治化国际化营商环境，加快“软转型”、增创新优势的实践中做出了示范，值得各地借鉴和推广。

B.11

南海区改革创新小作坊监管模式构建集约化闭环式食品安全机制的调研报告

南海区药品食品监督管理局

广东省体制改革研究会、广东省综合改革发展研究院课题组

摘　要：2014年10月，南海区委托广东改革智库课题组，对食品小作坊集中加工监管模式改革实践进行专题调查研究，2015年3月课题组完成《南海区改革创新小作坊监管模式构建集约闭环式食品安全机制的调研报告》，分别报送省和佛山市领导参阅。省领导做了重要批示，促成省人大常委会《广东省食品生产加工小作坊和食品摊贩管理条例（草案）》立法调研组专题调研南海区食品小作坊监管改革经验，为省人大立法提供研究案例和依据。7月31日，广东省十二届人大常委会第十九次会议表决通过《广东省食品生产加工小作坊和食品摊贩管理条例》。南海区首创“食品小作坊集中加工集中监管模式”，成为条例“县级以上人民政府将建设集中加工区，对食品小作坊实行集中管理”的立法内容。

关键词：食品安全　小作坊　监管模式　改革创新　调研报告

导　言

食品生产加工小作坊（简称小作坊）管理难度高，尤其是《食品安全法》颁布实施后，广东省相对应的监管配套立法滞后，小作坊监管缺乏针

对性法规和细则，成了各级政府监管食品安全的“硬骨头”。

南海区政府以问题为导向，创建食品集中加工中心，对小作坊集中监管，按照 GB/T 23734 －2009《食品生产加工小作坊质量安全控制基本要求》，颁发“备案通知书”为小作坊提供“出生证”，实施“集中加工、统一监管、质量检验、市场准入”的集约化闭环式管理，成为广东省地方政府贯彻《食品安全法》率先出台配套政策监管小作坊的先行区。国家食品药品监督管理总局稽查专员李玉家带队调研南海区时，盛赞“南海区创新性的食品小作坊监管试验工作富有启发性，具有一定的示范和引领意义”。

南海区创新小作坊监管模式，是为了公共利益，尝试在政府监管和市场化运作之间找对平衡点。在商事登记制度改革、减少政府审批的当下，亮点突出，为我国食品小作坊安全监管提供了宝贵经验。

一　食品加工产业繁荣背后的隐忧

南海是广州佛山同城的桥头堡，依托广佛两地乃至珠三角巨大的消费需求、相比广州的级差地租优势，成为食品加工业集聚的洼地。南海现有460 家获证食品生产企业，生产许可证 649 张，占佛山五区总数的一半多，食品类别涵盖了国家法定的全部 28 大类，食品加工产业呈现高速发展的态势。

南海区食品生产企业在规模化、品牌化发展的同时，仍有 300 多家传统熟食品生产加工小作坊，因生产条件和工艺技术简单、属非企业性质生产单位，无法获得“食品生产许可证”。小作坊加工场地不固定，生产条件恶劣，原材料来源不明，产品质量参差不齐，几乎是市场监管的“真空”，这是全国各地食品安全监管的共同难题。

小作坊是传统饮食文化、地方特色食品制作工艺的传承者，也是百姓自主创业、就业的重要渠道；小作坊缺乏监管规范和法规约束，也存在危害群众身心健康甚至生命安全的巨大风险。小作坊成为政府躲不了、绕不开的民生问题，不能一关了之，也不能放任自流。在小作坊的繁荣发展与保障食品安全上找到平衡点，是政府公共治理能力的体现。南海区与各地方政府一样，积极探索安全监管的创新办法。

二　食品生产监管配套法规缺失的困惑

《食品安全法》颁布之前，我国依据《食品卫生法》颁发“食品生产许可证”或“卫生许可证”监管食品安全，生产经营者只要取得其中一种许可证，就可从事食品生产经营活动，不区分“食品生产企业”和“小作坊”。

2009年6月1日《食品安全法》实施，《食品卫生法》自动废止，国家对食品生产单位不再核发卫生许可证，只发食品生产许可证。新法规给现实监管带来新挑战，因为国家只对具备法定食品生产条件的单位核发食品生产许可证，认定为“食品生产企业”；生产条件不具备，无法取得食品生产许可证的，称为食品小作坊。并且只有从事28大类符合法定包装、加工规范食品的生产企业，才可以获得生产许可证，其余数以千百计传统食品加工生产单位，都属于小作坊的类别，无法取得食品生产许可，变成了“无证生产”。

《食品安全法》第二十九条第三款规定：食品小作坊的具体管理办法由省、自治区、直辖市人民代表大会常务委员会依照本法制定。直到2014年7月，“广东省食品生产加工小作坊和食品摊贩管理条例”才发布到广东人大网公开征求意见，至今未正式颁布。我省食品小作坊监管陷入无法可依的尴尬局面。小作坊监管配套法规缺失，监管执法缺乏依据和抓手，是广东省各地方政府监管小作坊的最大困惑。

三　南海区监管小作坊的创新举措及经验

1. 小作坊法治监管创新走在全省前列

食品小作坊监管配套法规不完善，监管改革创新需要地方政府规章作准绳和依据，这是法治监管的抓手。2009 年，南海区出台《关于加强南海区熟食品生产加工销售全过程监管工作的意见》，开始探索小作坊集中监管的法治创新，选择罗村街道、大沥镇试点，摸索政府建立监管规章的路径。罗村食品集中加工中心建成后，赢得社会的广泛认同和支持，树立起南海区第一家食品小作坊集中监管的样板。

2012 年，区政府加大小作坊监管立规建章力度，发布《佛山市南海区食品集中加工中心建设工作方案》，推广罗村集中加工中心经验，统一规划集中加工中心，以国家许可设立食品企业生产条件为标准，引导小作坊集中起来规范生产，统一监管。从 2009 年始，历经五年实践探索，南海区建成 5 个食品集中加工中心，总建筑面积达 59551 万平方米，引导 135 家小作坊进场规范生产。

2014 年 8 月，南海区政府颁布《佛山市南海区食品小作坊集中管理规定》，全面实施小作坊集中生产和市场准入制，标志着全区小作坊纳入法治监管轨道。南海区政府针对小作坊监管配套立法走在全省的前列，为地方政府依法监管小作坊提供了经验，做出了示范。

2. 搭建小作坊集聚服务平台疏堵兼治

创新规章、配套立法，是小作坊监管创新的制度框架和抓手，集中监管“落地”，要疏堵兼治，先疏后堵，为小作坊生存和发展优先安排通道。

南海区建成的 5 个集中加工中心，基本满足区内 80% 烧腊、卤水肉、豆腐等小作坊的生产需求。高标准、严要求、规范化的食品集中加工中心，成为小作坊产业化集聚发展的生产“园区”，成功构建起闭环式集约化生产和监管的第一道“防线”。

南海区搭建集中监管平台的举措是，政府搭台、企业唱戏，利用市场化的手段实现政府的民生目标，取得政府与市场的双赢。创新经验是，政府统一规划布局，出台扶持政策引导民间投资；政府以集中监管为执法手段，引导小作坊进入加工中心；赋予集中加工中心企业化统一规范管理小作坊，投资者承担食品安全主体责任，全力将集中加工中心打造成政府实施统一监管的公共服务平台，提高加工中心对小作坊的吸引力。

小作坊进驻食品集中加工中心，获得不可替代的竞争优势。企业化的硬件和管理软件环境，提高小作坊质量和品牌，降低产品安全风险，提高市场竞争力，加速小作坊向加工中心的集聚，政府实现了疏堵兼治的监管。

3. 创新许可方式培育小作坊“正规军”

南海区在探索实践中意识到，光靠市场力量和经济手段，难以彻底解决小作坊集中监管问题，政府的法治监管手段迫切需要创新。

南海区政府利用大部制改革的机遇，整合工商、质监、食监等职能，创新行政许可方式，为进驻食品集中加工中心的小作坊量身定做“出生证”，颁发“备案通知书”许可合法生产，扫除执法“盲点”。这项改革创新促使小作坊转变观念和态度，踊跃进入集中加工中心规范生产，接受统一监管。小规模业主一改“自烧自卖”的传统方式，直接从集中加工中心进货到市场销售。

创新的“备案制”许可方式，促使小作坊脱离“游击队”，南海区政府有目标地将进入集中加工中心的小作坊培育成“正规军”，小作坊集中监管，从硬件的“简单集中”跃升到“行政许可”的法治授权。南海区探索政府治理又实现创新性的突破。

4. 创新行业管理模式实现行业管理企业化

进得来是手段，管得住才是目标，食品集中加工中心与小作坊之间是各自独立经营主体，需要建立怎样的协作机制？政府部门如何监管？这是南海区要重点解决的问题。

南海区政府从法治大局入手，创新监管模式：集中加工中心作为公共载体和管理平台，按获食品生产许可证企业标准配置，进驻小作坊作为独立核算车间，以契约方式明确协作机制、承担责任和义务，共享加工中心符合国标的生产硬件和软件。两者结合形成的小作坊集聚区，如同一家标准化、规范化的食品生产企业，接受政府统一监管。这种创新的企业组织关系和架构，符合法治创新精神。集中加工中心以法人实体和管理平台作支撑，小作坊“备案通知书”更具“食品生产许可证”的法律效用，提供了保障，激发小作坊集聚发展的热情，形成了南海区食品小作坊行业管理企业化的创新模式。

5. 建立市场准入制打造全闭环监管边界

小作坊集约化加工只解决生产环节的闭环式监管，如何管住流通环节，在千家万户老百姓“入口”前管住食品安全，是小作坊全产业链闭环式监管的终极目标。南海区的经验是创新市场准入制，打造流通环节闭环监管边界，立规矩以成方圆。

南海区从 2014 年 11 月 17 日起，全面推行烧腊等熟食食品市场准入制，凡未取得食品生产许可证的企业或未备案小作坊出品的熟食，不得在区内的市场、超市及餐饮单位销售，并统一熟食销售经营户标识，统称为“南海食品集中加工中心指定销售点”，店内悬挂统一制作的票据箱，存放每日购进的熟食产品销售票据，扫描票据上的二维码，清晰展示产品来源，可追溯该熟食的加工、销售全过程信息。最终实现南海区小作坊从生产、加工到销售全产业链的闭环式监管。

6. 构建协同共治主动预防为主监管机制

食品安全是社会共治工程，需要齐抓共管。食品小作坊没有上位法，处于监管无序的状况，更需要协同共治。

政府层面，南海区率先为监管小作坊立规，走在广东各地的前列。政府职能部门明确分工，构建了从小作坊的资格认定、备案许可、加工过程监管、市场准入、流通监督到打非治乱等全产业链布防监管体系。

生产层面，食品集中加工中心投资者，对小作坊的原材料和产品进出场检验、备案登记、发凭证；协助职能部门做好加工中心的日常管理；督促各经营户落实质量安全主体责任，规范经营。

流通层面，市场开办者负责索取、查验进入市场销售的小作坊加工产品的有效证照、销售发票或凭证，食品合格证明文件，督促各经营户落实质量安全主体责任，把好加工中心产品进入市场关。

南海区通过政府与市场的协同，将被动救火式的监管转变为主动排查、预防为主的监管机制，形成了南海特色的小作坊创新监管模式。

7. 创建法治化营商环境促进市场繁荣

南海区改革创新小作坊监管模式，提升了法治化的营商环境，促进了小作坊规范发展和市场繁荣。

据统计，2014 年 11 月 29 日至 12 月 1 日，三天溯源系统在线监控数据显示，南海区 5 个食品集中加工中心日均产销熟食食品 58814.7 斤，比市场准入制前的日均 22600 斤，增长了 160.2%。规模化经营也促进市场价格合理回归，每公斤烧腊价格比实行市场准入制前降低 2～3 元。广记烧腊店进入里水食品集中加工中心，品牌和业务迅速提升，已在九江镇开设 7 家烧腊直营店，正朝着品牌化、规模化、连锁化的食品企业发展。不少烧腊档成为广州、深圳的星级酒店定点供应商。南海九江镇、丹灶镇二个集中加工中心正加紧筹备，镇内小作坊受到其他镇加工中心小作坊的市场挤压，要求镇政府加快集中加工中心的建设。一场原先由政府主导力推的民生工程，正转由市场倒逼政府加快推进。

四　管理创新的突出亮点

1. 创新食品生产许可方式，法治监管创新走在全省前列

南海区以创新“许可”作为小作坊合法生产和市场准入的执法依据，在监管配套法规没完善的当下，这是地方政府提升依法治理能力的大胆创新，从城市社区治理的公共治理角度，通过规范食品小作坊的管理来提高公共治理水平，为小作坊监管创新提供了实践经验和有益借鉴。

2. 创新企业管理理念，建立小散乱个体户集中管理机制

南海区的食品集中加工中心，是具备食品企业资格的法人实体，进驻的小作坊也是独立的法人实体，两者构成协同共治的法治监管对象，创新了企业管理理念。建立小、散、乱个体户集中管理机制，是从地下经济阳光化的公共经济学角度，通过规范小作坊的管理来提高市场经济水平和质量，为南海区政府实施小作坊法治监管提供理论支撑，是独特的管理创新。

3. 创新行业集约管理模式，形成契约化的集群监管格局

南海区食品集中加工中心成为小作坊集聚发展平台，也是小作坊成员管理公司，两者契约化协作达成共生关系，形成合一的食品生产企业格局、产业契约化集聚和闭环式集群监管新形态，创新了行业集约管理模式。从组织行为学角度分析，是将分散的网状行业形态转变为集约化、协同合作型的组织体系，进一步丰富了产业集群发展的内涵与方式。

4. 创新市场准入制，形成全产业链闭环式监管体系

南海区小作坊集聚加工区，首先从生产环节实现集约化和闭环式监管；再通过创新市场准入制，统一流通环节销售经营户标识，为市场准入划界，将小作坊的闭环监管扩充到流通环节，形成从原料到成品全产业链闭环监管体系，是政府公共治理水平提升的有力见证。

五　存在问题和深化改革的建议

南海区实施食品小作坊“集中加工、统一监管、质量检验、市场准入”集约化闭环式管理的改革创新，取得阶段性的成绩和经验。但仍有不少问题有待进一步研究解决。

1. 地区监管标准存在差异，建议同一地市统一标准

南海区率先推行集中监管食品小作坊的改革，之后在佛山市全面推广，纳入创建佛山食品安全示范市的重要项目，2014 年更纳入政府绩效考核项目。由于各行政区执行的标准不同，存在“劣币驱逐良币”的倾向。建议佛山市以南海区的创新为标杆，制定全市统一的小作坊集中监管模式及食品集中加工中心建设标准。

2. 配套立法缺失，建议尽早出台省市小作坊管理办法

南海区政府创新行政许可，以“备案通知书”作为小作坊合法经营的许可，这是南海区“本地粮票”。建议省、市加快配套立法进程，尽快出台“广东省食品生产加工小作坊和食品摊贩管理条例”“佛山市食品小作坊管理条例”等地方法规，为南海区小作坊监管改革创新提供立法支持。

3. 建议市人大立规，为小作坊集中监管提供法理依据

《广东省食品生产加工小作坊和食品摊贩管理条例》（草案修改征求意见稿）显示，小摊贩可集中圈定一个地方经营，但小作坊集中生产的内容就没有，一旦省的“办法”出台，南海区小作坊集中生产集中监管模式可能受到冲击；同时，如果省的“办法”普遍许可小作坊经营证照，南海区集中加工中心相对较高的租金成本，可能使部分小作坊撤离，给集中监管带来严峻的考验。建议佛山市人大常委会推动南海创新集中监管模式上升为法律法规，为小作坊集中监管提供法理依据。

4. 建议发挥行业协会的作用形成社会治理新格局

小作坊集中监管要发挥行业协会的自律与约束作用，将社会利益和意志转化为行业、企业的自我选择和自律行为。企业的生产组织方式和地点如果完全由政府指定和干预，存在越位干预市场的风险。建议南海区政府发挥好行业协会的作用，形成食品安全问题的社会治理新格局。

5. 建议借鉴公用事业市场化方式建设集中加工中心

如何确保消费者、食品集中加工中心投资者、食品小作坊都能获益，政府也摆脱资金补贴压力，需要做更深入的研究和探索。建议南海区政府借鉴国内外公用事业机构市场化建设和营运的成功经验，制定专项政策，减轻投资者资金投入，降低小作坊租金，完善小作坊集中监管制度和措施，为创造安全公平法治的市场环境再作努力。

6. 建议加快区域品牌和行业标准建设

建议南海区政府积极培育小作坊中的龙头业主，做强品牌；注册“南海烧腊”等区域品牌，制定小作坊行业标准。以品牌化的小作坊产品形成市场主流，助力集中加工中心小作坊大者恒大，利用“马太效应”化解小作坊的经营成本，促进集中加工中心可持续发展和集约化监管模式的延续。

行政改革篇

BLUE BOOK

B.12
行政审批设立与清理机制的路径思考

公旭明*

摘　要：随着我国经济的高速发展，以利益划分为主要目的的政治体制改革难度随之加大，作为行政权力具体体现的行政审批制度，成为新一轮行政管理体制乃至政治体制改革的合理切入点。产生于计划经济时代的行政审批制度并未因社会主义市场经济的发展而自然消亡，相反得益于新经济体的发展，获得极强的生命力，也成为行政权力不正当干预市场的重要工具。改革的共识已经达成，但如何改革尚未见有效而统一的理论和制度，本文拟就行政审批的设定和清理机制进行论述，认为行政审批改革可以此为重要突破

* 公旭明，中共佛山市委党校管理学教研部副主任。文章有删减和调整。

口，最终建立项目有限、运作高效、对市场起辅助促进作用的行政审批制度。

关键词：行政审批　清理机制　行政管理

党的十八届三中全会提出，“必须切实转变政府职能，深化行政体制改革，创新行政管理方式”，只有这样才能增强政府公信力和执行力，才能发挥社会主义市场经济体制的优势。这秉承了自十一届三中全会以来政治体制改革的宗旨，即反对权力的高度集中，坚持民主集中制和集体负责制。在剥茧抽丝般不断梳理的改革过程中，行政审批制度逐渐显露于人们的视野，成为政治体制改革的突破口。但关于完成该项制度改革的路径则有着不同的认识和实践，目前的主流改革路径是针对行政审批实施过程中的种种弊端出台制度进行规范，少有对行政审批项目的清理机制进行探讨的，这里固然有法律救济手段缺失的原因，亦有法律法规相关条文缺失的原因。

基于全面深化改革必须“以促进社会公平正义、增进人民福祉为出发点和落脚点，坚决破除各方面体制机制弊端”的逻辑，本文拟就行政审批清理机制为视角对现有制度进行整理探讨，使设定和清理机制的改革路径能较为清晰地显现出来。

一　行政审批制度改革概述

行政审批制度源于计划经济时代，兴盛于社会主义市场经济中，设计初衷本是将其作为体现国家意志、调控市场的手段，但在运行上则南辕北辙，越来越羁绊着市场乃至社会的发展，产生了政府职能错位、阻碍统一市场与自由竞争的形成、滋生腐败等制度缺陷。理论界对此问题发表数量极多的文章，揭露得也极为深刻，为制度改革做了较为完整的理论铺垫。

自 2001 年国务院启动行政审批制度改革以来，国务院行政审批事项历经六次取消和调整从4300余项减少到1700项，新一届政府希望在此基础上再减少1/3。值得一提的是在第六批决定中一改之前通知式行文，重申了行政许可的若干原则并提出了“探索建立审批项目动态清理工作机制”，这显示了决策层民主开放的政治态度，也为十八大以来日渐高涨的改革呼声做了操作层面的铺垫。

在理论界统一思想并进行了较为充分的可行性操作的基础上，行政审批制度改革应当进入具体制度的存废阶段了。只有制度的前进才能巩固之前的理论、实践成果，否则改革极有可能昙花一现。这个制度就是设定和清理机制，虽然以国务院为代表的行政系统已经大幅度削减了行政审批事项，但不可否认，设定和清理机制的主动性仍然不够，行政权的自由裁量权幅度仍然很大，离高效精简、服务为主的行政转型仍有很大距离，究其原因，在目前制度框架内设定和清理机制未能合理平衡行政机关与民众之间的意志是关键，缺乏主动、有效的制衡机制。本文无意凭空造法，意在现有制度框架内最大限度实践各项制度的最大价值，最终达到制度的内在平衡，进而达到制度的公平正义。

二 现有清理机制的困境

行政审批的法律渊源是行政许可法，在我国法律制度中，行政许可和行政审批，是行政机关和民众不同视野中的同一事物。十年前实施的行政许可法对行政审批事项从设立原则、设立程序、取消和调整原则及程序均有所规定，但由于过于突出行政意志，缺乏对民众、民众意志的尊重，随着经济和社会的发展，以该法为代表的法律法规所体现的制度困境也越来越明显，试分析如下。

（一）设立原则冲突的困境

许可法这两条从正反两方面说明了设立行政审批应当遵循的原则，两者冲突的解决程序在该法中未有说明。从国务院历来的取消和调整决定中可以看到两者是有冲突的，而且冲突的数量还很大，但仅靠行政机关的自觉纠正，显然是不敷需求的。国家行政学院汪玉凯教授提供数据显示，从2001年到2012年国务院共清理了2490项审批事项，占市批事项总数的58%。这说明行政机关对赖以显示威权的行政审批是不愿意轻易放手的，也说明了对于设立两原则的冲突解决并没有公开透明的程序来主动进行，解决程序的缺失助长了行政不作为。

（二）行政意志独大的困境

如果说上述冲突是对法律原则理解的不同，那么在设立的制度依据上大开口子就是行政绝对意志的体现。根据许可法第十二条的兜底条款，只有法律、行政法规可以设立行政许可。但第十五条直接突破这一规定，规定地方性法规和省、自治区、直辖市人民政府规章也可以设立行政许可，这一条款直接导致了行政审批项目多如牛毛的现状。国务院的最新态度是重申行政审批设立必须有法律、行政法规做依据，否则不得设立。这就为以后审批事项的设立设置相当高的制度门槛，有利于巩固改革成果，但就现行清理机制而言还是不够的。

（三）设定程序的困境

行政审批事项设立程序中有“起草单位应当采取听证会、论证会等形式听取意见”的规定，但从实际效果来看，民众的意见显然没有得到充分而及时的反映，以至于本来极具民主实践意义的听证会成为政治形象工程，不仅不能发挥吸纳民意、满足民众权利需求的平台和渠道作用，反而越加暴露了行政机关的强大权力，今年上半年仍然有在听证之前公告“不讨论是否实施，只讨论如何实施”的不和谐声音，这样做的结果就是行政审批制度越来越偏离设计初衷，部分行政机关人员的不作为、乱作为加剧了这种背离现象的发生。

（四）纠正错误的困境

行政许可法虽然规定了对不符合法律规定而设立的行政审批事项应当改

正或者撤销，但由于一没有设定明确的主管机关，二没有设定民众，三抽象行政行为的司法豁免权，使得行政许可法的相关规定落到了空处，这也是行政审批一直得不到有力纠正的制度根源所在。

徒善不足以为政，许可法虽然规定了相关制度，但在失衡的制度设计中良好的意愿是无法得到实现的。错误的制度不可怕，可怕的是没有足够的救济手段。实践证明，坐待行政机关自我纠正的做法，与政治体制改革以来一直强调的制度建设是不符的。

三　解决困境的可行性和思路

十八届三中全会在注重顶层设计的同时明确要求“充分发挥人民群众积极性、主动性、创造性，鼓励地方、基层和群众大胆探索”。这为地方和基层的行政审批改革解放思想提供了可行性，即在现行法律框架不变的前提下，先行先试，摸索出经验，为全局改革试水。

在现有制度设计中，行政机关与行政相对人及民众的意志失衡是导致行政审批危害的根本原因，制度改革也应以此为着眼点，给予弱势一方足够的权利以平衡之前的倾斜。在行政许可法尚未修改的前提下，在广东省现有制度内还是有资源可以利用来达到制衡的目的的，重点是《广东省重大行政决策听证规定》和《广东省行政审批管理监督条例》，试分析如下。

（一）行政听证制度的合理应用

行政听证制度的应用由来已久，已经成为政治生活的重要组成部分，虽然由于种种原因未能充分发挥作用，一度被视为政治形象工程，但这些看法将随着《广东省重大行政决策听证规定》的全面实施而发生变化。

在该规定中，强化了行政听证结果的运用，指出听证会是重大行政决策必经的前置程序，是行政决策的重要依据，对于听证会中的不同意见必须做出明确的回应，是行政决策合法性的必备判断标准，行政机关及具体负责人对于听证会中的不当行为承担行政过错责任，由监察机构或上级机关给予行政处分。以上规定对于行政听证制度在行政审批设定和清理机制中的运用将起到积极的作用，改变行政机关意志独大的局面，通过听证制度的公开公平公正作用，给予民众充分而及时地展示自身意志的空间，为行政审批事项获取更多的存在基础，以程序公正来追求实体公平，为行政审批事项的存废开辟畅通的制度渠道。

在听证过程中，行政机关和民众可以就审批设立的基本原则充分交换意见，就许可法第十二条、第十三条的适用达成共同认识，充分论证行政审批设定的必要性，保障行政审批的合理性，通过公开，让行政机关的意志受到监督，让民众与行政机关能够有一个平等的对话环境。虽然听证会结果还不能完全作为行政决策的唯一依据，但听证制度中所蕴含的人民民主意义深远，能够对行政体制改革产生深远影响。人民民主是一个实践的过程，是一个建立共识、相互妥协的过程，任何一方绝对意志的伸张都是不符合人民民主原则的。

（二）强化民众权利，建立建议回复制度

在行政法律关系中，能够也必须制衡行政机关的只有民众，行政行为的合理性、合法性审查应在民众与行政机关的博弈中来实现，虽然现有的行政行为救济手段不能涵盖行政审批制度，但在许可法及《广东省行政审批管理监督条例》草案中都规定民众可以对行政审批事项提出意见和建议并可以启动行政审批的调整程序，这极大地强化了民众的权利，运作得当完全可以与行政机关的权力抗衡。但遗憾的是该规定不够具体，没有明确回复机关、回复时间、回复内容、回复责任，这些关键环节不能明确的话，是不能起到制约作用的。

（三）明确主管机关，严格设定和调整责任

在《广东省行政审批管理监督条例》草案中，不同于行政许可法的是增加了行政审批的设定和调整责任，即设定和调整行为不当时行政机关及其工作人员应当承担行政责任。这纠正了以往行政机关及其工作人员执行公务

不负担机关责任、个人责任的误区，是行政法基本原理认识的进步，也是行政法律法规的进步，从根源上解决了行政机关及其工作人员不作为、乱作为的行政乱象，保证了面对审批权巨大诱惑时行政机关及其工作人员能保持足够谨慎的态度，显示了广东省先行先试敢为人先的改革精神，为广东省行政审批制度改革打下了一个扎实的责任基础。

政治体制改革的提出由来已久，改革的进程有赖于一项项具体制度的改进，一个政治清明、法治昌盛的社会必将是一个良性制度充盈的社会，以公平正义为导向的行政审批制度改革在长期以来的关注实施过程中已经取得了较为明显的进步，现在应该将视野转向审批事项产生和消灭的关键领域了。此领域改革仅靠行政机关自身是不能取得理想效果的，需要民众的有效参与，改革的重点就是要放在如何保证民众的有效参与上。

B.13
“一级政府三级管理”体制改革的职权划分

马敬仁　黄文浩*

摘　要：市场机制主导的大城市政府管理创新必须坚持经济、城市和社会协同发展，立足本土因地制宜，重点在“自治”。结合深圳的现实需要，“一级政府三级管理”体制通过革新行政区划、转变政府职能、厘清事权关系，力求建立多主体、多中心、多元化合作共治的城市治理模式。

关键词：一级政府三级管理　体制　改革　职权

一　引言

2008 年，《关于深化行政管理体制改革的意见》指出，“调整和完善垂直管理体制，进一步理顺和明确权责关系”，行政层级的扁平化设计显得越来越重要。2009 年，《深圳市综合配套改革总体方案》强调适当调整行政区划，在大部门管理体制基础上实现“一级政府三级管理”体制。

在此背景下，深圳市对“功能区管理模式”进行了深入探索，挑选了盐田区、坪山新区和光明新区试点，整合方案却以否决告终，体制改革暂被

* 马敬仁，深圳大学管理学院公共管理系教授；黄文浩，深圳大学管理学院行政管理专业硕士研究生。文章有删节。

搁置。2014 年，随着《深圳市基层管理体制改革总体设计方案》出台，“一级政府三级管理”再次被提上改革日程。

二　行政层级改革的学理解释

马克斯·韦伯建构了一个理想式的科层制，在组织中每一个官员的权力及其责任都有着十分明确的规定，组织中的职位也按照等级来排列，依次分为高层、中层和下层管理。其中，高层官员负责决策，中层官员贯彻高层的决策，下层则负责对决策的实施，每一层级依据严格的等级来划定。

道格拉斯·耶茨在《官僚制民主》中，提出建立“分割的多元主义”体系。他认为城市官僚机构会随着三个变量进行改变，即公民参与的制度化程度、官僚内部层级的控制度以及机构中为实现其功能而建立的技术程度，行政组织最理想的状态应该是一个兼顾多元主义和行政效率的机构。

奥斯本和盖布勒针对决策压力加大会对政府政策系统造成巨大冲击的问题，提出为化解困境必须简化中间层级，以任务为导向对决策进行授权和分散，才能适应复杂多变的社会环境。奥斯特罗姆深入指出，在多中心主义之下，各类组织机构的设置可以用来提供不同的公共物品和服务。

圣吉·彼得开创了“学习型组织”的概念，其核心思想是组织层级的精简和扁平化，弹性应变外部环境的变迁，不断进行组织的自我改造以维持核心竞争力。可以预设，未来的政府机构不再是金字塔式的等级制度，而会逐步向扁平式结构演进。政府间纵向关系的合理化、政府管理的亲民化和政治资源配置的合理化是政府管理层级划分的重要原则。

三　城市治理体制改革的动因与目标模式

“一级政府三级管理”体制的基本思路：第一，从现有区政府分出若干功能区域，实行增量改革的策略；第二，将街道办事处与社区工作站整合为社区中心；第三，建立公共治理结构。

1. 改革动因。目前，深圳市共有罗湖、福田、南山、盐田、宝安、龙岗六个市辖行政区和光明、坪山、龙华、大鹏四个市辖功能区。除功能区外，与全国大部分城市一样，其行政层级是“两级政府四级管理”（即市政府—区政府—街道办事处—社区工作站），前两级为行政政府，后两级为政府派出机构，存在职能重叠、层级过多、机构臃肿、关系不明、权责不清、效率低下等体制局限，制度设计存在漏洞，为官员随意解释、歪曲事实留下了空间。同时，管理机制设置复杂，资源配置难以跟进，如最基层的社区工作站需要人、财、物要经区政府再授权。社会组织力量和自治功能偏弱，居民自治意识和参与意愿不强。

从经济和人口总量上看，深圳已基本成为超大容量规模的开放型城市，与此相适应，政府管理体制根据现实变化也需做出有效调整。过去偏向精减人员的量的转变，没有落实到政府职能的质的转变，这容易陷入“膨胀—精简—再膨胀—再精简”的改革怪圈。社区工作让长期承担政府机构下派的任务，明显的行政化倾向有碍社区居民自治精神的培育，无形中在事实层面增加了一个层级。借着大部制推进和特区一体化的机遇，建立一种适度弹性而又富有活力的扁平化行政管理体制应是未来的发展趋势。

2. 目标模式。深圳地理位置毗邻香港，而且两者在城市建设和社会发展方面有着高度的相似性，香港的行政区划设计经验更加值得深圳借鉴学习。香港分为18个区，每个区都有议会、民政事务署和管理委员会，但是这些机构都不构成政府。有别于内地城市普遍的“条块结合”设置，香港只有一级政府架构，对社会的管理只有“条”没有再分“块”，但“条”之间协调配合得很好。基层具体事务都可以到相应的“条”（职能部门）去解决，还有很多社会性事务则交由一些民间社团去承担。

因此，深圳可探索逐渐过渡到“两级政府三级管理”，最终走向“一级政府三级管理”。具体来说，先将街道办事处和社区工作站整合为街区服务机构（80个左右），也就是说该区内的一个街道将撤并成行政区的若干个派出机构，扭转以往“文件二传手”和“大包大揽”的弊病，支持辖区派出机构依法实行自主自治，主要提供最基层的社会管理和公共服务；再到时机成熟时改行政区为管理区或功能区（12～20 个），按功能类型与人口密度进行个性化划分，一个中等街道将划分成 3～5 个政府派出服务机构。区域范围尽量划小，区级政府的角色被重塑为一级政府派出机构。改制和现行行政管理体制格格不入，改革必须与“撤区”同步进行，否则区辖面积太大，社区数量太多终不利于管理。总体来看，形成“市政府—管理区或功能区—街区服务机构”的新型管理链条。

四 “一级政府三级管理”体制的职能界定

为避免不同参与主体职能边界模糊而造成多头行政、资源浪费，有必要对多元治理主体进行合理的职能界定。

1. 政府主体（包括市政府、管理区或功能区、街区服务机构）。按“政社分开”的要求，市政府强化对经济的宏观调控、市场监督和城市总体规划，重组后相对集中的决策权逐渐回归市一级政府，有利于形成大行业、大系统的决策部门，联系专家顾问组和社会智囊团，统一行使城市管理的业务领导权。重组后区级政府的执行广度、力度和深度都得到全面提升，专业化服务有助于行政效能的全面提升，协调组织内部各个职能部门，合力营造科学的管理流程和工作程序，从而增强效率意识和服务意识。街区服务机构作为基层服务的主要提供者，负责与老百姓密切关联的一线任务，包括综治维稳、信访、流动人口出租屋管理、计生、征地拆迁等兜底业务，可成立工作小组进驻社区，贴近群众服务群众。

2. 基层主体（包括社区党总支、居委会、居民代表大会、议事协商委员会）。探索建立政府与公民共担责任的长效治理机制和“联席会”制度，推进基层工作的顺利开展。撤销社区工作站后，社区的行政事务收回到街区服务机构，其次可合并居民委员会和业主委员会两个具有重合性的自治组织，使其真正成为居民与街区的协调机构和对话载体，起到上传下达的纽带作用。社区改党委为党总支，转而以“柔性介入”的方式引领居民开展自治服务，而居民代表大会作为社区的决策机构，由居民代表和社区代表组成，通过的决策交由居委会负责执行。此外，社区乡绅、人大代表、政协委员和居民代表等组成议事协商委员会，作为社区独立的常设监督机构和意见吸纳场所，凸显分工协作、精干高效的制度张力。

3. 社会主体（包括企事业单位、社会组织、市场组织、民间社团）。按照“小政府大社会”和“政社分开”的制度理念，政府把能够交给市场完成的事情以契约合同形式外包出去，释放基层自治空间，为热心公益又有能力的社会精英搭建一个参与平台，使其在为公众服务中得到成就感和满足感。非政府专业人士和普通市民可通过宣传手册、听证会、讨论会等公平、公开、公正形式反映问题和发表意见。针对社区的自身特色与生态，培育社会法人和社会企业，属地化社会组织在发展初期可承接一定的政府工程或合作项目，壮大后能完全以市场化手段提供公共产品和服务。动员志愿者、义工组织参与到公共治理进程中来，完善现有的社工制度和权利保障，激发社会力量自我管理和自我服务的内在潜能。

五 “一级政府三级管理”体制的事权划分

1. 宏观层面。“一级政府三级管理”体制在基层中推开，由社区自治组织独立行使属地综合管理权，在一个统一的大社区内实现管理、执法、行政一体化的工作机制，对城市基层社会从简单的封闭式行政管理向复合式的开放型社会化管理转变。遵循“重心下移、权随责走、费随时转、监管分离、便捷操作”的主线，理清区级政府和街区服务机构的不同事权，打造服务型政府和智慧型城市。为实现社区管理效益的最大化，社区管理应该采取目标动态管理和责任有序管理两种运行模式，形成自律和他律相结合的社区管理运行机制。

最重要的是相关法律法规同时发力，下放财权解决社区财力来源，发展社区服务经济和自治财政制度，引进一批职业化与专业化相结合的社区工作者。落实的过程中要做到快、准、狠，分阶段逐步推进大社区的综合配套措施的建设，形成一个上下级联动改革、同级部门相互协调的链条，纵向和横向的制度设计，保证大社区管理体制在各个分节点和环节上做到“一步到位”。

2. 微观层面。传统的层级结构关系阻碍了单一制管理的升级转型，上级对下级具有“大包大揽”的统辖权，下级的工作重心被异化为机械完成上级任务，主要对上级负责而不是对其管理和服务对象负责，归根结底，事权划分是解决“有事无权、有事无钱”或“纵不到底、横不到边”的关键所在。

一般来说，公共事务可分为行政事务、服务事务和组织事务三类。政府事权划分与职能转变相接轨，对不同事务进行任务细化和分类管理，按时间和空间维度控制人、财、事的分配与对接，明确各自的管理责任，制定科学的问责跟踪制度，做到“责权利”的有机统一（详见表1）。纵向上，下级政府必须严格执行上级政府的决策；横向上，同一层级政府机构应跨地域、跨部门协调。配置与事权相匹配的人员和财力，防止机构调整过程中政府工作中断和基层空心化。另外，社会组织逐步承担政府释放出来的社会性、群众性、公益性、事务性等事权，平衡各方需求，降低行政成本，增加社会效益。

表1　体制改革后各治理主体的事权划分

大类分类	小类分类	具体内容	责任主体
行政事务	行政管理事务	城市规划和实施计划	市政府
		制定经济和社会发展策略、招商引资、产业规划、入区企业管理、土地资源利用协调、编制法定图则以下层次的各专项规划	管理区或功能区
		环境管理、市容监察、市政配套项目验收、基础设施管理、计划生育与人口管理、治安与消防、医疗卫生、社会保障	管理区或功能区、街区服务机构
	行政执法事务	公安、教育、文化、建设、卫生、环境保护、市场监督、交通	管理区或功能区
	公共信息采集事务	城市管理信息采集、人口房屋基本信息采集	街区服务机构
服务事务	特定人群服务	育龄妇女、下岗职工、离退休人员、外来人口、低保户、特困户、残疾人	社会组织、民间社团
	技术性服务	计生服务、就业服务、慈善事业、困难家庭救助、失足人士矫正、残疾人康复、养老服务、心理咨询、组织培训	

续表

大类分类	小类分类	具体内容	责任主体
服务事务	市政服务	公共教育、医疗保健、邮政投递、通信网络、公共交通、有线电视、供电、供水、供气	市政府、企事业单位
	物业服务	商品房小区、单位型社区物业	居委会、市场组织
		未建成社区物业	社会组织、市场组织
组织事务	法定组织事务	反映需求和意见、培育居民中介组织、开展民间调解、社区民主活动、政府管理和社会组织管理监督	社区党总支、居委会、居民代表大会、议事协商委员会
	邻里互助事务	精神互助、生活互助、物质互助	社会组织、民间社团

六 结语

城市不断扩容变“大”，所以才需要改革，但正因为其“大”，使得改革举步维艰，数量众多的人员安置、相互冲突的既有利益和根深蒂固的惯性思维都增加了改革的阻力。“一级政府三级管理”是改革深水区的必然选择，政府要对自己内部结构进行手术，其难度可见一斑，深圳作为改革的实验田应先行一步。

从时间上看，“两级政府四级管理”已不能适应新时期的发展需要，当旧的制度不能再发挥效用时，应根除其中陈腐落后的部分；从空间上看，由于城市社会管理实行之初在具体落实中出现偏差，普遍违背了最初的设计理念时，应扭转体制的设计思维，让“一级政府三级管理”改革从适应期过渡到上升期。

B.14

城市区域发展评价指标设计中的政府部门影响力初探

——以广州为例*

喻锋　潘泠**

摘　要：伴随着新型城镇化导向的城市区域发展迈向新的进阶，地方政府正在追求进一步深化改革，以考核评价和不断提升政府效能和绩效。在此过程中，考评结果影响着被考评对象的公共形象与资源分配，也给考评的设计带来了利益关联；通常情况下，政府部门的职权强弱能够对于指标设计产生相应的导向性影响，以在考评中体现出自身职能工作的重要性。从2008年的科学发展观、建设现代产业体系和建设宜居城市“首善之区”，到2012年“着力加快转型升级，建设幸福广州”，再到2013年全面推进新型城市化发展，广州的城市区域发展也呈现出渐进的优化与变革。相应的，作为承载城市区域发展战略重要评鉴维度的指标的遴选与运用也充分体现出其特定的价值导向以及政府间关系架构的重塑。

* 基金项目：国家社会科学基金青年项目（15CZZ023）；广东省自然科学基金项目（2015A030313231）；广州市哲学社会科学“十二五”规划项目（11G15）。

** 喻锋（1982～　），华南理工大学公共管理学院副教授，政治学博士（中国—加拿大联合培养），主要从事区域治理、公共政策比较分析与评价研究；潘泠（1993～　），华南理工大学公共管理学院硕士研究生。

关键词： 城市区域发展　评价　指标　部门职权重要程度　部门指标影响力

一　研究问题的提出

政府行为是政府职能运行过程的具体外化，政府职能必须通过适当的政府行为表现出来。政府作为人民主权的代理人，必须代表公共利益。但是公共利益只是政府这一组织的伦理取向，政府绝非抽象的政府，而是有着其独特利益考量的“理性经济人”，具有符合自身特质的价值主张、利益动机和行为逻辑。“应然”的代表公共利益的伦理要求与“实然”的趋向组织自利的价值取向总是处于一种紧张的状态中。政府职能部门是参与制定指标体系的主体，而作为参与主体，各部门无论有着怎样的角色定位，又或者承担了什么样的职能要求，都会基于其自身利益的考量，针对指标设计提出不同的观点与意见，这些观点与意见的相互作用，对指标体系的最终成型产生重要影响。[1]

伴随着新型城镇化导向的城市区域发展迈向新的进阶，地方政府正在追求进一步深化改革，以考核评价和不断提升政府效能和绩效。在此过程中，考评结果影响着被考评对象的公共形象与资源分配，也给考评的设计带来了利益关联；通常情况下，政府部门的职权强弱能够对于指标设计产生相应的导向性影响，以在考评中体现出自身职能工作的重要性。从 2008 年的科学发展观、建设现代产业体系和建设宜居城市“首善之区”，到 2012 年“着力加快转型升级，建设幸福广州”，再到 2013 年全面推进新型城市化发展，随着时代情势的变迁、宏观政策导向的转轨，广州的城市区域发展也经历着不同主题的牵引，呈现出渐进式的优化与变革。相应的，作为承载城市区域发展战略重要评鉴维度的指标的遴选与运用也随之发生工具性的变化，充分体现出其特定的价值转向以及政府间关系架构的重塑。

本文根据现有的指标体系，从中挖掘数据，并使用统计方法进行测算，探索将“部门对指标体系的影响”这一抽象化概念转化为具象的、可测量的、可比较的数值结果；这种基于部门利益而对指标体系施加影响的能力，就是本文所指的“部门指标影响力”概念。本文旨在以指标量化分析为基础，界分出部门指标影响力的不同层级，进而结合政府规范性文件中部门以“责任落实单位”身份出现频数的统计结果，深入挖掘部门指标影响力来源，以此来廓清政府职能部门在城市区域发展评价指标设计中的行为逻辑，助力于城市区域治理现代化水平评价的改进和完善。

二　研究设计

1. 研究方法

本研究以 2012 年 2 月 13 日广州市推进新型城市化发展考核为例，通过梳理总结项目调研成果，获取该项考核所采用的指标体系，以及从最初的指标收集到最终定稿之间，涉及的文件、资料汇编、会议纪要、讨论稿、送审稿等第一手资料，整理这些资料编制“考核指标变化情况一览表”，并根据表中所显示的部门指标及其变化情况，挖掘数据用以测算部门指标影响。以此为基础运用统计分析法，以广州市推进新型城市化发展考核指标体系设计时期为参照，收集并整理广州市政府在该时间段内发布的规范性政策文件，对文中提及的相关责任单位出现频数进行统计，与部门指标影响力进行对照研究。

2. 相关变量的界定与解释

由于区以及县级市的考核得分依赖于指标监测评价部门在各个考核指标上的分数评定，因此在各考核指标涉及的工作领域相对将投入更多的关注与资源，以期提高指标得分，对指标监测评价部门也将更为重视。对于各个部门而言，能否成为指标监测评价部门，代表着本部门的工作是否得到重视，以及本部门地位是否较高，这与部门利益是吻合的。[2] 因此在指标设计成型的过程中，尽管指标入选的决定权在考核部门，但各个部门依然会调动自身具备的资源，以正式或者非正式方法试图对指标体系施加影响，让体现着本部门利益的指标得以入选。这一过程虽然不是明显可察的，但最终确定的指标体系已经明确反映出了问题：各个职能部门报送指标最终录用数量不均衡；有些承担的单一指标较多，有些参与的复合指标较多；有些权重较高，有些较低。因此我们可以得知，部门所拥有的这种能力能够影响指标确定，也能通过已经确定的指标来反映。本研究将这种影响指标确定的能力定义为“部门指标影响力”。

在不同的评价主题指导下，会有不同的评价内容，在这样的前提条件下，与评价主题内容相关的部门自然会拥有较大的部门指标影响力。[3] 为了剔除这样的干扰，本文以广州市推进新型城市化发展考核为例进行研究。该项考核是一项综合性考核，内容涵盖经济发展、政治建设、社会进步、生态保护等，是一项较为全面的考核。该考核在设计之初就意图将此前各类不同主题的考核进行综合概括，从而简化考核项目，毕其功于一役，因而是良好的研究客体。

本文所指“部门指标影响力”，是指在指标设计过程中，部门所拥有的影响指标确定的能力。在具体的研究过程中，需要从已有的指标体系中挖掘部门指标数以及指标权重，通过综合指数法进行测算，可以分为对数量的影响力、对权重的影响力、对变化情况的影响力。

本文所指“部门职权重要程度”，是用部门在政府规范性文件中以“责任落实单位”的身份出现的频数来进行衡量的。重要程度也称重要度系数，在统计学中，也可称之为权数。统计权数是衡量统计总体中各项标志值对综合指标值重要程度的一组数值体系。它可以是分组资料中的频率（或频数），也可以是非频率的结构相对数（或绝对标志量）或者主观的重要性系数（或重要性分数）。[4]

因此，我们认为，在指标设计阶段，政府规范性文件中涉及的各个责任落实单位中，出现频数高则意味着在该阶段该部门的工作受到较多的重视，其部门职权重要程度较高。在本研究中，用部门在政府规范性文件中出现频数的功效系数来表示“部门职权重要程度”，而对功效系数与部门指标影响力进行数学运算，从而得出关于两者之间数量关系更加精确的结果，进而以此为据推断部门指标影响力与部门职权重要性之间的关系。该计算结果称之为“部门职权贡献度”，它能够表示部门指标影响力与部门在政府规范性文件中出现频数的功效系数之间的倍数关系，意味着频数对部门指标影响力的作用力强弱。贡献度越趋近于1，则表示部门频数大小与其影响力大小基本匹配；贡献度大于1，则表示部门频数相对较少，却获得了较高的影响力；贡献度小于1，则表示部门频数相对较高，然而没有形成相应的影响力。

三　研究执行

1. 部门指标影响力的数据来源与计算方法

为了能够进行数字化的运算，需要在指标体系中挖掘数据。实际上，判断部门对指标的影响力大小，有两个非常简便又重要的数据，分别为部门入选指标数以及指标权重，因为常规意义上认为部门入选指标数越多、指标权重越大，则表示该部门在指标体系中越能占据主导，其对指标的影响力越大。[5]

由于指标与指标监测评价部门并不是简单的一一对应关系，一些合成指标是由多个部门共同负责监测与评价，因此在权重分配上需要进一步分解。经过仔细对比，发现统计局基本上可以定位为“数源单位”，负责提供指标数据，而非指标的业务主管部门，因此在权重分配时将其除去，不予赋权；剩下的指标监测评价部门中，排在第一位的通常为该项合成指标的业务牵头部门，其他为配合部门，权重分配上理应有所侧重，[6]但由于缺乏材料支撑，部门之间针对合成指标的具体职责分配情况无法明确，因而在确定权重分配比例这一问题上有较大困难。为防止研究者自身主观猜测给研究带来不利影响，便不采用倾向于牵头部门的有侧重的分配方案，而是在综合考虑合成指标个数以及单个合成指标的监测评价部门个数的基础上，采用平均分配的方法将指标权重平分给各个指标监测评价部门。最后，由于2012年度与2013年度的最终版指标体系，在指标选用方面本身即存在差异，而且指标的监测评价部门存在一定的变动，因此权重的分配也有一定的区别，会存在指标相同但指标监测评价部门的权重不一致的现象。

经过以上处理，便得到了 2012 年部门指标数、2012 年部门指标权重、2013 年部门指标数、2013 年部门指标权重四组初始数据，接下来对四组数据做无量纲化处理，运用功效系数法计算四组数据各自的功效系数，然后使用两年的数据，计算指标变动幅度与权重变动幅度，再分别计算其功效系数，由此便得到了可用于计算部门指标影响力的六组数据，相关计算公式如下：

$$\text{功效系数} = \frac{\text{实际值} - \text{最小值}}{\text{最大值} - \text{最小值}}$$

$$\text{变动幅度} = \frac{\text{2013 年数值} - \text{2012 年数值}}{\text{2012 年数值}}$$

由六组数据的功效系数，可以运用综合指数法计算部门指标影响力得分。我们将 2012 年部门指标数、2012 年部门指标权重、2013 年部门指标数、2013 年部门指标权重四组数据定义为水平分，记四组数据对应的功效系数分别为 I_1、W_1、I_2、W_2；将指标变动幅度与权重变动幅度定义为变动分，将其功效系数分别记为 M_I、M_W。

在进行部门指标影响力计算的时候，也需要考虑六组数据各自比重。如前所述，指标影响力的六组数据可以分为“与指标数有关的”和“与指标权重有关的”两个类别，而“指标数不少于 1”是指标权重存在的基本前提，“部门是否成为指标监测评价部门”又或者说“部门是否拥有负责监测评价的指标”是判断部门是否拥有指标影响力的第一标准，因此我们认为，评判部门对指标的影响力时，指标数比指标权重更为重要。因此，在水平分内部，赋予 I_1、W_1、I_2、W_2 的权重分别为 30、20、30、20；在变动分内部，赋予 M_I、M_W 的权重分别为 60、40；而水平分与变动分各自占 50% 的比重。相关计算公式如下：

$$\text{水平分} = 0.3 \times I_1 + 0.2 \times W_1 + 0.3 \times I_2 + 0.2 \times W_2$$

$$\text{变动分} = 0.6 \times M_I + 0.4 \times M_W$$

$$\text{影响力} = 0.5 \times \text{水平分} + 0.5 \times \text{变动分}$$

由此，我们得到了部门对指标的影响力，以此为基准进行排序，便可得知在广州市推进新型城市化发展考核的指标设计过程中，各个部门的影响力评级与排名。

2. 政府发文中责任落实单位频数统计

在政府长期的工作过程中，大众一般都会依据政府部门职权大小将其划分成“强势部门”与“弱势部门”。强势部门，例如发展改革委，一般认为其职权相对较大，影响范围广泛，掌握资源较多，对政府决策会起到举足轻重的作用；弱势部门，例如宗教事务局，一般认为相对而言其职权较小，影响力有限。彭长桂在其研究中提出了部门地位的概念。他指出，组织中的地位问题无处不在。而部门地位一旦形成，往往具有较强的惯性。地位高的职能部门往往能够获得更多资源和更大权力。[7]

在本研究中，为了量化部门职权重要程度，对部门在政府规范性文件中出现的频数进行了统计。统计时间为从 2012 年 9 月广州市推进新型城市化发展考核项目提上日程开始，至 2013 年 5 月终审通过为止，而统计对象的设定，则是该时期内市长、市政府、市政府办公厅发布的行政规范性文件。

在广州市政府门户网站的政务信息公开专区①，收录了自 2012 年 9 月至 2013 年 5 月，以市长、市政府、市政府办公厅三者其中之一的名义发布的规范性政府文件共计 82 条，将发文时间、文号、发布单位、文件关键词、文件规定责任落实单位、文件名等信息逐条记录下来，就得到了该时期广州市政府的文件汇编。在此基础上，将“文件规定责任落实单位”一栏单独提出做统计分析，便得到了在广州市推进新型城市化发展考核指标体系设计期间，广州市各部门在市政府规范性文件中出现频数的统计，也就反映出了在该时期内，市政府工作的重点方向以及与之相对应的责任部门。

为了进一步探讨部门职权重要性对于其在指标体系设计过程中影响力的影响，需要将部门在政府规范性文件中出现频数的统计结果与部门指标影响力得分进行交互分析。由于部门指标影响力实际上是使用六组数据的功效系

① 网址：http：//zwgk. gz. gov. cn/GZ00/index1. shtml。

数进行运算得到的，其本质上也是功效系数，为了使运算得以顺利进行，需要对广州政府政策文件中部门出现频次的统计结果进行无量纲化处理，与指标数与指标权重一样计算其功效系数。

如前所述，部门职权重要性可以用部门在政府规范性文件中出现频数来衡量，因此我们用“部门出现频数的功效系数”代表“部门职权重要程度”，然后与部门指标影响力进行除法运算，便得到了指标设计的部门职权贡献度。具体运算公式如下：

$$\text{指标设计的部门职权贡献度} = \frac{\text{部门指标影响力}}{\text{部门职权重要程度}}$$

四　研究结果与分析

1. 部门指标影响力计算结果分析

（1）基本情况描述。

基于计算结果，以部门指标影响力得分为对象，从高到低进行排序，由此可以将部门按得分情况分为高中低三个层级，记为第一层级、第二层级、第三层级。

第一层级以发展改革委为典型代表，共计 13 个部门，各部门指标影响力得分在 0. 24 ~0. 42。具体情况如表 1 所示。

表 1　部门指标影响力得分第一层级情况一览表

部　门	指标影响力	部　门	指标影响力
发展改革委	0. 412899093	国土资源与房屋管理局	0. 331210778
民政局	0. 409722222	纪委	0. 324147671
人力资源与社会保障局	0. 35449734	环保局	0. 31568137
组织部	0. 354153593	财政局	0. 312120093
水务局	0. 353710778	科技与信息化局	0. 303900731
经济贸易委	0. 351005169	林业和园林局	0. 278938722
		宣传部	0. 249810046

第二层级以文化广电新闻出版局为第一名，共计16个部门，各部门指标影响力得分在0.1~0.2。具体情况如表2所示。

表2　部门指标影响力得分第二层级情况一览表

部　门	指标影响力	部　门	指标影响力
文化广电新闻出版局	0.197348037	安监局	0.127462009
城管委	0.197348037	教育局	0.127348037
建委	0.169722222	人大常委会选联工委	0.112424019
司法局	0.151767565	政协提案委	0.112424019
卫生局	0.139090685	国税局	0.112424019
人口计生局	0.13568137	地税局	0.112424019
政务公开办	0.13568137	社工委	0.100795343
食品药品监督管理局	0.13568137	公安局	0.100795343

第三层级以信访局为首，共计16个部门，各部门指标影响力得分在0.01~0.1。具体情况如表3所示。

表3　部门指标影响力得分第三层级情况一览表

部　门	指标影响力	部　门	指标影响力
信访局	0.094981005	法院	0.028812907
团市委	0.091331903	法制办	0.028812907
国家统计局广州调查队	0.069772056	协作办	0.022739787
“三打”办	0.0625	政法委	0.022739787
规划局	0.0625	农业局	0.022739787
外经贸局	0.057625815	妇联	0.019703227
质监局	0.053105389	总工会	0.019703227
知识产权局	0.034886028	工商局	0.019703227

（2）各层级具体情况介绍及原因分析。

根据部门指标影响力具体得分情况以及层级划分情况，对于各个部门的具体情况可以有如下分析。

第一层级：第一层级在得分上基本上可以认为是“强势部门”的代表，但这样的基于数据整理与数学运算得出的“强势部门”，与民众基于自身生活实践认知得出的“强势部门”，存在一定的差异性。在一般民众看来，第一层级中有一些相对熟悉的“强势部门”，尤其以发展改革委、经贸委、财政局等部门为典型，这样的典型印象实际上较多来自于传统意义上政府与民众普遍性的对经济发展的关注。然而，随着政府发展追求的不断提升，社会以及公众也在不断审视曾经走过的发展道路，在多方综合作用下，政府的发展已经不仅仅局限于关注经济方面，更重要同时也更为普遍地被接受的观点是经济、政治、社会、生态全方位的发展与进步，因此，在第一层级的部门中可以见到一些传统意义上并没有明显优势的新兴的“强势部门”。例如，与政治发展有关的组织部、纪委、宣传部；与社会发展有关的民政局、人力资源与社会保障局、国土资源与房屋管理局、科技与信息化局；以及与生态发展有关的水务局、环保局、林业和园林局。

有一些非常值得关注的部门，例如纪委，在2012年，纪委仅仅在指标“群众合法权益保障水平”中占据一席，与另外七个部门共同负责这一权重为2的合成指标，然而到了2013年，纪委除了保留在“群众合法权益保障水平”的席位之外，还单独负责了一项权重为4的指标“廉洁广州指数”，由此，纪委的指标影响力显著提升至第一层级。与此类似的，发展改革委在2013年也新增了一项名为“推进‘三个重大突破’工作完成度”的指标，该指标占据3分的权重，为发展改革委部门指标影响力的提升贡献颇多。纪委和发展改革委在2013年新增的这两个指标都不是本土提炼的，皆来自于对于上级考评的承接。由此可见，在我国现有政府层级制度下，上级的重大决定对于下级政府的指标设计也会产生一定的影响，领导人意志也是指标影响力的重要来源。

另外，相较于纪委与发展改革委，水务局的影响力提升就显得更为本土化。在2012年与2013年两个版本的指标体系中，水务局都占据了6分的权重，这对于一个传统意义上并非“强势部门”的部门来说是意义非凡的。在进行广州政府政策文件整理的时候，可以发现，2012年9月29日，广州市人民政府办公厅发布“穗府办函〔2012〕131号文件”，标题为《广州市人民政府办公厅关于印发广州市最严格水资源管理制度实施方案的通知》。

这一文件一方面体现了广州本土对水资源的重视；另一方面也是在贯彻实施省政府的水资源政策。该文件强调要“突出抓好水资源开发利用控制、用水效率控制、水功能区限制纳污红线管理”。正是在该文件的指导与督促下，水务局关于水资源综合效率、城乡供水水质合格率、城市生活污水集中处理率的指标得以留存在两个版本的指标体系中，也使得水务局在部门指标影响力得分中位居第一层级。因此，一定阶段内的重点工作，也可以是部门指标影响力的重要来源。

第二与第三层级：通过部门指标影响力的具体得分，可以看出，部门指标影响力自高到底，其差距在慢慢缩小，而实际上，与第一层级内部各部门之间得分差距相比，第二层级与第三层级无论在内部各部门得分差距还是层级与层级之间的得分差距上，都要小很多。这意味着部门指标影响力得分相对较低的部门，其指标数、指标权重以及两者的变化幅度方面相似度较高，虽然有着层级上的划分，但实际上可以将第二层级与第三层级统归为“弱势部门”。

首先需要说明的是规划局与“三打”办。规划局在 2013 年提出了一个名为“城乡规划一体化指数”的指标，“三打”办在 2012 年提出了一个名为“‘三打两建’绩效”的指标，但这两个指标均未能入选，因此实际上这两个部门在 2012 年与 2013 年的指标数与指标权重均为 0，其水平分为 0，变动分也为 0，但由于有些部门 2013 年度的指标数与指标权重是比 2012 年度的更小的，因此变动幅度上存在负值，于是导致规划局与“三打”办的变动分的功效系数不为 0，相对地就提升了这两个部门的指标影响力得分，然而实际上这两个部门的指标影响力排名应该是最后的。

结合上述指标体系分析可以发现：第三层级的这些部门大多只负责一个指标，并且过半部门实际上来自于社会综合治理水平、群众合法权益保障水平、民主法治建设指数这三个合成指标，指标权重的分配进一步降低了水平分；同时，这些部门的指标均集中出现于 2012 年，但在 2013 年就被取消了，因此在变动幅度上呈现负值，再次拉低了部门指标影响力得分，于是这些部门在整体上均处于中下游水平。

第二层级的部门多数拥有1～3个指标，全部是部门自身业务范围内的指标，权重基本为2，并且两年都有，情况相对而言很稳定。这实际上说明这些部门的指标，在市对区县进行新型城市化发展成效评价的时候，属于常规性指标，这样的指标能够较好地反映区县在该业务领域内的工作成果；另外，这也意味着在考核过程中有了这些指标便足够了，不需要再增加指标。因此，这些部门在实际的指标体系设计过程中，并没有太多的机会提出新指标并使之入选，同时已有的指标也不会轻易被删除，因此其指标影响力得分处于中等水平，实际上的影响力并不大。

2. 部门职权贡献度结果分析

在对部门在政府规范性文件中出现频数的统计结果进行无量纲化处理时，需要考虑在频数统计中出现的部门与指标体系中出现的部门的匹配情况。为了防止运算过程中出现分母为0的情况，我们设定统计频数最小值为0，倒数第二小的频数为1，以此计算出虚拟最小值为0.5，当频数统计结果为0时，便用0.5的频数代替计算功效系数，以使运算继续进行。

（1）基本情况描述。

与部门指标影响力相对应的，我们将指标设计中的部门职权贡献度由高到低也分为三个层级，分别予以描述。具体分类情况如下。

高贡献度层，以组织部为首，共计15个部门，贡献度得分在1.35～7.1。具体情况如表4所示。

表4 高贡献度层得分情况表

部　门	贡献度得分	部　门	贡献度得分
组织部	7.083071852	社工委	2.015906852
纪委	6.482953426	信访局	1.899620093
林业和园林局	5.578774444	团市委	1.826638056
文化广电新闻出版局	3.946960741	水务局	1.768553889
司法局	3.035351296	国家统计局广州调查队	1.395441111
宣传部	2.498100463	民政局	1.365740741
人大常委会选联工委	2.24848037	人口计生局	1.356813704
政协提案委	2.24848037		

中贡献度层，以“三打”办为首，共计 15 个部门，贡献度得分在 0.45 ~1.25。具体情况如表 5 所示。

表 5　中贡献度层得分情况表

部　门	贡献度得分	部　门	贡献度得分
“三打”办	1.25	法院	0.576258148
国税局	1.124240185	人力资源与社会保障局	0.506424772
地税局	1.124240185	公安局	0.503976713
环保局	0.789203426	经贸委	0.501435956
科技与信息化局	0.759751829	国土资源与房屋管理局	0.473158254
卫生局	0.695453426	协作办	0.454795741
政务公开办	0.678406852	政法委	0.454795741
安监局	0.637310046		

低贡献度层，以建委为首，共计 15 个部门，贡献度得分在 0.03 ~ 0.43。具体情况如表 6 所示。

表 6　低贡献度层得分情况表

部　门	贡献度得分	部　门	贡献度得分
建委	0.424305556	食品药品监督管理局	0.271362741
发展改革委	0.412899093	总工会	0.197032269
妇联	0.394064537	质监局	0.177017963
知识产权局	0.348860278	规划局	0.078125
财政局	0.346800103	农业局	0.07579929
教育局	0.318370093	法制办	0.072032269
外经贸局	0.288129074	工商局	0.032838711
城管委	0.281925767		

（2）原因分析。

位居高贡献度层，意味着部门用较少的频数获取了相对较高的部门指标影响力。然而对比部门在政府规范性文件中出现的实际频数，可以发现，在高贡献层的 15 个部门中，除了宣传部、水务局、民政局、人口计生局，剩余 11 个部门的频数统计均为 0。

依据之前的研究假设，频数统计为 0 意味着该部门职权在政府体系中的重要程度微乎其微，这样的情况显然并不适用于上述11个部门。基于前期研究，借鉴学术界与实务部门长期的实践与观察，我们认为部门在政府规范性文件中出现的频数确实能够在一定程度上反映部门职权的重要程度，但不可否认的是，这一论证成立的第一前提是要有部门频数，也就是说，部门频数为0应当视为特例，不属于论证范围。

由于受到政府信息公开条例规定以及保密需要的影响，在进行广州政府政策文件整理与汇编的过程中，并没有能够完全收集所有的政府规范性文件，实际上从文号的排列上即可看出存在一些文件缺失的现象，当频数统计为0时，部门职权贡献度在数理意义上趋近于无穷大，但实际结果由于频数的缺失而不明确，应当在分析过程中予以特殊考虑。因此，除了频数统计为0的11个部门，宣传部、水务局、民政局、人口计生局才是真正意义上的高贡献度层。之所以这些部门能够以较低的频数获取较高的指标影响力，其原因涉及对另一问题的解答：部门在政府规范性文件中出现的频数所反映的部门职权重要程度是“真实的重要”还是“虚假的重要”？

我们认为，部门在政府规范性文件中出现的频数高，确实意味着政府对该部门工作的重视，然而这种“重视”实际上是包括了真正的重视并给予资源与协助以及书面与口头上的重视两种情况。[9]如果是真正的重视，频数高是一个表现，即便频数低，规范性文件内容的重要性以及文件的贯彻与实施也将是一个反映部门实际职权重要性的因素，在这一问题上，前文中所提到的水务局便是一个很好的例子。如果是书面与口头上的重视，则部门在政府规范性文件中出现的频数实际上反映的是名义上职权的重要性，并不能够完全代表实际职权的重要性。低贡献度层的最后几个部门便是第二种情形的典型部门：质监局、规划局、农业局、法制办、工商局五个部门，其频数统计分别为3、8、3、4、6，属于较高水平，然而这样的结果并没有给这些部门的指标影响力带来有效的加成，表明这些部门的工作在政府体系内得到较多的重视，然而政府却没有给部门过多的支持，工作的完成主要依靠部门自身，因此在进行指标设计的时候对这些部门的考虑并不多，其指标影响力也相对偏低。

以上我们讨论了在部门职权贡献度中的特殊部门。针对一般部门，实际上，在介绍部门职权贡献度计算方法时，我们已经知道，贡献度趋近于1，则表示其职权重要程度与影响力基本匹配，在中贡献度层的部门基本符合这一状态。在中贡献度层，除去“三打”办、法院、协作办、政法委四个频数为0的部门，剩余11个部门，在指标影响力方面，5个为第一层级，6个为第二层级，基本与部门频数，也即部门职权重要程度相匹配。我们将中贡献度层的临界值稍作调整，可以发现，贡献度得分在0.5～1.5的部门也正好为15个，整体情况上，部门职权重要程度与指标影响力基本正相关。

此外，在低贡献度层，妇联频数为0，最后5个部门在前已有分析，除这6个部门，还有知识产权局、外经贸局与总工会在指标影响力方面同属于第三层级，频数分别为1、2、1，其频数与其指标影响力可以匹配；剩下6个部门，频数均较高，指标影响力也属于第一层级与第二层级，实际上其频数排名与影响力得分，也即职权重要性与影响力是匹配的，然而由于数学公式运算的原因，使得其部门职权贡献度得分位居底层。

五　研究结论

1. 部门指标影响力的来源

本研究借用已经确定的指标体系，挖掘部门在指标体系中所拥有的指标数以及指标权重，并以两个年度的指标体系进行对比，采用综合指数法，综合多种数据，以水平分与变动分合成测算部门指标影响力。最终的得分由高到低排列，并将对应的部门分为第一层级、第二层级、第三层级。针对三个层级的分析，可以发现，部门指标影响力的来源是多层次的。

首先，部门职权的内容、范围和约束性是最重要的影响力来源。当部门职权中涉及地区经济发展时，其部门指标影响力一般相对较高，然而随着社会的不断发展，经济已经不是评价政府绩效的唯一指标，公众开始综合评价政府在经济、政治、社会、生态等方面的作为，因此部门中涉及经济的职权已经不再是唯一的优势，在政治建设、社会发展、生态保护方面有重要意义的部门职权也成为推高部门指标影响力的强大动力。

其次，政府在一定时期内的重点工作内容，也能对部门指标影响力产生较大影响。在一定的时间段内，一级政府需列明一系列重点工作，需要在一定时期与一定范围内投入相比平常时期更多的资源，这使得该项工作的责任部门在一定时期内处于相对核心的地位，在此期间的绩效考核工作中该部门也能占据有利，获得较高的部门指标影响力。广州市政府对水资源管理工作的重视给水务局的指标影响力带来的影响，就是一个很好的例子：在指标设计阶段，水资源管理工作的重要地位令水务局的部门指标影响力保持着较高的水平，在指标数与指标权重方面均有良好的表现。

最后，更高层级政府及其首脑的意志，也是指标影响力的重要来源。在政府体系内，当上级政府或地区政府首脑传达出对某一工作的重视时，下级政府将在相对短的时间内做出回应，以表示对该项工作的关心与支持，这在一定程度上将有可能导致正在进行的指标设计做出修改或直接的添加，从而提升业务主管部门的指标影响力。例如“廉洁广州指数”对纪委指标影响力的推动与提升，以及“推进‘三个重大突破’工作完成度”这一指标对发展改革委部门指标影响力的加成。由此我们可以得出结论，归根到底，部门指标影响力的来源就是部门实际职权的重要程度。当然，这里需要对部门职权与部门实际职权做出区分，只有实际职权的重要程度，才能给部门指标影响力带来真正的推动与促进作用。

2. 部门职权重要程度与部门指标影响力的关系

本文根据广州市推进新型城市化发展考核指标体系设计的时间节点，对 2012 年 9 月至 2013 年 5 月的广州政府政策文件进行梳理与汇编，并对文件中提及的业务主管部门进行整理与频数统计，在此基础上，将部门在政府规范性文件中出现的频数与部门指标影响力进行对比分析，从而挖掘两者之间的数量关系，并进一步探究部门职权重要性与部门指标影响力之间的关系。

考虑到特殊情况，需要对部门职权与部门实际职权做出区分，部门在政府规范性文件中出现的频数能够反映部门在政府体系内职权的重要程度，但这种重要有可能是政府体系内的书面与口头上的重视，在这种情况下，要能真正反映部门实际职权的重要性，还需要将规范性文件内容的重要性、文件的贯彻与落实情况、政府体系的支持与协助等因素考虑在内。于是便有如水务局一样频数较少却获得了较高的指标影响力的部门，也有如规划局一样频数较高却没能对指标影响力形成有效加成与提升的部门。

整体上，除去频数为 0 的部门，部门在政府规范性文件中出现的频数所反映出的部门在政府体系内职权的重要性情况基本合理，尽管贡献度排名最低的 5 个部门的职权重要程度在表面上处于较高的范围，但实际上是存在一定的虚高，这些部门并没有得到政府体系的大力支持与协助；剩下的其他部门，其频数排名基本反映了部门职权的重要程度，一些特殊情况也能用规范性文件内容的重要性予以补充说明，整体上部门在政府规范性文件中出现的频数排名与指标影响力排名基本匹配，研究通过指标设计中的部门职权贡献度的计算，可以发现部门实际职权重要性与部门指标影响力之间的正向关系，结合前期论证，进一步明确了部门指标影响力的最大来源是部门实际职权的重要程度。

参考文献

[1] 苏为华:《统计权数理论》,《统计研究》1991 年第 4 期。

[2] 彭长桂:《国有企业职能部门地位与绩效关系实证研究》,《商业时代》2012 年第 13 期。

[3] 张翔:《国外“政府部门间关系”研究: 历史预置、理论主张与分析视角》,《社会主义研究》2012 年第 1 期。

[4] 高轩:《西方发达国家政府部门间关系的几种模式及启示》,《理论视野》2014 年第 3 期。

[5] 石亚军、施正文:《我国行政管理体制改革中的“部门利益”问题》,《中国行政管理》2011 年第 5 期。

[6] 石富覃:《地方政府绩效评价指标体系设计的导向和原则研究》,《开发研究》2007 年第 3 期。

［7］吴建南、杨宇谦、阎波：《政府绩效评价：指标设计与模式构建》，《西安交通大学学报》2007 年第 5 期。

［8］卓越：《政府绩效评估指标设计的类型和方法》，《中国行政管理》2007 年第 2 期。

［9］余亚梅、唐贤兴：《政府部门间合作与中国公共管理的变革》，《江西社会科学》2012 年第 9 期。

B.15
佛山大部制改革存在的问题及其破解对策*

戴昌桥**

摘　要：实行“大部制”是佛山行政体制改革的必然趋势。为进一步完善佛山大部制改革，加强实证调查和理论探讨，分析当前大部制改革中存在的问题十分重要。当前佛山大部制改革主要存在以下问题：部分政府职能尚未彻底理顺转变，部分政府机构设置仍不合理，政府各部门间的沟通协调不畅，事权下放引发的问题凸显。要破解上述问题，必须进一步理顺政府职能，优化部分政府机构设置，完善政府各部门间的沟通协调机制，针对事权下放带来的具体问题研究相应的对策。

关键词：大部制改革　政府职能　沟通协调机制　事权下放　对策

自2008年中央提出大部制改革以来，佛山率先在地级市辖区发起一系列大部制改革：2009年9月，佛山顺德区最早掀起大部制改革，同年10月，佛山市政府启动大部制改革；2010年6月佛山南海、三水、高明、禅城四区也相继展开大部制改革，同年9月，佛山31个镇街实施大部制改革；

* 基金项目：广东省社科项目《中美地方治理模式比较研究》（编号：GD10XGL0）；广东省打造“理论粤军”2013年重大资助项目《广东深化改革的主攻方向、重点难点和有效路径——制度红利视角的研究》（编号：LLYJ1302）。

** 戴昌桥（1978～　），湖南武冈人，广东财经大学公共管理学院副教授、国民经济研究中心研究员，博士，主要从事地方治理研究。

2011年4月，禅城、南海、三水和高明对大部门进行微调；2012年和2013年，佛山市级大部门进行微调；目前佛山大部制改革正处在回顾反思与完善阶段。

近年佛山大部制改革呈现如下特点：（1）部门机构调整力度大。原市政府37个部门整合为31个大部门，原顺德区41个党政群组织整合为16个大部门，禅城、南海、高明、三水四区均整合到16个党政机构，17个特大镇街设综合性办事机构不超过12个，其他镇（街）原则上不超过10个。[1]（2）将“行政审批改革”“富区强镇”改革与大部制改革融为一体推进，最大限度向区镇下放审批权和管理事项。如佛山市级政府向下级政府下放近500项管理事项，各区向镇（街）下放行政审批和管理事项4760项。（3）党政配合联动，即不仅综合整合政府部门，而且联动整合党委机构，将党委和政府中职能交叉重叠的机构整合在一起成大部门。如南海、禅城、三水、高明四区的区府办与区委办合署办公，区文广新局和区体育局划入区委宣传部。（4）佛山大部制改革不仅先于省级大部制改革，而且各区机构设置不必顾及“党政分开”和“上下对口”，机构设置标准只有一个：是否利于解决实际问题。[2]（5）区领导兼任首长，组建党政联席会议。如大部制改革后，顺德区政府的16个区党政大部门首长由5个区委常委、6个副区长和5个级别相当于副区长的“政务委员”兼任，其他四区（详城、南海、三水和高明）区级大部门首长由除区委书记、区长、副书记和1名常务副区长外的区委常委、副区长或政务委员兼任。顺德等五区分别组建由区委常委、区人大常委会主任、区政府正副区长、区政府主席、政务委员组成的党政联席会议，负责各区内重大决策。（6）市、区、镇（街）三级大部制改革同步实施。有的区将工商、公安、国土等部门也纳入改革范围，将它们由原来的以垂直管理为主改为以同级政府管理为主。

佛山上述大部制改革精简了政府机构，转变了政府职能，创新了政府机制，提高了行政效率，但也暴露出一些与改革初衷不一致的、亟须解决的问题。基于此，本文将重点探讨佛山大部制改革中存在的问题及其破解对策，以为改进佛山大部制改革和其他市级大部制改革提供借鉴。

一　佛山大部制改革问题分析

佛山大部制改革中存在的问题主要表现在以下几个方面。

（一）部分政府部门职能未完全理顺转变

完全理顺转变政府部门职能是佛山大部制改革的本质要求，但在佛山此次大部制改革中，由于部分人对大部制改革认识不足，某些部门难以放下自身利益，部分社会组织未成熟，部分改革方案不周全，部分部门间职能该如何划分至今尚未获得共识，这就导致目前佛山部分政府部门职能未完全理顺转变。如李振时对佛山机关人员调查统计，有37.89%的人认为大部制后仍存在职责交叉问题。[3]

一是部分上下级政府部门职能未完全理顺转变。在佛山此次大部制改革中，由于认识上的偏差和改革方案的局限性，当前佛山部分上下级政府部门间存在职能错位、越位和缺位问题。首先是部分市级政府部门履行了区级政府部门部分微观执行性职能，而对区级政府部门的宏观统筹规划、指导监督与培训职能履行不够。如笔者调研发现，市纪委监察局、市审计局仍在代区政务检查和审计局承担对区级单位的部分具体审计业务，但对区级政务检查和审计指导监督与培训的工作做得很不够；市环保局仍在代替区环保部门执行一些具体微观的环保审批与日常管理职能，但对区环保部门的宏观统筹规划与协调职能履行不够；市水务局仍在代替区镇街水务部门履行供水、排污等具体执行职能，但对全市五区水务的统筹规划与监管不到位。其次是部分区政府部门仍在代替部分镇街政府部门履行着一些微观执行职能，但对部分镇（街）政府部门的宏观统筹与指导监督不足。如各区中小学尤其小学校长的具体人事管理职能应下放给镇（街）政府的组织、教育部门，但实际上这些具体的人事管理仍保留在区政府的相关部门。

二是部分同级政府部门职能未完全理顺转变。在佛山此次大部制改革中，由于受部门利益和其他复杂因素的影响，佛山部分同级政府部门间仍存在职能划分不清、整合不到位等问题。如笔者调查发现，市国土资源和城乡规划局与市招投标管理办公室在土地交易和矿业权交易的业务指导监督上存在职能交叉不清的问题。五区事业单位人员的管理职能本应归各区人力资源和社会保障局，但实际上却由区人力资源和社会保障局与区委组织部共管，如高明区事业单位的招聘录用、人员聘任、工资福利等管理工作由组织部负责，而事业单位的专业技术人员评审、专业技术人员职数比例控制则由人力资源和社会保障局负责。城市交通运输职能在镇街内却分别由镇（街）国土城建和税务局负责交通建设工程，由环境运输和城市管理局负责道路维护、交通管理等工作，造成同一职能由不同镇街部门负责。

三是部分政府部门与社会组织间职能未完全理顺转变。在此次佛山大部制改革中，由于佛山公民社会与市场经济不发达，社会组织发育不成熟，“全能政府”思想影响依然存在，这就使本应由佛山社会组织承接的部分事务仍保留在部分佛山政府部门身上，从而导致佛山部分政府部门与社会组织间的职能理顺转变不到位，突出表现在：佛山部分政府部门管了部分不该管、管不了，也管不好，应交社会组织承担的社会公共事务。如笔者在佛山市区镇调查中发现，30%的政府部门转移给社会组织承担的业务不到本部门总业务的10%，甚至还有个别部门几乎没转移任何业务给社会组织。

（二）部分机构设置不合理

佛山大部制改革就是要重新合理设置整合政府机构，但在此次佛山大部制改革中，由于部分政府机构职能理顺转变不到位，部分政府机构沟通协调不够、配合联动不足，重新设置整合机构的方案存在局限性，这就导致部分政府机构设置不够合理到位，重新整合后的机构设置尚未达到预期目标。主要表现在：某些机构应设置而没设置，如发展和改革局未设置成本监审与价格监测机构，环保局未设置专门的环境技术机构与固体废物管理机构，卫生局未设置应急应对处理突发公共卫生事件的机构等。某些机构应撤销而没撤销，如没撤销市外事侨务局的经济联络科和侨务科以组建侨务工作科。某些机构应合并而没合并，如人力资源和社会保障局与社会保险基金管理局应合并而没合并。三水“社工局”与“人社局”存在部门职能重叠，其相应内设的承接载体机构理应整合而没整合。某些机构不应拆分却被拆分，如禅城、三水、高明三区原统计业务科室和统计专业人员被分散到大部门的不同科室，由此带来业务不熟、协调不畅、效率低下等问题。某些部门内设机构级别较低，如市农业局内设的扶贫办和渔政支队都仅是科级单位，两机构级别与其承担的工作量、职责很不相称。某些机构在改革初取消后在后面的微调中又恢复了，如三水区在大部制改革初期取消了农业局，但由于目前三水农业在整个经济发展中仍占很大比重，所以，三水农业局取消后不久就又恢复了。

（三）部分政府部门间沟通协调难

在佛山大部制改革中，由于省级大部制改革未动而市大部制改革先行，部分政府机构职能理顺转变不到位，各区机构设置整合采取党政部门联动策略和不需顾及“上下对口”“党政分开”[4]，尤其部分区还将工商、公安、国土等部门纳入改革范围，这就使佛山此次改革不仅涉及的部门多、关系复杂，而且涵盖了党、政两个系统的机构，因而造成部分政府部门间沟通协调难。主要表现在：一是部分省市级部门沟通协调难。如佛山大部制改革建立了市级行政服务中心，但省级政府未建立行政服务中心，所以佛山市级行政服务中心缺乏对口的省级行政服务中心，由此带来了工作沟通协调上的问题，市级部门找省级部门审批时只能逐个找省级不同部门，这就增加部分省市部门间沟通难度。二是部分市、区两级部门沟通协调难。如佛山大部制改革中，一方面由于一些市级部门没动，而改革前与之存在业务对接关系的区级部门经过改革后被拆分到几个新设的区级政府部门，其相应职能也拆分给这几个新设区级部门，从而引出了没改的部分市级政府部门在业务方面要同时沟通衔接数个区级政府部门的“一对多”问题，如佛山大部制改革后的佛山市国土和城乡规划局在业务职能上就要同时与各区环保和城管局、国土城建和水务局、区发展规划和统计局发生业务沟通衔接关系。另一方面，由于改革后部分原市级政府部门职能被分散给多个新市级政府部门，所以负责承担该对应职能的部分区级部门在改革后就要同时与多个新市级部门对接，要向多个新市级部门请示，从而引出数个新设立的市级部门在业务职能上同时沟通衔接同一个区级部门的“多对一”问题，如市经贸局、市外经贸局、市科技局、市信息产业局在某些业务上就要同时接受三水区经济促进局对口请示。三是部分区镇（街）政府部门间沟通协调难。如顺德区镇（街）政府对大部制改革中镇（街）双重管理机构（如镇街工商、国土所改革前由区工商、国土局单向垂直管理，改革后则由区直部门和镇街政府双重管理）的管理模式有分歧，这就导致区镇（街）政府部门间沟通协调难。[5] 笔者调研访谈时也亲自听到区镇（街）部门反映改革后区镇（街）沟通难度比改革前有所增加的问题。四是部分同级政府部门间沟通协调难。如 2014 年 9 月，笔者在佛山调研时，佛山市相关部门机关人员就反映：“佛山市人社局”与佛山市编委（办）在人事职能方面存在职能重复交叉问题，各区执法机构（工商局、市场安监局、区位社工部）存在市场执法与生产执法界限不清问题，从而造成这些同级不同部门难以协调沟通问题。

（四）部分事权下放凸显新的问题

佛山大部制改革的一个重要举措就是下放事权。下放事权虽取得一定成效，但由于下放事权的制度措施不力，带来诸多问题。

一是部分下放事权的财力不足。虽然佛山在大部制改革的事权下放中提出调整财政分成和部分规费的总体政策方案，但由于缺乏细化的文件规定和具体的财政分配改革细则以及一些部门事项下放方案暂未涉及财政分成比例的调整，这就导致部分事权下放后财权下放不足，进而引出承接下放事权单位财力不足。如笔者调查的佛山 12 个镇（街）政府都反映上级政府将事权下放给自己承担后面临财力不足问题，其中顺德容桂、北滘、大良镇（街）明确反映：派出机构由原来垂直管理下放给镇（街）管理后，镇（街）财政不仅要负担下放派出机构的人员工资福利，还要负担其职能支出，但市区政府没有向镇（街）政府增加财力支持，导致镇（街）政府财力不足。

二是部分下放事权的责任问题突出。如李振时对佛山机关人员调查统计，有29.76%的人认为大部制后仍存在权责脱节问题。[3]这主要表现在：一方面，由于部分下放事权部门错误认为“事权下放就是对下放事权撒手不管，就是从下放事权中脱身，就是将与下放事权相关的一切事务交由承接下放事权的部门承担”；再加上下放事权的监察监督体系不健全，从而削弱了下放事权部门对下放事权承接部门的监察监督，导致监察监督责任不能到位。另一方面，由于市区部门将事权下放到区镇（街）后没有及时更新与下放事权责任相关的法律法规，事权的责任并没有随事权一同下放，使事权执行主体是承接事权的下级部门和人员，而责任主体仍是原来的上级部门，从而导致责权不对等，执行者可能滥用权力而不担责，而非执行者却要担责。如佛山有几个市区级政府部门将部分行政审批权下放给镇（街）后，一些镇（街）部门出于自身利益而违法审批，但在权益受损当事人提出法律诉讼时，诉讼对象按法律规定却是市区级的相关部门。

三是下放事权引出了一些人事问题。（1）领导副职扎堆。由于大部门整合以及市区两级政府把大量事务下放给区镇街和社会组织后人没随事一起下放、转移和分流，这就导致改革后佛山部分政府部门出现“机构越来越精简、领导队伍却越来越庞大”的问题。如南海国土城建和水务局在改革后领导增加到20人，其中常务副局长就由原来的1人增加到4人、副局长增加到13人。高明区市场安全监管局有14名副局长，禅城区发展规划与统计局有15名副局长[6]；（2）基层人员业务素质低、人数不足。大部制改革中市级政府把大量事务下放给区政府部门，区政府部门又继续将其中部分事务下放给镇（街）政府部门，因而区镇（街）政府部门新增了许多原本没有的新职能，但区镇（街）政府部门人员大多还是原班人马，即使有新增人员，多数也只是一些非专业的临时合同工（受行政编制限制），所以区镇（街）政府部门人员数量和质量难以达到新增业务要求。

二　佛山大部制改革问题的破解对策

佛山大部制改革产生的上述问题，势必影响佛山政府行政的正常运行，从而削弱改革成效，因而有必要结合佛山改革实际进行科学分析，适时研究出相应的破解对策。

（一）对症下药理顺政府各部门职能

从上文所述佛山大部制改革问题可知，改进佛山大部制改革的关键就是要理顺政府各部门职能的前后衔接，进一步加强改革方案的科学设计和改革宣传力度，并在提高改革认识的基础上做到以下几点。

首先要理顺市、区、镇（街）三级政府部门间职能。具体来说，就是根据宏观决策职能与微观执行职能相分开的原则，市级政府部门主要是集中精力抓好管好全市范围内的统筹决策事务，并加强对区级政府部门人员的业务培训、教育、指导和监督，尽量减少对区级政府部门微观业务方面的直接干预；各区级政府部门主要负责做好本区范围内的计划统筹事项和发展规划，落实中央、省、市三级政府下达到区的政策、法规，履行好区级政府本应履行的区级执行性职能，同时强化对镇（街）政府部门人员的业务培训、指导、监督等职能，但尽量不要过多地去直接干预本属于镇（街）政府部门履行的微观执行性职能；镇（街）政府部门重在微观执行，全力以赴执行好上级政府下达政策，为本镇（街）居民实实在在办好具体的经济发展与社会民生服务事务。据此，佛山市纪委监察局、市审计局就理应把具体审计业务转交给区政务检查和审计局，市区环保部门理应把环境保护日常管理职能转交给区镇（街）环保部门，区组织教育部门理应把中小学的具体人事执行职能转交给镇（街）组织、教育部门，市区水务部门理应把供水排污等具体执行职能转交给镇（街）水务部门，同时加强对承接下放职能部门的统筹监督与培训指导。

其次要理顺转变同级政府部门间职能。针对部分同级政府部门间职能交叉重复问题，坚持同类事项由一个部门负责的原则，将相同相近相似职能统一归并到一个大部门进行集中管理，以尽可能消除同级不同政府部门间的职能交叉重复问题，防止以至杜绝出现职责不清、管理多头等弊端。为此，佛山各区级政府应将事业单位人事管理职能统一归并到区人力资源和社会保障局，区编委（办）就不要再插手去管了；佛山市级政府应将矿业和土地交易业务的指导监督职能从佛山市国土和城乡规划局剥离出来统一归并到市招投标管理办公室，佛山市国土和城乡规划局就不要再插手去管了。

最后要积极培育社会组织，并将那些一般社会职能合理地转移给社会组织。为此，一要采取宽进严管方式，尽可能降低社会组织注册登记成立门槛，减少社会组织注册成立时所需要的资金、人员、场地等条件限制，尤其可适当考虑取消社会组织“只有挂靠政府机关或事业单位”才能注册成立的限制，为社会组织顺利发展创造条件，进而有利于政府职能向社会组织转移。二要积极完善并落实社会组织税收减免制度，并专门从财政资金中拿出部分资金用来创设社会组织发展孵化基地和其他项目，以帮助社会组织快速成长发育。三要通过签订合同承包等市场化手段将政府不该管、管不了，也管不好的职能转交给社会组织承担。如行规制定、行业资质和等级认定、专业技术职称评定、社会公益服务等事项就可以通过市场化手段，将其从佛山市各级政府中剥离出来转交给佛山市培育发展起来的社会组织承担。[5]

（二）深入研究进一步优化政府机构设置

由于佛山大部制改革仍存在部分机构设置不合理的问题，导致了部分政府职能难以有效履行。因此，进一步优化政府机构设置是有效履行政府职能的客观需要。笔者认为，政府机构设置要做到真正优化，必须在上级政府统一领导下，在各相关部门充分协调沟通的前提下，针对佛山目前机构改革中存在的问题，结合政府职能行使的实际需要来优化设置。具体来说就是要做到：（1）合理增设某些部门内设机构。如市团委可考虑增设独立志愿者部、市发展和改革局可考虑增设成本监审和价格监测机构、市环保局可考虑增设环境技术和固体废物管理机构、市卫生局可考虑增设应急办。（2）适当取消、整合某些机构。如将市人力资源和社会保障局与市社会保险基金管理局整合成一个机构，相应地区人力资源和社会保障局与区社工局中部分职能相同的机构也整合为一个机构。将市外事侨务局的侨务科与经济联络科取消并整合为侨务工作科。（3）要升级部分机构。比如，因扶贫工作烦琐、复杂，市扶贫办需与多个部门进行沟通协调配合，因而可将其升格为副处级单位。为了与副厅级的省渔政总队对应，与全省大部分地级市渔政支队级别相一致，以利于对各区渔政大队的管理，应将市农业局内设的市渔政支队升格为副处级单位。（4）恢复少数已撤销的机构。如禅城、三水、高明三区原统计业务科室应恢复，因为南海区统计职能仍保留在相对独立的科室，其效率明显高于其他撤销的地方。

（三）进行上下配套改革强化各级政府间的沟通协调

要使政府各部门间沟通协调，除了要理顺政府各部门间职能、优化机构设置外，还应做到以下几点。

首先，要诊断出各级政府部门间沟通协调难的成因。为此要知道哪些是由省级大部制改革滞后造成的，哪些是由佛山大部制改革不完善造成的，哪些是由传统落后行政文化造成的。对由省级大部制改革滞后造成的，就应通过推进省级大部制改革来调整相应的政府部门，以确保上下级业务的对接沟通（如增设省级行政服务中心来对接佛山市级行政服务中心）。对由佛山市级大部制改革不完善造成的，就应该回顾、反思、总结佛山大部制改革的全过程，以找出其不完善之处及其原因，明确各级政府机构彼此业务沟通不畅之处，重新合理调整机构，以适应行政的顺畅。对那些由传统落后行政文化如官本位、部门主义、等级主义造成的，就应重塑行政文化，树立新的组织理念、行政理念来消除机构调整的阻力。

其次是推行“专员或专科室”负责制。针对行政中的“一对多、多对一”的沟通协调障碍，可以试行在新设置的大部门中推行“专员或专科室”负责制，就是在新的大部门中，根据行政业务上的对口关系，明确某个岗位或某个科室专门负责某一职能，使上下级部门的工作能有效衔接起来。如三水区经济促进局应通过设置专科室或专门人员来与市经贸局、市外经贸局、市科技局对接业务，市国土资源和城乡规划局应设置专科室或专门人员来与区发展规划和统计局、区环保和城管局、区国土城建和水务局对接业务，这就可以减轻彼此间“一对多、多对一”的沟通协调障碍问题。

最后，要健全各政府部门间沟通协调机制。政府部门间有效沟通协调的关键在于政府部门间沟通协调机制的健全。因此，要解决佛山大部制改革后部分政府部门间沟通协调难问题，就必须进一步健全部分政府部门间沟通协调机制：一是健全具有综合职能的党政联席会议制度，而且各级政府都要成立党政联席会议机构。党政联席会议机构除承担各级政府宏观决策职能外，还要承担对本级政府各部门间以及本级政府与下级政府部门间的沟通协调职能，这是因为这种机构一般由本级政府党委常委、人大常委、政府正副首长、政务委员、政府各部门首长、政协主席、下级政府首长等成员组成，这一方面赋予其沟通协调职能层次高、具有权威性和影响力大的特征；另一方面，因其联席会议参与面广，方方面面可以一同综合起来统筹兼顾决策。这就更有利于发挥沟通协调功能，化解政府部门间沟通协调难问题。二是建立专职沟通协调职能机构。这种沟通协调机构类似于美国政府间沟通协调组织，即设立在几个业务职能相关部门间专门进行沟通协调的机构，以提高政府部门间沟通协调效率。三是建立专门的信息沟通协调平台。这种信息协调平台是利用现代网络技术在各级政府业务对口部门之间搭建的信息交流平台。通过这个平台，各级政府部门间发出的公务信息可事先互相交流告知与协调，以避免“政出多门、多头指令、无所适从和互相推诿”的矛盾局面，可大大提高行政效率。

（四）联系实际有效解决事权下放出现的新问题

首先，创新基层财政管理体制，解决下放事权财力不足问题。一是在明确市、区、镇（街）三级政府基本公共服务职能及相应财政支出的基础上，制定基本公共服务领域中分类别、按比例、具体细化的财政分担制度细则。二是在基本公共服务事权划分上，要改变传统按事务隶属管理划分的方法，使事权和财力相匹配。三是完善政府转移支付制度，加大市级财政向区级财政、区级财政向镇（街）财政转移支付力度[7]。四是将所属各区镇（街）内的行政事务性收费返还区镇（街）财政（现多上缴给市区两级），将城镇建设配套费、土地出让金、排污费、水建基金费足额下拨给区镇（街）财政。

其次，完善下放事权责任制度，解决下放事权责任不对等问题。一要尽快根据“谁审批、谁负责”原则健全完善现有法规制度，在硬性规定下放事项权力的同时还必须同时下放相应的事项责任，真正建立起并切实贯彻落实“有权必有责、用权必问责、违法必究责”的问责机制，从而解决下放事权承接部门的权责不对等问题。二要在强化市、区、镇（街）三级监察审计机构监管下放事权并将其纳入制度化和日常化轨道的同时，加强电子监督系统建设，将监督点从市区延伸至镇（街），形成下放事权部门对承接部门“横向到边、纵向到底”的动态监管格局，从而确保下放事权部门监督责任到位。

最后，创新人事制度，解决下放事权带来的人事问题。一要取消“分管型副职”模式，推行“辅佐型副职”模式。大部制改革后，佛山多数政府部门领导成员设置模式仍是“分管型副职”模式，这种模式中的副职主要分管若干方面的具体业务，拥有实权，人数较多。对此，佛山可学习美国“辅佐型副职”模式。在“辅佐型副职”模式中，副职作为正职助手，是个虚职，主要承担辅佐、参谋、执行职能，一般为1～2名，只有在正职出现空缺时才行使权力。因而“辅佐型副职”有助于减少领导人数[8]，强化首长职责。二要提升基层人员素质，扩充基层人员数量：（1）上级机关要定期或不定期组织基层人员进行专门性业务技能培训。培训时要按照“缺什么补什么”的要求，结合岗位职责和公务员特点，选择有培训需求的基层人员进行培训。（2）加大市区镇（街）公务员挂职力度，既要定期将市直机关人员指派到区镇（街）任职挂职，以发挥市直机关公务员熟悉业务的优势来提高基层公务员业务水平，又要将区镇（街）优秀人员调进市区部门挂职锻炼，以使他们具备与下放事权相匹配的业务能力。（3）提高区镇（街）招录公务员的学历技能要求，对没有基层工作经验者最低要求是正规大专以上学历，对有基层工作经验者可适当放宽条件。（4）鼓励学历水平和业务能力较低的政府人员利用业余时间自学和自主参加相关培训。（5）根据实际需要，通过公开、公正、择优录用的方式，在政策允许范围内招聘一定数量公务员、合同工和临时的专业技术人员，以充实区镇（街）基层岗位。[9]

三 结论

综上所述，一方面，佛山大部制改革虽大大缩减了政府机构和人员，取消、下放和转移了许多行政事权，创新出党政联动式改革方式和党政联席会议决策方式，但与此同时也产生出部分政府职能未彻底理顺、部分政府机构设置不合理、部分政府部门间沟通难、事权下放问题凸显等问题。因此，这就决定今后佛山行政体制改革要进一步加大力度理顺市、区、乡镇（街）之间的纵向职能和同级政府不同部门之间的横向职能，积极培育和发展社会组织承接管理社会公共事务的职能，合理取消、恢复、合并、拆分、升级部分市区乡镇（街）政府部门，创设和强化“专员或专科室”负责制、专职沟通协调职能机构、党政联席会议制度、专门的信息沟通协调平台，完善基层财政管理和转移支付制度，创新人事制度，强化对下放事权的责任追究和监督。

另一方面，佛山上述大部制改革也给其他地方大部制改革带来了重要启示，这些启示主要包括：一是佛山大部制改革从 2009 年开始至今已进行了近 7 年，而且还需继续推进，并且在过去近 7 年的改革中，佛山市、区、乡镇（街）政府还反复对各自的大部制改革进行微调，这给其他地方大部制改革带来的启示是：地方大部制改革不是一帆风顺、一蹴而就的，而是一个非常复杂、曲折、艰难、反复的过程，因此，任何地方要想确保大部制改革取得成功，就必须有一个坚强的改革决心和毅力来长时间持续推动大部制改革。二是佛山大部制改革之所以要经历比较长的时间，并且在改革过程中呈现出众多问题，一个最重要的原因是各种既得利益阻力，这给其他地方大部制改革带来的启示是：任何地方要积极有效的推进大部制改革，以确保大部制改革预期目标得以实现，就必须高度重视既得利益者的抵制反抗，把破除既得利益者抵制反抗带来的改革阻力放置在推进整个大部制改革举措的关键位置上。三是佛山在大部制改革过程中把大量事权下放给下级和基层，但由于下级和基层财力无法跟进，人员数量质量也无法满足下放事权的实际需求，因而导致事权下放问题突出，这给其他地方大部制改革带来的启示是：任何地方进行大部制改革，绝不能仅把改革局限于大部制本身，还应加强与大部制改革相配套的人事制度、财政制度改革，这样才能确保大部制改革中调整下放的事项有相应的人员得以承接，相应的财力得以支持。四是在佛山大部制改革中，由于佛山社会组织发展还不完善成熟，所以导致佛山大部制改革还不能将本应由社会组织承接的职能更多地交由社会组织来承担，这给其他地方大部制改革带来的启示是：任何地方在推进大部制改革的过程中，应该积极培育社会组织，降低社会组织登记门槛，建立社会组织孵化基地，减少社会组织税收，加大对社会组织的财力支持，培训社会组织人才，帮助社会组织提高管理公共事务的能力。

参考文献

[1] 佛山市编办：《从 40 个到 18 个——佛山市区级大部门制改革纪实》，《中国机构改革与管理》2012 年第 5 期。

[2] 雷辉、雷雨、顾大炜：《顺德大部制改革“满月”透视》，《南方日报》2009 年 11 月 3 日。

[3] 李振时：《大部制背景下地方政府机构改革研究——以佛山市为例》，《云南财经大学硕士学位》2014 年第 5 期。

[4] 雷辉、雷雨、顾大炜：《顺德大部制改革“满月”透视》，《南方日报》2009 年 11 月 3 日。

[5] 骆海明：《地级市政府职能转变研究——以佛山市改革为例》，《延安大学硕士学位论文》2014 年第 5 期。

[6] 刘希平：《调查称佛山各区副局长扎堆水务局副局长多达 19 名》，《法治日报》2012 年 3 月 28 日。

[7] 刘玉蓉：《广东省“简政强镇”改革后的路径完善探析——以佛山市顺德区容桂 7 街道为个案》，《探索》2011 年第 6 期。

[8] 李利平：《中外副职设置模式的比较研究》，《中国党政干部论坛》2008 年第 4 期。

[9] 骆海明：《市级大部制改革中人力资源问题研究——基于佛山市的调查分析》，《延安大学学报（社会科学版）》2014 年第 2 期。

B.16

南海区行政体制综合改革的启示

周振江*

摘　要：近些年，南海区通过“政经分离”、网络行政、事权改革、“三集中三到位”等举措，全方位、多维度推进行政体制改革，成效显著。总结经验，南海在改革理念、网络行政、政府职能转移、政府决策咨询体系、监控机制等方面，都为我国深入推进行政体制改革提供了有益借鉴。

关键词：行政体制改革　政经分离　网络行政　事权改革

一　改革重点及成效

一是“政经分离”，稳步推进基层管理体制综合改革。“政经分离”即选民资格分离、组织功能分离、干部管理分离、账目资产分离和议事决策分离。在农村，“三位一体”的治理模式注重经济却疏于社会治理，也无法提供足够的公共服务。该治理模式实际上使得农村的党组织和自治组织被集体经济组织“绑架”了。南海的“政经分离”模式，创新了农村基层治理模式，实现了自治职能与经济职能二元化，不仅保证了集体经济的独立性，也增强了自治组织的治理能力，在体制上理顺了基层治理格局。

第一，通过创新基层党组模式牵头基层改革。在南海区，农村党员人数占全区党员人数七成。根据这一情况，南海区将全区 224 个行政村（含

* 周振江，中共广东省委党校政治经济学硕士研究生。文章有删减和调整。

“村改居”社区）党支部全部升格为社区党总支部，设立了4个社区党委，并在集体经济组织、村民小组中设置了422个党支部，实现了基层党组织全覆盖。此外，还提高党组织、自治组织和社区服务中心的任职交叉率，建立健全了党组织、自治组织与集体经济组织联席会议制度以及党组织领导下的村（居）民主生活会、述职述廉、民主评议等制度，建立了75个党代表工作室，组建了118支党员志愿服务队。

第二，通过四分开厘清基层各组织职能，构建高效基层行政体制。职责分开，出台了9个南海区村（居）工作细则，确保了各个组织按照职能规范运作；选举机制分开，村（居）党组织、村（居）民委员会、集体经济组织的领导成员分别由所在党组织的全体党员、具有选民资格的村（居）民和具有选举资格的股民选举产生；干部使用分开，村（居）党支部书记不能兼任经济组织领导成员，村（居）委员会成员不能再与经济组织成员交叉任职，也不能直接参与集体经济经营活动；任期分开，集体经济组织领导成员任期年限由3年变为5年，与党组织和自治组织任期错开。

第三，通过坚持独立选举和规范资产管理建立集体经济管理新模式。据统计，南海区已有218个经联社和1821个经济社完成了选举，选举完成率分别为97.76%和99.02%。至此，村（居）社区自治组织、村小组自治组织与经联社基本完成政经分离。在广东省率先建立了农村集体资产管理交易中心，建立了农村集体资产管理和交易两个平台，开创了集体资产“智慧”管理和“阳光”交易。截至2012年4月19日，南海区进入农村集体资产管理交易中心成交的集体资产有10962宗，标的总金额达36.45亿元，成交价格比底价高出27.33%。

第四，通过完善财政供给和投入机制推进基本公共服务均等化。区财政每年向因“村改居”而设立的社区居委会提供35万元办公经费；每年给“村改居”后的社区两委成员补贴6万元，稳定了干部队伍。区、镇（街）两级加大了公共财政转移支付力度，按照城市化建设和管理标准提高了社区社会管理和服务水平。创建了“三大中心”，即社区服务中心、文化活动中心和综治维稳中心，促进了公共服务由户籍人口向常住人口覆盖，实现了居住社区的城乡居民和外来人员生活服务、文体活动、医疗保健、矛盾调解“四个不出社区”。统筹了“无差别”城乡公共服务和社会保障制度。相继实现了城乡一体化的居民基本医疗保险、最低生活保障、五保供养，并在实施个人免缴费的全征地农民基本养老保险和推进“新农保”基础上，鼓励和引导农村居民以灵活就业人员身份参加城镇职工养老（“大社保”），初步实现了城乡同水平的社会养老保障。

二是“便利、贴身、贴心、高效”，网络行政实现最公开的大部制。“便利、贴身、贴心、高效”是南海政府行政体制改革的目的，即改革要围绕解决自身的问题，要走南海自己的路，要致力于打造自己的行政审批服务的品牌。依托自身良好的信息化基础和优势，再加上现在先进的网络资源，南海区通过网络行政倒逼流程再造、再完善，实现了最高效、最公开的网络式大部制。

第一，发挥网络优势，倒逼流程再造。南海区利用网络倒逼整个行政流程再造再完善，推动区、镇（街）、村三级整个行政服务体系的确立，是南海行政体制改革的一大特点。南海充分利用网络建设的基础性先发优势，利用南海政务网打造虚拟集中审批大厅，目前南海有 1 个行政服务中心、15 个镇（街）的行政服务中心、270 多个村居的行政服务中心，基本实现了区、镇（街）、村（居）三级网络全覆盖。而且通过网上审批大厅等方式，村（居）已经可以办理 70 多项服务事项，计划今年底前 50% 行政审批事项可以在村级中心办理。网络审批带来了很多便利，仅组织机构代码证年审一项就免去了南海 13 万工商户往区里跑的麻烦，每年节约社会成本 1000 多万元。

第二，整合政务微博，打造微博航母。南海利用“南海一点通”母模块平台，整合了区委、区政府等 500 多个政务微博，并按功能分为政务、社区、平安、城市、教育、健康、文化、企业、督查和公益共 10 类，具有微议题和微新闻功能。这种做法打破了以往“信息孤岛”的状况，打造了统一、协同、“一站式”的信息发布和管理平台。目前南海区已实现 18 个部门的数据共享和交换，注册政府信息资源达 5567 项，每月跨部门数据交换超过600批次。其中建设较突出的有2010年开通的“南海公安”微博和“南海新闻办”微博，也是全国较早开通的政务微博。由此，南海形成了阵容强大的“政务微博航母”，实现了从区级党政机关、镇（街道）到村（居）委会的全域覆盖，政务微博成为当地党委政府权威信息发布、沟通社情民意和高效便捷服务群众的重要平台。

第三，注重信息建设，促进审批服务。（1）打造智慧城市四级审批网络，南海区拥有自主知识产权的三级行政审批管理系统与佛山市行政审批电子网络一体化运行平台进行了无缝对接，构建了市、区、镇、村四级的审批网络，实现了审批信息化系统全覆盖，结合网上申报、电子监察、移动审批等系统全方位为群众服务。（2）推广应用网上审批服务大厅，试行网上远程预审，与审批人员进行实时互动、沟通，即时解答问题，提升网上审批准确率。自2012年10月20日起，南海80%行政审批服务事项可网上办理。现阶段南海32个审批职能部门共608个保留实施的行政审批（管理）事项全部可实现网上预约，其中有74项事项只能在网上办理，“增值税专用发票认证”等21项事项可直接在网上办结。（3）网络阳光行政，利用南海一点通和行政服务中心网站，采用全市统一审批流程设置标准：受理—承办—审核—批准—发证，对审批业务流转进行全程公示，并可查询到当前审批人，统一审批规范，明晰责任。（4）在“两中心一平台”搭建成功的基础上，构建了网络问政、网络行政、网络监察“三网融合”的新格局，网络问政利用网上咨询和政务微博广场为群众提供信息服务，网络行政利用网上办事大厅为群众提供网上办事服务，同时利用电子监察系统对两者进行网络监察。

三是“向上争取、向下释放、向外转移”，深化事权改革。为争取省、市级行政审批事项下放，南海区根据自身实际和履行职能的需要，由区政府统一或由区直各部门分别向上级申请，争取省、市级部门下放符合本区社会和经济发展需要的行政审批事项。尤其是佛山国家高新技术产业开发区和广东金融高新技术服务区，作为佛山市行政体制综合改革试点，更加积极争取省、市两级政府赋予更大、更多的行政和经济管理权限。

南海区在重塑政府公共治理格局的过程中，向下放权、服务下移、治理下移是其一贯坚持的路径。按照“宏观决策权上移、微观管理权下移”的原则，明确区镇（街）之间的职责定位，理顺权责关系，通过直接放权或委托等方式，依法下放与镇（街）经济社会发展水平相适应的行政审批、行政许可和行政执法权，切实扩大了镇（街）行政事务的管理和处置权限。据统计，南海区在全省事权下放最多最彻底，几年来南海共向基层下放了260多项审批管理事项，依法赋予南海区8个综合指数在400以上的特大镇（街）县级经济社会管理权限。此外，2010年起，在广东省开展农村社区建设全覆盖工作试点的同时，南海区抓住时机，将行政服务网逐步深入到村（居）。目前南海区已有社区服务中心、服务站、便民服务点284个，在佛山市率先实现村（居）行政服务中心全覆盖。

为推动政府职能由内至外向社会转移，南海区加大了向社会组织放权和政府购买服务的工作力度，将政府部分管理服务事项委托给专业机构和社会组织运作。按照承接政府职能转移的目标，既充分发挥工青妇、工商联等传统群团组织的作用，又大力培育发展社会组织，重点培育区域商会、行业协会、专业机构。积极鼓励和引导社会组织承接政府转移出去的社会管理和公共服务职能，优先考虑转移与企业服务和群众生活直接相关的管理和服务职能。制定社会组织考核评估办法，加强规范监管，提高社会组织的公信力。

四是“三集中三到位”，内部变革打造高效南海。“三集中三到位”就是部门的审批职能向一个科室集中到位，审批量大的部门应内设审批服务科；实施行政审批首席代表制，以首席代表为中心收拢审批权限；审批服务科和首席代表向行政服务窗口集中到位，对受行政服务中心场地和单位人力限制、暂时不能向行政服务中心窗口集中到位的，要利用行政审批管理系统集中审批，打造虚拟集中审批大厅。

自2003年初提出建设“高效南海”后，南海区就着手清减管理幅度，提高部门间协调能力，持续优化政府组织架构和流程，不断加强内部变革提升效能，力争实现“三集中三到位”，从政府机构内部推动行政体制改革。以工程竣工联合验收改革为例，南海推行“5+5+3”模式，24个部门并联审批，实现工程验收单一窗口化，将整个工程验收手续缩短为13个工作日。启动改革至今，验收时间最长的12个工作日，时间最短的只有3个工作日，项目平均办结时间为9.2个工作日。

二　启示

第一，全面推进行政体制改革，需始终秉承“以民为本、为民便民，一切从实际出发”的先进理念。南海区行政体制综合改革成效的取得，源于“以民为本、为民便民，一切从实际出发”的改革理念。从高效南海、网络问政、政经分离到“三网融合”，再到利用网络倒逼行政流程再造、再完善，南海的行政体制综合改革无不体现和贯穿着这个理念、这个思想。“以民为本、为民服务”就是要把人民群众的利益作为改革的出发点和落脚点，一切为了方便人民群众，一切为了利于人民群众；“一切从实际出发”就是要实事求是，与时俱进，因地制宜，在改革的过程中切实结合自身实际情况，清楚知道自身优势所在，充分利用当前先进的科学技术手段。当前在我国行政体制改革的进程中，伴随着政治经济社会环境的复杂多变，利益格局的交替轮换，先进信息技术的不断涌现，“以民为本、为民服务”的改革才是民心所向，才是正确的改革之路，“一切从实际出发”才能最大限度地发挥自身优势，建设高效政府。

第二，全面推进行政体制改革，需充分利用网络信息手段倒逼行政流程再造。南海区充分发挥自身在网络建设方面的优势，适应网络时代大趋势的要求，以群众和企业评价为标准，对政府部门原有组织机构、服务流程进行全面、彻底的重组与优化，从而构建了政府、社会、市场三者相互协调、良性互动的格局。政府流程再造是以信息技术为支撑，以政府门户网站为实现形式，利用网络技术推进行政改革，转变以职能分工和计划控制为中心的工作流程设计观念，打破政府内部的传统职责分工与层级界限，将分散式、串联式、封闭式、纸质公文的工作流程转变为集成式、并联式、公开式、电子公文网上处理等工作方式。南海的经验告诉我们，我国现阶段的行政体制改革应充分利用发达的网络信息资源，以群众和企业需求为出发点，彻底改变传统政府以自我为中心的管理理念与方式，进一步实现政府从管理主导型向服务主导型转变。

网络是政府流程再造的核心，基本思路是：一是把政府内部和部门之间的业务关系由原来的单纯行政关系转变成平等服务关系，政府内部的每个部门和个人既是服务提供者又是服务接受者。二是将群众和企业的服务请求视为“订单”（或称“外部订单”），把政府提供服务的过程看成是履行合同的过程，政府提供服务获得的支付是公众对政府的满意、拥护和忠诚。三是把“外部订单”转变成政府相关服务部门或公务员的系列“内部订单”，形成以“订单”为中心，上下级和岗位之间相互咬合、自行调节运行的网络，从而实现“政务信息网上公开、投资项目网上审批、社会事务网上办理、公共决策网上互动、政府效能网上监察”。

第三，全面推进行政体制改革，需适当发挥社会组织对政府职能的承接与转移作用。政府既要由上至下地放权，更要由内至外地分权，没有大社会就没有小政府。南海行政体制改革的方向是培育、发展、强化、提升社会组织，政府干该干的事。大力培育发展和规范管理社会组织，建设包容南海。凡是社会组织能够“接得住、管得好”的事，都要逐步地交给它们。我国深化行政体制改革，应积极推动政府职能由内至外向社会转移，将大量工作委托给专业机构和社会组织运作。

一是提供财政自助。建立社会组织的公共财政资助机制，为其提供活动经费补助、启动资金、工作经费补助等多项专项资金支持，将社会组织发展专项资金列入财政预算。尤其要挑选并重点扶持一批具有示范意义的公益服务性社会组织。二是降低准入门槛。将市场竞争机制引入行业协会，明确规定允许合并组建和分拆组建，允许行业协会一业多会，允许按国民经济行业分类的小类标准设立行业协会，允许港澳台人士在南海境内工商注册的企业（包括独资、合资）为会员。三是提供更多的税收优惠政策。财政、税务等部门要在法律框架内创新各种税收优惠办法，增加优惠税种，并保证政策的执行落实。四是保障社会组织专职工作人员权益。要明确社团、民非工作人员的保险性质和享受的福利待遇；制定适合社工具体情况的入户、人员流动、职称评定、工资福利、社工招聘、档案管理等具体措施；推动社会组织人才队伍建设职业化和专业化。

第四，全面推进行政体制改革，需加快完善社会化与科学化的政府决策咨询体系。积极推动决策咨询的社会化。一是充分与高校、社科院等专业咨询组织合作。审慎进行采购决策咨询，通过及时向社会通报有关决策咨询课题和有关背景资料，增强决策咨询研究课题的透明度，建立公开、公平的招标制度，把各个智囊团体真正纳入决策咨询之中。二是重视民间决策咨询机构。民间决策咨询机构是由民间发起成立的，其研究成果更具客观性、正确性、全局性和有效性，这是民间决策咨询机构的最大特点。三是培育并逐步健全决策咨询中介组织。决策咨询中介组织不仅能够为委托单位发布决策咨询研究的信息、课题和资料，还能够为政府重大决策和重大政策提供咨询论证，甚至能够检查、督促决策咨询机构研究的速度，评估验收决策咨询机构研究的成果。

推动政策咨询机制的科学合理化。应进一步规范专家参与政府决策咨询行为，规定参与专家的准入标准，制定专家参与决策咨询的相关制度，以及专家参与决策的激励制度，专家论证的程序、形式，专家论证的评估等，从制度上规范专家参与决策的行为。另外要充分听取公众的意见，做实听证会制度。

第五，全面推进行政体制改革，需坚决构建全方位和全过程的政府内外监控机制。南海有一套完整而缜密的监督体系，从行政审批、政务服务监督，逐步扩展到土地交易、建设工程招投标、政府采购、产权交易等要素市场和交易平台的监管，以及农村集体资产交易平台、农村财务监管平台等的监督。通过建立网上虚拟信访大厅，方便群众来信来访，倾听社会声音；充分利用网络手段，实现各级、各部门行政服务的实时数据和视频图像全面覆盖、有效共享、全面监督；以群众反映的意见和评价为出发点，完善行政服务中心、政务服务中心及智慧城市管理服务平台的动态监督，建立行政服务、政府服务质量的考核评价实施细则，评价结果纳入到机关和镇（街）

的绩效考核体系和纪检监察部门的考核评价体系，使各镇（街）、各部门的履职情况得到准确的评价。

我国深入推进行政体制改革，需以完善的监督机制作为配套措施。完善的监督机制是全方位、全过程的监督，内部监督与外部监管相交织，政府考核与民众监督相结合，实体监督与虚拟控制相呼应。一是完善公务员绩效考评机制，规范政府内部行为，防止腐败风气滋生；二是建立电子监察系统，实现审批服务事项超时限监察督办和业务办理全过程监察；三是拓宽民众和舆论监督渠道，建立政务微博、网上虚拟信访大厅和行政投诉服务系统等。

社会创新篇

BLUE BOOK

B.17

关于创办中国改革智库（联盟）的建议

周林生*

摘　要：鉴于我国智库建设存在数量多但质量不高、地域分布不均衡、各类型机构间发展不平衡以及合作机制不健全的四大结构性矛盾，本文提出以创办“中国改革智库（联盟）”的形式，推动智库全程参与与充分对接全面深化改革工作，将社会智库上升到改革智库的高度，加强各地区间的全面协作工作，并探索将合作实体，形成内部有机的生态系统。

关键词：智库　全面深化改革　社会智库

* 周林生，广东省体制改革研究会会长、广东省综合改革发展研究院执行理事长、广州大学广东发展研究院理事长，研究员。

一　结构性矛盾：中国智库建设的现状

从2013年4月习近平总书记对建设中国特色智库做出重要批示以来，“中国特色新型智库”建设正式上升到国家战略高度。2013年11月，党的十八届三中全会首次提出了“加强中国特色新型智库建设，建立健全决策咨询制度”，并将其作为中国特色的协商民主的重要内容之一。2015年1月，中共中央办公厅、国务院办公厅印发了《关于加强中国特色新型智库建设的意见》，正式明确了中国特色新型智库事业的发展目标。

党中央和国务院不仅将中国特色新型智库建设上升到国家战略的高度，而且通过制度化措施进一步推进、落实智库建设，这充分说明了我们迎来了中国特色新型智库事业发展的大好时机。但是，总的来看，中国智库发展面临四个结构性矛盾。

第一，数量与质量的矛盾。从宾夕法尼亚大学教授詹姆斯·麦克甘（James G. McGann）主持的“智库和公民社会研究”项目来看，在决策影响力、人才资源等25项指标的全球各大智库评比方面，中国智库在数量方面并不存在明显的劣势，但是在质量上却存在一定的“硬伤”。首先，2012年中国智库共有429个，占全球总量下降到6.5%，而该年度美国智库占全球占比达到27.61%。不过，该年度全球前50的智库，中国只占了3席，美国占11席。[①] 时隔两年，2014年中国智库数量仍保持不变，占比下降了0.1%。全球前50家智库，中国智库也只增加了1席，远低于美国顶尖智库数量。因此，在数量上尽管中国已经稳居第二，但是在质量上中国智库与美国智库的差距十分明显。

如果从金砖国家的情况来看，中国智库的质量与数量矛盾仍然明显。根据麦克甘计算，在金砖国家中，中国智库数量是俄罗斯的3.78倍，是巴西

---

① Think Tanks and Civil Societies Program International Relations Program University of Pennsylvania. *2012 Global Go To Think Tanks Report and Policy Advice*. 2013 - 1 - 28.

的5.18倍。[①] 但是，2014年，巴西智库热图利奥·瓦加斯基金会在全球排第18名，俄罗斯智库卡内基莫斯科研究中心排第26名，高于中国当年度最高排名的中国社会科学院（第27名）。[②]

因此，可以说在国际上舞台上，不管是与美国等传统强国相比，还是与新兴的金砖国家比较，中国智库的数量与质量的矛盾问题都可以得到确证。

第二，地域分布方面的结构性矛盾。中国的智库在地域分布上集中在北京，以及上海、广东等东部沿海地区。以上述的2012年的全球智库前50名来看，入席3家均为北京的“国字号”智库。再以2014年全球智库前150名来看，入席的中国智库共7家，6家均在北京，1家在上海。如果从国内的智库报告来看的话，2014年中国智库综合影响力前10名中，除了中改院在海南、复旦大学在上海，其他8名均在北京。即使我们充分考虑地域因素，在这份报告的地方社科院排名中，排在前5名的是上海、北京、广东、江苏和浙江省，内地大多数省份的社会科学院排名依然靠后。由此，上海社会科学院智库研究中心进一步指出，中国活跃智库省域分布，北京稳居第一，上海、广东紧跟其后，浙江、福建位于第四、五位。

这一矛盾性问题可以从中国智库的代际发展中得到进一步确证。根据美国学者默里·坦纳（Murray Scot Tanner）分析，中国智库经历了三代：第一代智库兴起于20世纪50年代左右，此类智库与中央部委关系密切。第二代智库兴起于20世纪80年代，此类智库与中央领导人关系密切。第三代智库是在市场经济潮流中兴起的，除了与中央领导人、国家部委联系较多的北京地区，市场资源、传媒资源较多的上海、广东等地便优先发展了智库组织。[③]

第三，各类型智库间的结构性矛盾。目前，根据党中央、国务院《关于加强中国特色新型智库建设的意见》提出的分类框架，我国的社会科学

① 詹姆斯·G. 麦克甘、唐磊、蒋岩桦：《中国智库：政策建议及全球治理》，《国外社会科学》2013年第3期。

② 王文：《〈全球智库报告2014〉的启示》，《对外传播》2015年第2期。

③ Murray Scot Tanner (2002). Changing Windows on a Changing China: The Evolving "Think Tank" System and the Case of the Public Security Sector. *The China Quarterly*, 171, pp 559 – 574.

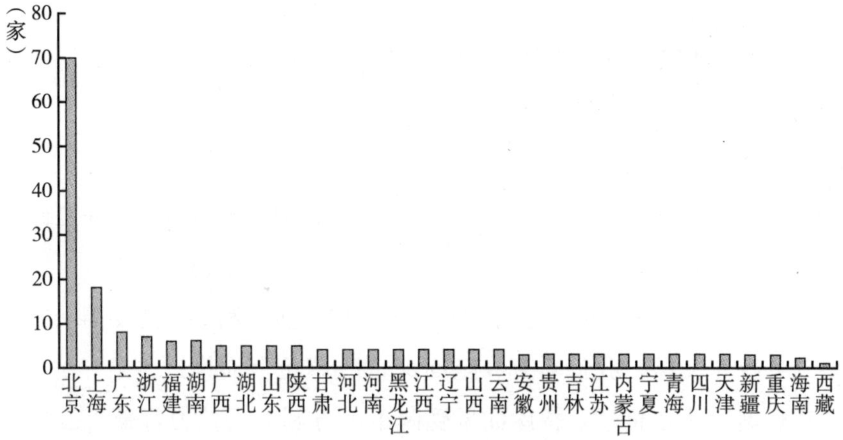

图 1　活跃智库的省级排名

资料来源：李凌：《中国智库影响力的实证研究与政策建议》，《社会科学》2014 年第 4 期。

院和党校行政学院、高校智库的财政支持较有保障，但独立性不够。科技创新智库和企业智库往往对接市场，与政府决策关系不够紧密。社会智库主要依靠自力更生，较有独立性，发展趋势较好，但生存发展渠道相对单一，相当困难。

从实证数据来看，朱旭峰通过对全国共 1124 份智库研究的软科学机构进行定量分析指出，智库的行政级别与该智库的经济实力、人才实力的相关关系较为显著。同时，民间智库由于没有行政背景，只能依靠专家个人去影响政策。[①] 因此，从行政与民间的对比来看，智库类型差别导致要付出不同的努力，背负不同的工作压力与负担。

第四，智库合作方面的结构性矛盾。首先，由于社会关系资源、研究经验倾向于区域化，客观上限制了各智库间的交流与合作。其次，同一地域间的各家智库存在一定的竞争关系，限制了深度合作。其次，尽管目前中国有“中国金融四十人论坛”之类的平台，但往往具有临设性、个人联合性，缺乏以组织机构名义深度联结的合作平台。

---

① 朱旭峰：《中国思想库政策过程中的影响力研究》，清华大学出版社，2009。

二　结构性机遇：全面深化改革与社会智库的天然联系

尽管我国智库发展面临着四大结构性矛盾，但是不可否认，在全面深化改革的大背景下，单就我们的社会智库而言，迎来了结构性机遇。

第一，全面深化改革不是单方面改革，涉及多方利益，需要第三方、独立的改革智库支持。我们看到，全面深化改革是全面推进，是“先手炮”与“连环炮”步步推进。智库如果受制于一方利益或权力背景，很难在这一轮改革中发挥客观、有效的决策咨询作用。在实际过程中，各个改革板块也相互联结，牵一发而动全身。正如渠敬东、周飞舟等人观察的那样，中国的改革是在解决老问题时又形成新问题，转变旧机制的时候又构成新矛盾。[①] 因此，全面深化改革需要的是独立身份的智库，需要的是第三方智库。而这两项特征，正是社会智库的突出特征。同时，独立身份还会产生另一个作用，就是促进形成改革共识。在体制内部，受到“碎片化权威体制”的影响，各方利益错综纠葛，部门利益制约着整体利益的实现。因此，通过引入外部的独立性社会智库，可以增加决策过程中的参与性与协作性，并通过以科学决策带动民主决策，缓解条块矛盾，构建改革共识。

第二，全面深化改革需要新思路、新机制打造“新常态”。党校行政学院、高校、社会科学院等可以概括为传统智库，已经有了数十年的建设历史。它们在与政府改革决策咨询合作过程中，尽管有一定的优势，但是既有的制度限制、制度惯性和研究习惯都一时难以调整。在全面深化改革，适应“新常态”发展，打造新型智库的背景下，需要的是以新思路打开新局面。相对来说，社会智库没有制度包袱，运作模式相对自如，资源整合方式较为灵活自主，能够更好地适应“新常态”下新型智库的建设。

---

① 渠敬东、周飞舟、应星：《从总体支配到技术治理：基于中国30年改革经验的社会学分析》，《中国社会科学》2009年第6期。

第三，全面深化改革需要智库的全程参与和深度对接。尽管党校、行政学院、社科院参与政府决策咨询具有先天对接的优势，但往往由于科研教学等其他方面压力和专业设置的限制，不易适应具有高度复杂性与具体性的改革决策咨询需求。而社会智库专业性更强，分工更细，研究更为系统，也更具灵活性，因而在适应“新常态”发展的政府决策中能发挥更大的作用。

如果进行跨国比较研究，就可以更清楚地看出中国的智库与政府深度对接之间的不足之处。在美国，政府与智库之间有“旋转门”机制，为身份的灵活转换提供保障，例如著名的“中国通”、布鲁金斯学会研究员李侃如曾任奥巴马的中国顾问团成员。在日本，尽管这种跟踪服务的身份转换机制不如美国那样制度化，但是一半以上的智库通过“派驻研究员”的方式使本智库研究员持续地入驻各政府部门。参照美国和日本的先进经验，反观中国，在社会科学院等体制内智库、企业智库与社会智库之间，社会智库更可以采用灵活、自主且更为专业的方式，以顾问、派驻等方式实现即时派驻与身份转换，更好地服务于政府决策与日常运行需求。

三　关于创办中国改革智库（联盟）的思考与建议

在全面深化改革的大背景下，中国智库的发展，既面临着结构性矛盾，也面临良好的机遇。因此，笔者建议，应当以中国经济体制改革研究会系统为牵头智库，创办“中国改革智库（联盟）”，从三个方面抓住这次改革机遇。

第一，体改会秉持体改委的改革传统，与中国改革智库一脉相承。正如陈锦华指出，中央设立体改委是因为改革涉及利益格局的调整，需要一个部门能够跳脱于现有的利益束缚①，是当年不负众望的“中国改革智库”。事实也证明，体改委不仅培养了一批改革人才，而且很多改革工作都具有前瞻性。同样的，随着体改委的撤并，中国经济体制改革研究会以及广东等各地

① 陈锦华：《国家体改委志在改革》，《百年潮》2011 年第 5 期。

方体改会继续发扬体改委的改革传统，秉持着“改革智库”精神。以广东体制改革研究会为例，研究会已经成立27年，每年来省、市和区县提供课题研究和咨询服务，推动决策科学化与民主化，并且很多研究成果受到省领导的肯定，成为政府决策的重要参考和依据，成为广东社科界知名的“中国特色新型智库”。

第二，明确定位，从社会智库提升为改革智库。创办中国改革智库（联盟），首先是要树立以改革为中心的智库发展方向，突破智库的类别划定与资源限制，从而进一步吸纳各类别智库中的人才资源，并引导科技单位、咨询企业等智库向改革事业靠拢，形成以改革为核心主业的智库发展格局。

笔者建议中国改革智库（联盟）的功能与发展定位为“三个系统”：全面深化改革的决策支撑系统、中国特色新型改革智库的枢纽系统以及迈向世界的中国高端智库运作系统。

作为全面深化改革的中国特色的改革决策支撑系统，包括改革决策研判机制与决策咨询体系，旨在充分发挥中国改革智库（联盟）在全面深化改革和治国理政中的辅佐性与助力性作用。作为中国特色新型改革智库的枢纽系统，旨在聚合改革的智力资源、充分发挥联盟在中国特色新型改革智库体系中的龙头和核心作用，搭建起凝改革之智、助改革之力的合作平台。作为迈向世界的中国高端智库的运作系统，旨在着眼于提升我国的软实力水平，树立社会主义中国的良好形象，充分发挥中国智库在国际舞台上的公共外交影响力、文化互鉴的传播力与推进地区或世界经济发展的项目研究、咨询等智库运作力，不断提升中国智库在国际智库集群中的话语权。

第三，加强互动，从地区分隔提升为全国协作。为了发挥中国改革智库（联盟）的作用，笔者建议采取三个步骤。首先要打破省内分隔，实现省域整合。该步骤的核心在于配合行政区的边界与体改会等组织的建制，以重点发展城市带动全省改革智库事业。其次，从省域整合到重点区域一体化，其核心是顺应经济辐射规律，以长江经济带、京津冀、泛珠三角等经济带为边界，强化重点区域内改革智库的合作交流。最后，从重点区域一体化到全国协作。也就是说，以国家战略性经济带的改革智库为牵引，共同支持中国体改会等国家级改革智库事业工作，为全国改革发展战略提供地方版本经验。

根据上述设想，中国改革智库（联盟）的总部可设在北京，另设大片区研究中心，如在广东设华南研究中心，在上海设华东研究中心等。总部深度指导各大片区研究中心的改革研究工作，许多重大课题项目可以实施联合研究的机制和方式。

为发挥总部功能与大片区研究中心作用，建议：建立项目合作研发机制，重点针对京津冀、长江经济带、泛珠三角等跨行政区域的课题开展联合开拓与研究。建立人才交流合作机制，组织定期交流，开拓彼此工作视野，提升工作素质。建立能力指导支持机制，由中国体改会等实力雄厚的改革智库，向发展意愿较强、力量相对薄弱的改革智库传递机构建设、内部管理、课题研究等各方面经验，促进智库联盟中各机构间的平衡发展。建立数据分享与整合机制，将全国性以及各地方智库的地方改革经验案例、定量数据进行标准化分类与汇总，进行动态更新与宏观管理，建立最全面、最翔实的中国改革数据库，为中央和地方政府决策提供客观、准确的参考建议。

第四，做成实体，从平台式合作提升为生态式联盟。为了做实中国改革智库（联盟），我们可以在现有的改革论坛等平台式合作机制基础上，进一步将联盟打造为公司实体，打造内部生态系统，具体思路如下。

首先，在治理结构方面，实行以理事会为中心的智库治理体制，并设监事会、学术委员会。在内设机构方面，建议除了上述的各大片区研究中心，专设行政部门、研究项目管理部门、信息出版部门、国际交流合作部门，同时对接全面深化改革格局，设置经济体制与生态文明体制改革研究中心、行政体制改革研究中心、文化体制改革研究中心和社会体制改革研究中心。其次，在条件成熟的时候，可以试行建立以产权为纽带的公司制联盟形式，按照财务会计制度核实参与联盟各方的出资额和所有者权益，规范界定产权，进一步将大片区研究中心建设为联盟的全资或控股子公司，经营运作上参照产权制度规范管理，激发各大片区发展活力与动力，推进智库（联盟）全面发展。

B.18

顺德对中国特色新型智库的率先探索与实践

周林生　孙宇凡*

摘　要：本文在梳理从2012年至今关于"中国特色新型智库"概念提出过程的基础上，指出党中央对智库的作用和地位认识，已经从机制性功能上升到制度性定位与地位，以及中国特色新型智库不同于俄罗斯智库、美国智库以及中国传统智库的特点。鉴于此，本文进一步以顺德区决咨委为例，指出这一改革创新在打造社会化平台、突破传统智库的分类束缚等方面的重要实践，以及在制度性地位、经费保障方面的不足之处。最后，本文对顺德再探索中国特色新型智库的地方化试验提出要提升地位、保障经费、优化成员结构、精简规模的对策建议。

关键词：智库　中国特色新型智库　顺德

一　中国特色新型智库概念的提出

近年来，党中央不断明确智库在公共政策决策体系中的重要地位，并提

---

* 周林生，广东省体制改革研究会会长、广东省综合改革发展研究院执行理事长、广州大学广东发展研究院理事长，研究员；孙宇凡，广东省综合改革发展研究院社会建设创新研究中心主任助理。

出了“中国特色新型智库”概念及其发展指针，中国智库发展由此进入了历史新时期。

在2012年中央经济工作会议上，习近平总书记指出，要健全决策咨询机制，按照服务决策、适度超前的原则，建设高质量智库。2012年11月党的十八大报告再次提出：“坚持科学决策、民主决策、依法决策，健全决策机制和程序，发挥思想库作用。”由此，智库在公共政策决策运行中的咨询性地位得以明确。

2013年4月，习近平总书记对建设中国特色智库做出重要批示。这是迄今为止，中央最高领导专门就智库建设做出的内容最明确、内涵最丰富的重要批示。习近平总书记的批示包括四个重要内涵：第一，把智库作为国家软实力的重要组成部分，这说明智库发展已上升到国家战略高度。第二，指出了我国智库发展相对滞后，应发挥更大的作用。第三，提出了“中国特色新型智库”的建设目标。这是当前和今后一个时期我国智库发展的基本方向。第四，要探索中国特色新型智库的组织形式和管理方式。

2013年11月12日，党的十八届三中全会通过的《关于全面深化改革若干重大问题的决定》，首次提出“加强中国特色新型智库建设，建立健全决策咨询制度”，作为中国特色的协商民主的重要内容之一。

由此可见，党中央对智库的作用和地位，从机制性功能已经正式上升到制度性定位与地位。这意味着智库在公共政策决策中将逐步正式化、规范化和制度化，中国特色新型智库在经济社会发展中将承担重要使命。

二 中国特色新型智库的主要特征

尽管中国特色新型智库作为一个新概念，还缺乏广为人们所接受的界定，但综合党中央提出的定位与使命、既有智库现状以及新出现的智库组织等，仍然可以从中国特色新型智库的“中国特色”“新型”两大方面把握它的主要特征。

第一，中国特色新型智库的“中国特色”体现在它不同于“俄罗斯模式”智库，也不同于“美国模式”智库。尽管世界各国的智库模式各有特色，但“俄罗斯模式”和“美国模式”整体上可以代表两种主要倾向。“俄罗斯模式”强调智库的体制内地位，其作用在于建立与政府直接而紧密的联系，将智库研究成果直接输送至政府决策者。尽管这种模式具有直接影响作用，但由于受体制因素影响，影响力度与研究成果的专业性、科学性与独立性难以保证。事实上，俄罗斯的科学院系统往往只是为政府决策提供意识形态和理论支持。“美国模式”强调智库的非官方地位与独立性。美国智库不管是采取公司形式还是 NGO 形式，均独立于政府机关与政党政治之外。尽管美国智库也多会接受政府的合同委托，但强调研究运程的客观与公正。

既然不同于“俄罗斯模式”与“美国模式”，那么中国智库的“中国特色”就既要规范智库的制度性定位与地位，充分发挥智库的决策咨询作用，也要保证该组织产出的智力产品具有独立性与客观性，确保科学化与专业化水平。

第二，中国特色新型智库的“新型”体现在它不同于传统的党政军、高校、社会科学院系统的既有智库。简单地讲，“新型”智库既不能是权力机构，也不能是财政供养机构。李克强总理强调，财政供养人员只减不增，那么如果打造中国特色新型智库又在财政“蛋糕”上“开个口子”，又将与已经发展数十年的党政军等传统智库无异。

既有智库中，占主流的是党政军的官方智库，包括党委系统的政策研究室、政府系统的研究室和发展研究中心等，以及高校、社会科学院等以科学研究为主业，兼顾现实政策影响力的诸多研究中心。由此来看，中国特色新型智库的新意便旨在调整这种主流组织管理和运行形态。正如习总书记在批示中所指出的，“要探索中国特色新型智库的组织形式和管理方式”。

三　决咨委：顺德对中国特色新型智库的率先探索与实践

自党的十一届三中全会以来，顺德便是中国改革开放的一方热土。顺德人敢为天下先，以大无畏的改革精神破除各种旧式体制机制，建立了一系列适合经济社会快速转型与升级的新型体制机制，从而创造了许多引领、影响全省乃至全国的改革经验与模式。近年来，顺德全力推进综合改革试验。社会各界对以大部门制为代表的行政管理体制改革较为熟识，但可惜的是，社会各界仍未看清顺德的社会治理体制改革的重要动作与发展潜力。其中，公共决策咨询委员会（以下简称决咨委）是社会治理体制改革中最值得瞩目的一环，在中国特色新型智库事业建设中走在全省乃至全国前列。

第一，顺德决咨委是全国首个县区级决策咨询委员会。

改革开放以来，部分省、市均成立了决策咨询委员会，但顺德是全国首个县区级决策咨询委员会。更为重要的是，顺德是以智库理论来打造决咨委，是在党的十八大之前，充分体现了顺德“敢为天下先”的改革精神。

纵向比较看，尽管在顺德之前一些地区成立过专家咨询委员会，但是这些委员会一方面并不是立足于公共政策决策制度，往往只是临时性组织，没有确定的制度性定位；另一方面，这些委员会的“一把手”多是由政府官员担任，导致咨询机制流于形式，难以有效开展工作。

第二，顺德决咨委打造了社会化的新型智库平台。

顺德从促进政府与公民、社会组织的良性互动的角度出发，充分吸纳各个领域精英专家，围绕行政决策的重要议题，创新决策科学化与民主化的新体制、新机制。

从区决策咨询委员会成员名单来看，第一届委员共 48 人，律师、化工等行业精英专家共 19 人，科研精英专家共 23 人，两类共占到 88%。政府官员（包括 2 名村居委员会干部）共 6 人，仅占 12%。第二届委员共有 38 人，行业精英和科研精英共占 95%，政府官员仅 2 人，且均为村居委员会干部。由此来看，顺德决咨委可以说是真正意义上践行了共治善治理念，充分吸纳了精英专家，确保了决咨委推动决策科学化、专业化的作用。这些社会精英和专家学者并不依靠财政供养，不从决咨委领取工资，体现了中国特色新型智库的“新”。

第三，顺德决咨委突破了既有智库分类的束缚。

既有智库分类，除了上述的主流智库中的党政军智库、高校、社会科学院智库，还包括民间智库。这些智库各有特点，受资金渠道、管理形式等方面的影响，往往彼此分立，统合协调机制不够完善。顺德决咨委不仅通过开放的社会化平台，将上述三类智库中的专家学者都吸纳过来，而且还根据区域产业发展特征，吸纳制造业、服务业等领域的高层管理人才，保证了决策咨询的科学性、实用性和前沿性。

第四，顺德决咨委具有明确的制度性定位。

决咨委的重要性，还在于它以明确的制度性定位，与人大、政协有所区别，与当下时兴的街坊会、村民理事会有所不同，与政府官员咨询请教专家意见有一定差异。首先，决咨委与人大、政协在公共政策决策过程中所处环节不同。人大是立法机关，拥有最高决策权，位于重大事项决策过程中的最终环节。政协是从多党合作制度发展而来，更强调成员的党派或无党派身份，也使其在参政议政过程中具有一定的监督权。相较而言，决咨委更强调成员的专业知识背景和行业领域背景，位于决策过程中前置咨询环节。

其次，决咨委与街坊会、村民理事会的区别在于决策咨询功能是科学化还是民主化。从成员名单来看，决咨委更强调对决策科学化的贡献，而街坊会、村民理事会的成员往往是口碑名誉较好的民意代表、基层贤达人士，其主要功能来自于对决策民主化的贡献。

最后，决咨委是将专家咨询工作制度化、平台化和扩展化。专家咨询是中国党政机关运行的传统之一，部分官员也习惯于向个别领域专家学者请教政策问题。但是，决咨委不仅将这种临时性安排变成制度化安排，而且还通过打造制度平台，将企业家等精英也吸纳过来，扩展了专家咨询工作传统。

第五，顺德决咨委形成了较为成熟的工作模式。

一方面，顺德决咨委形成了丰富的体系架构。除了区级决咨委，顺德下属 10 个镇、街均已建立公共决策咨询委员会，多个区属部门建立了专业咨询机构。决咨委还向村（社区）、学校、医院等基层单位扩展。以容桂街道为例，目前已有 5 间学校试行校务咨询和监督委员会制度，容桂马冈、乐从葛岸等社区还成立了村一级的“决咨委”。由此，通过区、镇（街）、村和社区咨询机构的建立，在全区形成了层次合理、结构完整、功能适当的决策咨询体系。全区共有决策咨询委员 700 多人。

另一方面，顺德决咨委形成了规范的工作规程。区决咨委和区委政研室共同制定了《顺德区决策咨询工作规程》（简称《工作规程》），从决咨委成立、定位、工作范围、委员构成、内部组织架构、工作方式、议事规则、政府反馈等方面对决咨委提出了全面详细的要求。同时，《工作规程》还将《议案跟踪汇总表》《议案反馈统计分布图表》等常用台账标准化，进一步规范了决咨委工作。

第六，顺德决咨委具有打破部门利益束缚的潜力。

受现行行政管理体制影响，一个公共政策的决策与执行易于一体化，呈现为多线的部门主义。各部门往往依靠其垄断性行政资源，影响了决策的科学化民主化水平，从而维护自身的部门利益。

决咨委以独立、客观的姿势，以社会化、网络化的平台践行新型智库使命，并通过明确的制度性地位和成熟的工作模式，形成了以专业知识与部门决策对话与建议，以咨询权倒逼政府部门解开决策权与执行权的绑定困局，促进政府部门完善工作方案与实施步骤，释放垄断性行政资源。

四　顺德决咨委运作的不足之处

第一，决咨委的制度性地位有待进一步提升。

目前，顺德决咨委虽然已经制定了《工作规程》等，希望借此实现一定程度上的制度化，但是决咨委在公共政策决策过程中往往“有定位无地位”。根据《工作规程》，涉及重大经济社会发展问题，均需听取决咨委意见，而政府实际上也有所反馈并与决咨委进行过多轮互动。但是，在实际运作过程中，政府部门受工作节奏与时间压力影响，更多的时间会选择绕过决咨委，直接进入政府集体决策环节，或者对决咨委委员提出的商榷意见未能及时、充分地予以反馈。进一步讲，决咨委有时呈现为“缺席的在场”，其对科学决策的辅助功能尚未引起各部门的重视。

第二，决咨委的经费保障机制不够完善。

《工作规程》关于决咨委经费保障机制共有3条，第1条是“区委、区政府应该把决咨委预算纳入区财政预算计划”，但从顺德区2014年预算安排来看，并没有单列决咨委预算支出。第2条是“决咨委可以接受民间捐赠；但要财务程序合法、财务信息透明”，但目前决咨委的活动和人员开支基本上还是由政府埋单，民间捐赠渠道还未打开全，尚未实现社会化募资。

第三，决咨委的工作平台有待进一步整合。

决咨委的一个重要功能便是打破部门利益束缚，以“一级政府、一级决咨委”的模式，衔接部门决策与集体决策的中间环节。从顺德目前做法来看，各个区职能部门已经成立了决咨委。这一做法尽管在初期迅速夯实了决咨委的正当性基础，扩大了决咨委的政策影响力与社会影响力，但是，近两年来，这种做法也使得决策咨询环节进一步变得部门化，部门决咨委委员按部门要求选拔，部门决咨委流程按部门工作节奏安排，大大削弱了决咨委的公信力与推动决策科学化的功能。

五 对顺德进一步探索中国特色新型智库的建议

第一，提升决咨委的制度性地位。

一方面，将决咨委正式纳入顺德区及下辖各镇（街）政府《议事决策规则》和《政府工作规则》中的“征求意见”环节。尽管顺德的《议事决策规则》和《政府工作规则》往往有征求意见环节，但对以决咨委为平台，发挥新型智库作用不够明确。凡是提交政府常务会议集体决策的事项，决策前除了必须做好政策协调，征求有关部门和党组织的意见，还应当征询决咨委意见。

另一方面，明确决咨委委员列席政府常务会议。尽管顺德决咨委目前的职能限于咨询权，不具有决策权、执行权或监督权，但为了进一步提升咨询质量，增进专家学者对顺德区情区况的认识与了解，建议区政府根据专家学者专业领域特长，不定期邀请决咨委委员轮流列席政府常务会议。

第二，完善决咨委的经费保障机制。

一方面，将决咨委经费作为财政预算单列项目，确保资金的专项性与稳健性。区决咨委牌子虽然挂在区委政研室，但可以采取委托管理方式，通过将区决咨委秘书处委托给第三方管理，提升决咨委的经费使用效率与使用水平。

另一方面，在各部门的研究咨询经费中提取一定比例并汇总为决咨委的专项经费，根据顺德的改革发展战略进行长期研究课题经费。对确需另外招募专业机构、人士分析研究的课题，可以发包给民间智库进一步研究。

第三，进一步推进决咨委成员智库化。

鉴于顺德区鲜明的产业结构、社科院所力量有限，顺德第一、二届区决咨委变化已属不易：决咨委已逐渐回复新型智库本质，政府官员退出（仅保留作为社区精英的村居干部）、学者专家比例增高、企业界精英更重视专业背景。从长远发展来看，为避免利益冲突，建议从成员构成角度进一步推进决咨委智库化，逐渐削减村居干部和企业精英比例，增强学者专家的多元化学科背景，平衡省内专家和省外专家的比例。

另一方面，限制决咨委委员在顺德各决咨委的兼任数。通过确保专家学者在顺德本地不过多担任各决咨委委员，确保专家学者的专注度，避免不必要的冲突或两难。

第四，精简现有决咨委体系。

顺德区一级决咨委就有区公共决策咨询委员会、区行政审批制度改革咨询和评审委员会、社会建设和管理创新咨询评审委员会三家，16 个政府工作部门也各自设立了本领域的决咨委。其实，行政审批改革也好，社会建设创新也好，其他政府工作领域也好，都是公共决策范围内的事情。笔者建议，为了加强和集中有限的力量和资源，做好决咨委工作，把区及区各工作部门设立的决咨委都合并到区公共决策咨询委员。而在其下设立行政审批制度改革、社会建设创新等专业委员会。这样立足于衔接部门决策与集体决策的中间位置环节，既能够全面统筹区决咨工作，加强决咨工作的整体性、系统性和协调性，强化决咨委打破部门利益束缚的独立性地位，避免各部门改革决策出现相互干扰和障碍的问题，也可以照顾到各个领域决咨工作的专业化和独特性问题。另一方面，对现有决咨委不易发挥作用的领域且确需新增的决策咨询工作，可以增设临时委员会或临时咨询小组，通过“一事一议”的方式，临聘相关领域的专家学者，确保推动决策科学化“无死角”。

B.19 群团组织参与社会治理研究

刘梦琴*

摘　要：群团组织的改革逐渐成为深化行政管理体制改革和社会体制改革的焦点。本文通过对不同社会群体的问卷调查，以及结合近年广东省群团组织改革实践探索，分析了群团组织融入现代社会治理面临的诸多困境，提出应强化群团组织的社团性弱化其服务提供实体性，把群团组织界定为社团性非营利组织，其主要作用是枢纽性引领、凝聚和社会整合。

关键词：群团组织　社会治理　改革

人民团体和群团组织是党联系群众的桥梁与纽带，是党和政府与社会、公众之间相互联系和沟通的桥梁与纽带，是国家政权的重要社会支柱，是具有双重身份和功能的中国特色的社团组织，在全国构建了自上而下统一协调的党领导下的工作体系和组织网络。由于内外部原因和某些结构性的缺陷，群团组织的社会影响力下降，在局部地区或局部领域有被边缘化的危险。社会管理体制改革的深化，将加快推动群团组织的角色和功能转化。2014 年年底，党中央《关于加强和改进党的群团工作的意见》指出，群团组织是党的事业的重要组成部分，党的群团工作是党治国理政的一项经常性、基础性工作，新形势下群团工作更为重要和紧迫，各级党委必须高度重视做好新

* 刘梦琴，广东省社会科学院社会人口所研究员。

形势下党的群团工作。2015 年 7 月 6 ~ 7 日，党中央有史以来第一次召开群团工作会议，这次会议的主要任务是分析研究新形势下党的群团工作面临的新情况新问题，贯彻落实《关于加强和改进党的群团工作的意见》，总结成功经验，解决突出问题，推动改革创新，开创群团工作新局面。习近平发表重要讲话，他指出：要从巩固党执政的阶级基础和群众基础的政治高度，抓好群团工作，使之成为推进国家治理体系和治理能力现代化的重要力量。人民团体在社会治理中的作用在新时期已经上升到国家战略的高度，因此，迫切需要梳理人民团体，尤其是群团组织新时期面临的突出问题和困境，明晰其在社会治理体系中的定位、作用和改革的方向。近年来，广东省在全国率先在群团组织融入社会治理方面进行了许多有益探索。从构建枢纽型社会组织到支持群团组织在社会治理中发挥作用，已经敏锐地抓住群团组织必须大改革、融入现代社会治理、激发社会组织活力等大方向，但在改革模式、思路和路径等关键地方仍缺乏清晰理念和共识。究其原因，是缺乏系统的、顶层设计的思维，缺乏有力的理论指导。本研究正是对此问题的探索。

一　相关组织概念及其关系分析

1. 相关组织概念

人民团体。人民团体是在中国共产党的领导下成立的、从事特定的社会活动的全国性群众组织，如工会、青年团、妇联等。它是人民群众的组织，代表人民群众的利益，同时也是党联系人民群众的纽带和桥梁，服从党的领导。人民团体通过参加政治协商会议，履行其政治协商、民主监督和参政议政的职能，以实现人民的权益，政治地位十分特殊。据财政部、国家税务总局〔1986〕8 号文件，人民团体是指“经国务院授权的政府部门批准设立或登记备案并由国家拨付行政事业费的各种社会团体”。专指“参加中国人民政治协商会议的八个群众团体，包括工会、共青团、妇联、科协、青联、侨联、台联、工商联”。这就是所谓“八大人民团体”。残联

1988 年才成立，其章程明确“是国家法律确认、国务院批准的由残疾人及其亲友和残疾人工作者组成的人民团体”。因此，本研究特指人民团体为“九大人民团体”。

群众团体。群众团体是为一定目的（或特殊需要，或特殊爱好）自愿结合成的群众集体，典型的群众团体如作家协会、行业协会。相比人民团体，群众团体在其成立、运作过程中更加自由、独立以及主动。群体成员更多的带有自愿性和主动性的特点。人民团体都是群众团体，反之则不然。人民团体与群众团体都是群众组织，都是在中国共产党的直接领导下，都是党联系群众的桥梁和纽带，都由编制管理部门“定机构、定职责、定编制”。根据中国机构网，由中央编办确定编制的全国性群众团体（含人民团体和群众团体）共 21 个，包括：全总、共青团、妇联、科协、侨联、台联、工商联、文联、作协、法学会、对外友协、贸促会、残联、记协、宋庆龄基金会、黄埔军校同学会、红十字总会、欧美同学会、人民外交学会、职工思想政研究会、中华职业教育社。

社会组织。主要指民间组织，也叫民间非营利组织，指的是不以营利为目的、主要开展各种志愿性的公益活动或互益活动的非政府的社会组织。社会组织在民政部门依法登记，以社会成员自愿参加、自主管理为主，是非营利性、非政治性、非宗教性的社会群体。党的十六届六中全会报告和十七大报告都明确地提出要“健全社会组织”“加强社会组织建设”，至此，“社会组织”的概念逐渐取代了“民间组织”概念。社会组织主要包括三类组织，即社会团体、基金会和民办非企业组织。

群团组织。群团组织，是指工会、共青团、妇联这些在党和政府下直接支持下建立起来的群众团体。我国的群团组织既与国际公认的非政府组织有所不同，也与我国在民政部门登记的民间社团不同，它具双重角色，它们既是代表不同群体利益的群众团体，又是在党和政府直接领导下成立的组织。群团组织作为党联系群众的组织，是我国政治结构中的重要组成部分；群团工作是我国政治合法性的特殊来源，是民意上达的重要通道，因而一直是党的工作的重要组成部分。

我国1951年出台的《社会团体登记暂行办法施行细则》中将群团组织界定为“系指从事广泛群众性社会活动的社会团体，如工会、农民协会、工商业联合会、民主妇女联合会、民主青年联合会、学生联合会等”。通过近几十年的发展，群团组织也在不断地成长壮大，目前由中央编办管理机构编制的全国性群众团体共21个，包括中华全国总工会，中国共产主义青年团中央委员会，中华全国妇联等。可以发现，这里群众团体基本等同于群团组织。在现实语境中，群团组织范畴小于群众团体和人民团体范畴。群团组织一般专指工会、共青团、妇联、残联、红十字会等。工会、共青团、妇联和残联组织因其成立时间较长，代表群体广泛，发挥作用明显，具有较强的代表性和影响力。因此，本文重点研究以工、青、妇、残联为代表的群团组织。

2. 相关组织关系分析

“人民团体”和“群众团体”“群团组织”等是中国现存体制下特定的政治概念，具有很强的政治色彩，都不是法律概念。它们都是群众组织，是在中国共产党的直接领导下、党联系群众的桥梁和纽带，都由编制管理部门“定机构、定职责、定编制”，其特指范畴往往由不同的现实语境决定（见图1）。

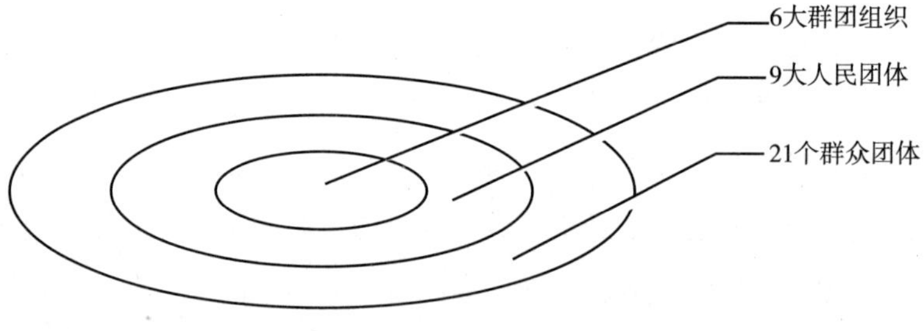

图1　几个相关概念的关系

人民团体与群团组织，它们是在我国特定的政治、历史条件下形成的具有中国特色的社会团体，以政治任务为中心，代表一定的社会群体的利益，参与国家政治活动。同时它们又不同于政党。它们免于在民政部门注册登记而具有法律地位，由民政部门备案并由国家拨付行政事业费用，组织序列上仍然隶属于各级党政机关。人民团体和群团组织的形成动力来自党和政府的需要，和党政机构一样，是国家科层组织体系中的官方组织。草根社会组织（民间组织）不受党和政府的直接领导，没有政治任务，是纯粹的民间非营利组织。可以说，群团组织既不是政府组织，也不是草根社会组织，它们是和共产党执政者命运紧密联系在一起的准政府组织或准非政府组织，是中国特色的群众组织。

3. 不同群体对群团组织的认知

只有对群团组织角色功能有明确清晰的认识，才能科学定位。现实中，对群团组织的角色功能认知是混乱不清的。课题组分不同人群发放问卷，共回收 134 份问卷。统计数据显示，在回答“群团组织属于哪类组织”时，有 43.3% 的被访问者出现了认知矛盾，如：同时选择政府组织和非政府组织的；没选择政府组织也没选择非政府组织的；既选择政府组织又选择一般社会组织或枢纽型社会组织的；等等。

归纳所有多项选择，在回答“群团组织属于哪类组织”时，选择最多的是非营利组织（占 48.5%），其次为枢纽型社会组织（占 43.3%），再次为非政府组织（占 35.1%）和政府组织（占 33.6%）。可以这样说，接近一半的调查者认为群团组织是枢纽型社会组织，1/3 的人认为群团组织是政府组织（见图 2）。在多项选择时，有将近一半的人出现了认知矛盾。其中认知矛盾选择最多的是“没选择一般社会组织和枢纽型社会组织，但选择非政府组织的”，占 16.4%（不一定选择错误，也可能认为群团组织是非政府组织，但不能确认是一般社会组织还是枢纽型社会组织或是其他什么组织）；选择认知矛盾第二多的是“既选择政府组织又选择枢纽型社会组织的”，占 11.9%；选择认知矛盾第三多的是“同时选择一般社会组织和枢纽型社会组织的”，占 5.2%（见图 3）。

我们对多选题作进一步分析，通过逻辑判断将多选题分成单选题。结果发现：单选群团组织属于枢纽型社会组织的占 24.6%，单选群团组织属于一般社会组织的占 11.9%，单选群团组织属于政府组织的占 16.4%。通过

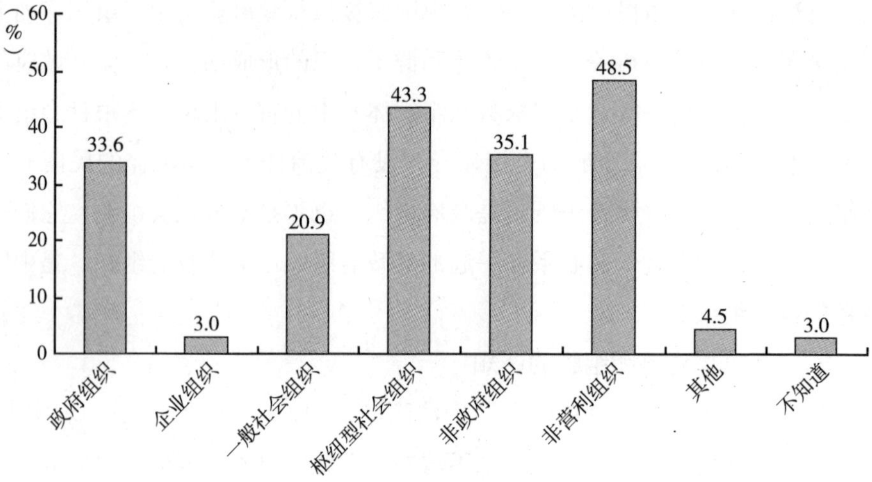

图 2　您认为群团组织属于哪类组织？

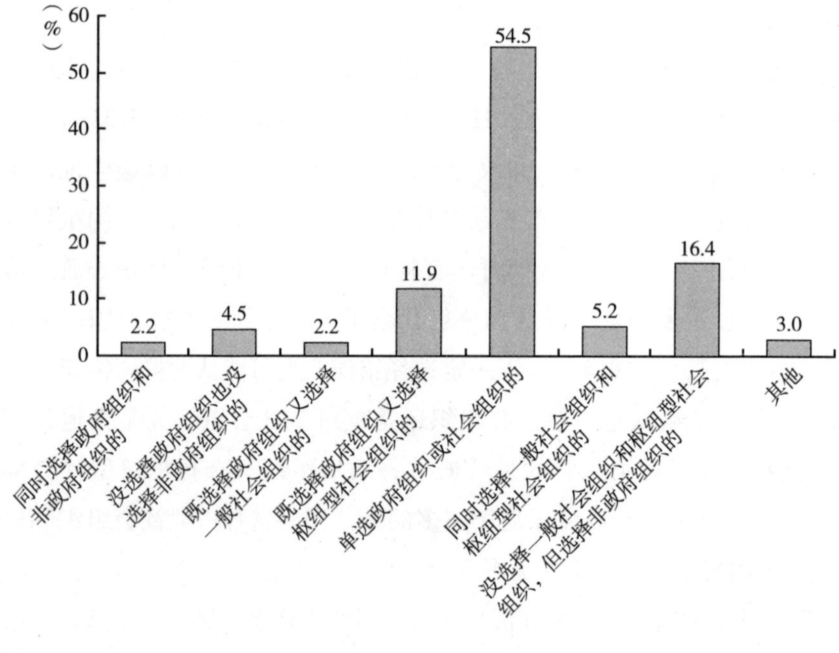

图 3　群团组织归属类别分析

交互分析，我们发现，共产党员更倾向于认为群团组织属于枢纽型社会组织，40 岁以上或工龄 20 年以上的也更倾向于认为群团组织属于枢纽型社会组织，党委、工会、妇联和其他事业单位的工作人员也更倾向于认为群团组织属于枢纽型社会组织。年龄越大、工龄越长，认为群团组织属于政府组织或一般社会组织的越少。剔除社会组织被访问者来源多样性引起的误差，可以发现：团委系统的人更倾向于认为自己属于政府组织，而其他群体没有多少人认为群团组织是政府组织。在团委系统调研时还发现，许多人坚持认为他们不是枢纽型社会组织而是枢纽型组织。他们很不愿意把自己归到社会组织一类，他们更看重“官方”身份（见表 1）。

表 1　群团组织属于哪类组织（单选）

	%	政府组织	一般社会组织	枢纽型社会组织	其他 NGO/NPO	其他（认知矛盾）
性别构成						
男	46.3	16.1	11.3	22.6	3.2	46.8
女	53.7	16.7	12.5	26.4	4.2	40.3
是否共产党员						
是	66.7	13.2	9.2	27.6	3.9	46.1
否	43.3	20.7	15.5	20.7	3.4	39.7
年龄构成(岁)						
20～25	25.4	17.6	20.6	14.7	5.9	41.2
26～30	21.6	31	10.3	20.7	—	37.9
31～35	21.6	13.8	6.9	27.6	6.9	44.8
36～40	9.0	8.3	8.3	8.3	—	75
41～45	7.5	10	20	30	10	30
46～56	14.9	5	5	50	—	40
工作年限(年)						
3－	32.1	20.9	16.3	16.3	4.7	41.9
4～10	30.6	22	12.2	22	2.4	41.5
11～20	19.4	11.5	7.7	23.1	7.7	50
21＋	17.9	4.2	8.3	45.8	—	41.7
工作单位所属系统						
工会系统	7.5	10	—	40	—	50
团委系统	11.2	26.7	—	26.7	6.7	40

续表

	%	政府组织	一般社会组织	枢纽型社会组织	其他NGO/NPO	其他（认知矛盾）
妇联系统	3.7	—	—	40	—	60
残联系统	11.2	13.3	20	20	—	46.7
其他政府部门	7.5	10	—	30	20	40
其他党委系统	9.0	8.3	8.3	41.7	—	41.7
其他事业单位	9.0	8.3	—	58.3	—	33.3
其他社会组织	20.9	35.7	28.6	3.6	—	32.1
大学生	11.9	6.3	18.8	18.8	—	56.3
居民及其他	8.2	9.1	9.1	9.1	18.2	54.5
总计		16.4	11.9	24.6	3.7	43.3

在回答“群团组织特点”时，选择最多的是群众性，占78.4%；其次是非营利性，占58.2%；再其次是代表性、枢纽性和政治性，分别占53.7%、39.6%和38.1%（见图4）。

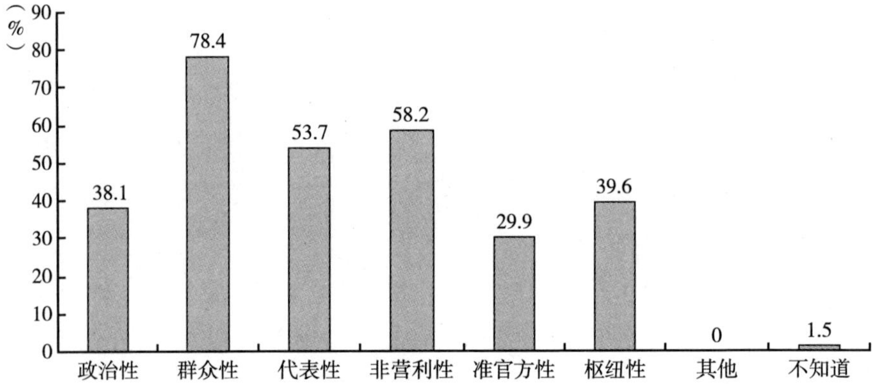

图4　您认为群团组织的特点是什么？

对于群团组织改革话题，几乎所有人都认为群团组织要改革。但具体怎么改革，看法各异。呼声最高的是一方面去机关化、去行政化、去官僚化；另一方面社会工作专业化。在改革去向上，倾向于改革成枢纽型社会组织（34.3%的人选择）。约两成人认为群团组织和党的命运紧密联系在一起，应强化现有地位（见图5）。

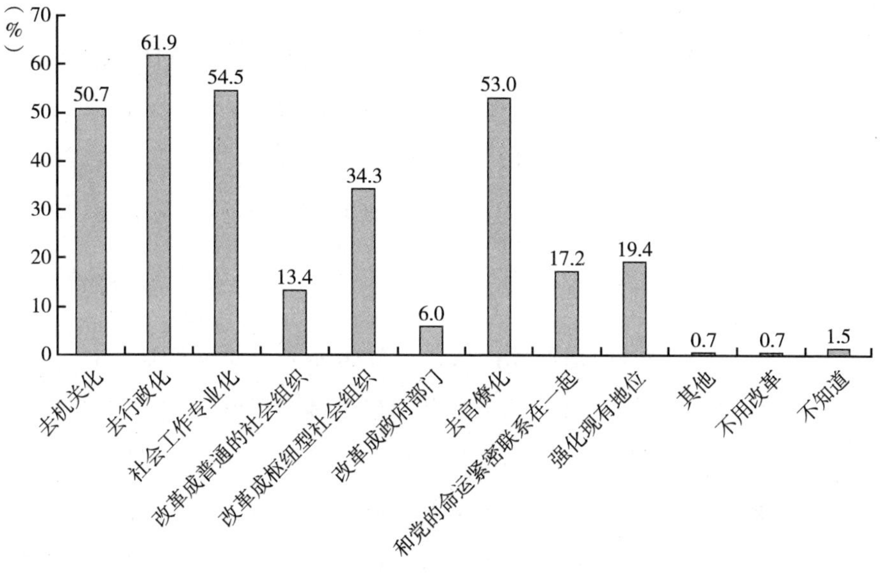

图5　群团组织改革方向

二　群团组织历史沿革考察

通过考察人民团体和群团组织的历史渊源，可以明察其从事党的群众工作的传统，了解人民团体在不同历史时期的功能与地位。

1. 新中国成立前

中国共产党积极开展卓有成效的群团建设，调动广大人民群众加入群团组织，群众性政治团体主要包括工会、农会、共产主义青年团、妇女代表会、革命互济会等。大革命时期，农会、工会等群众性组织就发挥了重要作用。为了加强对群团的领导，保证群团工作的正确政治方向，中共中央早就确定：党对群团组织，只能经过群团去指导，绝对不可妨碍群团组织的独立性，如工会、农会等。同时，群团组织有监督政权、推动政权的作用。

延安时期是中国共产党社团管理思想和政策形成发展的一个重要时期。党和根据地政府及时制定了各项社团管理政策，并在实践中加以调整和完善，逐渐形成了一套行之有效的社团管理政策体系。1942年，党中央领导边区政府出台了两部专门性的法令：《陕甘宁边区民众团体组织纲要》和《陕甘宁边区民众团体登记办法》。延安时期人民团体存在于社会各阶层、各群体、各行业。工人有工会，农民有各式各样的农会，妇女界有妇联组织，文化界有各种文化团体，商界有大大小小的商会。

2. 新中国成立后

新中国成立后通过政治协商会议，部分团体完成了从普通的社会团体向人民团体的嬗变。1951年中央人民政府内务部公布的《社会团体登记暂行办法施行细则》，是关于人民团体的最早的权威法令，人民团体被赋予特殊的政治地位。从1949年至1978年，中国处于高度统一的政治与经济体制时期。国家通过一系列的特殊的政治、经济和社会制度安排，控制了几乎所有的社会空间。

改革开放以后，我国处在经济体制与社会结构的双重转型时期。人民团体、群众团体及社会团体的现代转型及其功能再定位是一个必然的过程。公民结社与参与社会管理的意愿日益强烈，社会团体的数量以加速度逐步增长。作为一种独立力量，社会团体开始脱离行政部门的直接控制。近年，已经逐步放开了社会组织双重管理制度，除特殊前置审批外，社会组织可直接在民政部门登记。“小政府，大社会”的观念深入人心，社会组织蓬勃发展。

综上，人民团体是中国特殊历史条件下产生的具有浓厚中国特色的一类群众团体。我国早期的工会、青年团等群众组织成立初期，都是在中国共产党的直接领导和参与下建立和发展起来的，这些组织在特定的社会背景和历史条件下，为了不断适应革命形势发展的需要，团结带领广大工人、青年和人民群众积极投身于波澜壮阔的中国革命斗争，为党的军事斗争和革命事业提供了有生力量，为革命战争的胜利和新中国的建立做出了突出贡献。新中国成立后，中国共产党由革命党变成了执政党，随着革命任务的完成和国民经济的恢复，全国开始了大规模的社会主义改造和社会主义建设工作，党的工作重心也从革命斗争转移到社会建设。作为中国共产党领导下的群众组织，工青妇群团组织面临新的工作形势和工作任务，其工作职能有了较大变化，主要是紧紧围绕党委政府的中心工作，积极组织动员群众投身社会主义建设，从各自联系服务群体的特点出发，有计划、有组织地开展一些富有特色的活动，成为党和政府的重要帮手和社会建设的重要力量。可以说，群团组织的命运是和党的命运紧密相连的。

三　社会治理主体及其多元化

社会治理是一种公共管理活动和公共管理过程。它强调社会公共事务治理中各种民间组织机构的参与、国家与社会组织间的相互依赖及互动合作，打破了国家与社会二元对立的传统思维，非政府组织、非营利组织、公民自组织等第三部门和私营机构将与政府一起共同承担管理公共事务、提供公共服务的责任，这些组织的权利也将得到社会和公民的认可。

从公共产品供给的理论和实践来看，公共产品（公共服务）模式经历了一个逐步完善发展的过程：从单中心管制模式（政府成为公共产品供给的垄断者）、双中心供给模式（政府和市场二元公共产品供给模式）到多中心治理模式（政府、市场和第三部门联合供给公共产品，公共产品供给效率最好，实现公共利益最大化）。政府、市场与第三部门在公共产品供给中各有优势与不足。政府在公共管理、制订规章制度、保障平等、保障服务的连续性等方面具有优势；享有权威的政府履行公共责任的程度是一个社会的责任水平和信任水平的晴雨表，而最大的功能缺陷在于难以实现资源的有效配置。市场作为一种当前公认有效的资源配置方式，最大优势在于市场交换机制，可通过多种方式为公共产品供给注入新的血液和活力，适合完成经济任务、投资任务、创新、有风险的任务、技术性任务以及产生利润的任务；市场也存在固有缺陷，比如难以消除投机行为、无法解决外部效应与可能损害社会公平等。对于政府难以顾及、市场不愿意涉足的地带，第三部门作为

“市场失灵”和“政府失灵”的补充，在一定程度上是“政府职能的替代物”，是市场失灵的“救火队”，是民间资源的“思想库”；并且第三部门在完成微利或者无利可图的任务、需要有同情心和对个人关心尊重的任务、需要具有广泛信任的任务、需要亲自动手的任务及牵涉贯彻道德准则与个人行为职责的任务方面更胜一筹。第三部门多以社会弱势群体或边缘性社会群体为服务对象，具有贴近基层的优势，具有非营利性、志愿性、公益性等特征，易于引起社会对其普遍的道义信任，从而在运作时能够获得大量的社会支持。第三部门能够在决策咨询、政策宣传、政策实施、矛盾疏导、表达民意等方面起到桥梁与纽带作用，能够灵活、高效、低成本地供给公共产品，可以更好地满足公共产品多样化的需求。在发达国家，作为第三部门的社会组织承担着政府、企业之外大量的公民社会事务。政府相关部门负责统筹协调工作。

综上，涉及公共服务的组织一般划分为政府组织、企业组织和社会组织（第三部门）。而目前我国除了三大组织之外，还有庞大的中国特色组织——群团组织。群团组织是改革为政府组织，还是社会组织，抑或半官方的群团组织？这是群团组织改革时首先要面临的问题。

国外没有群团组织，但一些国家设立了相关政府部门履行相关职责。如美国联邦劳工部主管全国劳工事务，负责全国就业、工资、福利、劳工条件和就业培训等工作。主要机构有人力管理署，劳资关系署和工资、劳工标准署，妇女管理局，工资和工作时间处，劳工标准局，雇工补偿局，联邦合同服从局和劳工统计局。新加坡负责社区管理的政府部门是社会发展、青年及体育部，该部负责社区发展的政策制定、职能策划。具体工作由人民协会、社区发展理事会、市镇理事会实施。德国政府设立了联邦家庭、老年、妇女与青年事务部来提供社会服务。政府一般不直接提供社会服务，而是通过合同方式将公共服务有偿转让给社会组织。由此可见，这些国家政府公共职能的行使与社会组织的运作自成体系，各自都具有比较完善和明确的分工、运作的体系。政府与社会组织也能友好合作。这种伙伴模式和完备的社会服务体系根源于社会组织与政府之间的平等，归结于社会组织的独立。

四　群团组织融入现代社会治理面临的主要困境

广东较早开始社会领域的改革，通过试点先行，不断摸索前进。在培育社会组织的同时，开始配套服务项目的政府购买服务。一度出现社会组织参与购买服务较热，工青妇按兵不动的现象。甚至有的工青妇部门的同志不满工青妇为什么不能参与竞争购买服务。随后，政府开始在创新社会服务模式中，寻求传统群众工作新突破。明确：在第三部门承接社会服务的同时，传统群团组织不能边缘化。工、青、妇、残联等传统群团组织，利用贴近政府和群众两端的优势，以项目开展为服务抓手，发挥“枢纽型”社会组织引领作用。工青妇组织按照省委“开辟工作新领域，创造工作新方式，树立工作新形象”的指示精神，大胆探索创新，走出构建中国特色枢纽型社会组织的新路子。广东省社会建设规划纲要明确提出要充分发挥工青妇等群团组织在政策引领、管理服务、品牌推广、项目合作、资源整合上的枢纽性作用，孵育、凝聚、带动同类型、同行业、同地域的社会组织共同参与社会建设，形成具有广东特色的枢纽型社会组织体系。构建枢纽型社会组织工作体系有利于进一步发挥工青妇作为党联系群众的桥梁与纽带作用，有利于进一步推进工青妇加强自身建设，提高自身素质，增强工青妇组织的凝聚力和影响力。

在社会管理体制改革、公共服务社会化浪潮下，结合近年群团组织改革实践探索，群团组织融入现代社会治理面临许多困境，在下一步改革中必须面对。

1. 群团组织与执政党的关系

研究群团组织的改革与转型，必须回答它与中国共产党之间的关系将何去何从？共产党的领导是我国政治体制与政治活动的根本与核心，而群团组织都是在党和政府的直接支持下建立起来的，在这样的背景下经历改革与转型的群团组织当然将继续保持服从党的领导的特点，群团工作仍是党的重要工作领域。问卷调查中，约两成人表示群团组织是和党的命运紧密联系的。因此，群团组织的改革，应和党政改革、政府职能转移联系起来，不能孤立地讲群团组织的改革转型。

2. 群团组织与民政的关系

目前，培育社会组织、推动社会组织承接政府购买服务基本由民政一家进行。政府公共服务采购项目大部分涉及工、青、妇、残等群团组织服务人群，若购买服务由民政负责，相应的经费也由民政支配，与群团组织关系不大。传统上，群团组织只有财政拨付的人员经费和办公经费，没有常规的服务经费。群团组织若需要其他活动经费，需要单笔申请。人群服务经费通常由民政口子下拨。在这种机制下，群团组织若申请到经费，活动声势通常较大，但由于群团组织缺乏常规服务经费，致使其活动零碎化，难以落地，影响相关事业发展。这里涉及群团组织的定位问题。如果群团组织是定位于社团性组织，可以不需要服务经费；如果群团组织定位于服务实体性组织，则需要相应的资源和服务经费。而目前，由民政支配资源和服务经费，群团组织一方面不好插手，一方面愤愤不平。需要注意的是：民政不能做成大社会大民政，群团组织更不能边缘化。由于群团组织和民政的关系没有理顺，对群团工作产生了一些不利影响。群团组织难以逾越现有障碍，在社会治理方面难有较大的突破，大多沿着路径依赖，创新不足。个别地方做了一些尝试，如广州市越秀区团委在民政的支持下，由民政给予一定经费给团委，由团委组织举行了青少年领域的公益创投，带动了青少年社会组织的参与；广州市南沙区妇联与区民政、区社工委紧密合作，进行区域内资源整合，将妇女儿童之家与社区综合服务中心等结合起来，以项目化运作形式开展专业化的妇女儿童服务，受到群众的好评。南沙发挥妇联网络到村居的组织网络优势，整合资源，开展社会化项目化服务，实现妇女儿童社会工作的转型。其成功的关键是打通了与民政、社工委的工作壁垒。

3. 群团组织在购买服务中是购买方还是承接方

我们注意到群团组织在购买服务中的势能变化。购买服务初期，群团组织是被边缘化的。随后，群团组织行动起来，以一种特殊形式参与。有人形容为“抢活”“抢钱”。抢谁的活？抢谁的钱？社会组织的。这种观点认为：政府购买公共服务是向草根社会组织购买服务，群团组织平时没工作经费，政府购买服务的许多项目正是群团组织可以干的活。但群团组织一不是社会组织，二没有招投标要求的社工人数，怎么参与购买服务？他们开始孵化一些社会组织，其中一些甚至是他们的“子女”（可能存在较严重的利益输送关系），由这些组织去承接购买服务。如妇联系统李嘉诚基金会搞的“集思广益幸福广东”项目；团委系统甚至推动志愿者组织转型为社会组织，由社会组织参与购买服务；残联系统也有自己属下的社会组织；等等。最近听说省里准备在推行家庭综合服务中心的珠三角等地，要求50%的比例委托给工、青、妇组织实施。向社会购买服务时，50%以上的资金必须委托工青妇实施。无论是初期的边缘化，还是中期的“抢活”“抢钱”介入，抑或现在准备的委托分配，都没有对群团组织改革转型有一个科学清晰的认识，定位不清必然会引起后续问题。政府是直接向社会组织购买服务还是需要将一部分购买服务委托给人民团体，再由这些人民团体向社会组织“转包”？人民团体的身份是代表政府的购买方还是代表社会组织的承接方？

4. 群团组织与草根社会组织的关系

这是传统群众工作和现代社会工作的关系。从服务人群和工作内容上来说，二者都是从事群众服务的社会工作。只是传统的工作理念、方式、方法和现代社会工作理念、方式、方法不同。随着社会分化加剧，社会问题越来越复杂，传统的群众工作已经不能解决现代社会面临的各种问题，群团组织需要转型升级，需要专业化的服务。群团组织有成型的工作网络和组织体系，可以说是“体制内”群众工作组织；草根社会组织是“体制外”的群众工作组织，群团组织与草根社会组织的关系是体制内与体制外的关系。如福建省在探索社工服务模式时，就分“全科”和“专科”。“全科”由“体制内”做，“专科”由“体制外”做，“体制内”优越于“体制外”。群团组织与草根社会组织的关系，是管理、竞争或合作的关系吗？必须尽早明确定位。如果二者都是实体服务性组织，那么体制内与体制外都做同样的服务，必然会有重复、加大社会成本、彼此竞争等问题，今天群团组织孵化的社会组织明天可能是自己的竞争对手，甚至掘墓人。如果群团组织管理草根社会组织，这又与政府职能转移、社会管理体制改革背道而驰。新生的社会组织刚解除双重管理枷锁，它们需要的是法律责任、行业自律和职业操守。

5. 谁是枢纽型社会组织

社会组织从无到有、从少到多，必然需要枢纽型社会组织的引领、凝聚。对于谁是枢纽型社会组织有不同看法。一种看法是工青妇转型成枢纽型社会组织，一种看法是由工青妇等培育枢纽型社会组织。北京前期是按后者去实践的，现在听说又改成前者了。对于群团组织本身，其中相当一部分人抵触他们是枢纽型社会组织的提法，他们谨慎地用词为“发挥枢纽型作用”或“枢纽型组织”。枢纽型社会组织是自发形成还是人为指定？枢纽型社会组织是否具有中坚、引领等作用，需要经过市场社会的认定。人为指定的枢纽型社会组织不是真正的枢纽型社会组织。

6. 群团组织是社团性组织还是服务实体性非营利性组织

我国非营利组织的发展必将遵循国际惯例而逐渐理顺关系。目前，按非营利组织在组织构成、性质和运作机制上的重大区别，将民间组织划分为基金会、社会团体和民办非企业单位三个大的类别，即将财团性、社团性和服务实体性三种类别的非营利组织做了合理划分。社团性组织又划分为学术性、行业性、专业性和联合性四种类型。群团组织尽管不是民间组织，但它们是非营利组织，其性质属于社团性或服务实体性。从各种可见资料后，对群团组织的要求既有社团性的，也有服务实体性的。两者兼顾甚至三者兼顾的非营利组织必然是庞大复杂的。如果群团组织重服务实体性，必将和民间社会组织产生竞争关系，体制内和体制外重复提供服务。如果发挥好群团组织的枢纽性作用，把群团组织界定为社团性非营利组织，民间社会组织以提供实体服务为主，则群团组织和民间社会组织的关系比较清晰，群团组织主要作用是枢纽性引领、凝聚和社会整合。

五　群团组织融入社会治理的路径选择

群团组织必须适应现代社会治理需求进行转型和改革，这是毋庸置疑的。但具体怎么转型改革，看法各异。一种观点认为：随着政治体制改革的深化和政府职能的进一步转化，必将加快推动群团组织的角色和功能转化，群众性、民间性的色彩将日渐浓厚，政府机构的附属身份将逐渐退化，群团组织承担的某些党政职能逐渐剥离，群团组织终将退出行政体制，双重角色将转化为单一的群众团体角色，使之从行政化的组织转到社会组织，从全能型组织转到有限型组织，更加有效地贴近群众、服务社会。另一种观点认为：群团组织是党领导和组建的，改革与转型的群团组织将继续保持服从党的领导的特点，群团工作仍是党的重要工作领域。在坚持政治职能的前提下，更加彰显自身的服务职能，将单纯政治职能向更加丰富的社会性服务职能转变，兼顾政治职能和社会服务职能。

在前文研究的基础上，基于以下论点，构建广东省群团组织融入现代社会治理的路径选择。

主要依据和论点：

（1）转型改革首先是去机关化、去行政化、去官僚化，同时进行社会工作专业化提升。

（2）在改革去向上，倾向于改革成枢纽型社会组织或发挥枢纽性作用。

（3）群团组织和党的命运紧密联系在一起，群团组织的改革，应和党政改革、政府职能转移联系起来，不能孤立地讲群团组织的改革转型。

（4）群团组织应充分利用已有政治优势、组织网络优势和资源优势，成为公民社会的核心力量，成为公众的真正代言人。

（5）强化群团组织的社团性。如果发挥好群团组织的枢纽性作用，把群团组织界定为社团性非营利组织，群团组织主要作用是枢纽性引领、凝聚和社会整合。群众团体的章程规定了它们最基本的职能就是：代表群体利益，维护合法权益。代表和维护本团体群众的利益，是这些群众团体赖以存在的基础与目标。只有立足于反映民情民意，维护特定群体利益，群团组织才能真正具有凝聚力与生命力。团体性与其在“组织社会、引领社会、管理社会、服务社会、稳定社会”中强化“团结组织、教育引导、维护服务、参与管理”四大职能并不矛盾。

（6）群团组织工作人员的意愿。他们更倾向于认为群团组织是枢纽型组织或政府组织。如果将群团组织改革为普通的社会组织，会面临较大阻碍。

（7）传统上，群团组织只有财政拨付的人员经费和办公经费，没有常规的服务经费。群团组织若需要其他活动经费，需要单笔申请。由于缺乏常规服务经费，致使其活动零碎化，难以落地，影响相关事业发展。

我们根据官方性/民间性和社团性/服务实体性两个维度构建社会治理社会组织的理想类型，共有A、B、C、D、E、F六个理想类型（见表2）。

表2　社会治理社会组织的理想类型

	社团性	服务实体性	社团性+服务实体性
官方性	A=官方性—社团性	B=官方性—服务实体性	E=官方性—社团性+服务实体性
民间性	C=民间性—社团性	D=民间性—服务实体性	F=民间性—社团性+服务实体性

路径选择之一：抽离群团组织政府职能，在政府系列成立社会事务部，下面分设妇女儿童工作委员会、青少年工作委员会、老龄工作委员会、残疾人工作委员会等，专司不同群体的社会服务，统筹各领域事业发展，协调工作关系，督促检查工作进展，评估社会服务情况。一般不负责具体社会服务提供。现有群团组织进行分化分流改革，少部分归入政府序列社会事务部，大部分与党政“断奶”，转向民间性社会组织，即C、D或F服务模式，成为民间性—社团性组织或民间性—服务实体性组织或民间性复合性社会组织。社会事务部与民政分工不同，民政重在救灾救助救济，民政不搞成大民政大社会。

路径选择之二：继续保持群团组织中国特色，继续保持其双重性。将其打造成枢纽型组织，即成为官方性—社团性的A型组织。从购买服务中划拨部分服务经费，由A型组织组织服务实体性组织如D型组织开展服务。A型组织与D型组织关系不是管理关系，A型组织根据本领域事业发展需要，以项目制形式向社会组织招投标或委托购买服务，按社会化、项目化的方式统筹领域事业发展及其规划，不提供具体服务。D型组织不一定固定在某个领域开展服务，可以是多领域综合性服务。D型组织接受民间组织管理局管理和行业自我管理。

路径选择之三：群团组织完全“民间化”，转型为C类或D类或F类社会组织，与民间社会组织平等竞争。

路径选择之四：群团组织通过去行政化、机关化、加强专业化等手段，进行深化改革，但其定位是E型组织，即官方性—社团性+服务实体性组织。这与目前的定位基本一样，改革的变动性最少。目前存在的问题也难以有较大改观，可能是最不彻底的改革。

路径选择之五：群团组织改革为F型组织，即民间性—社团性+服务实体性组织。通常这种理想的发展类型应是自下而上发展起来的，即先成为C型或D型社会组织，经过发展演化成F型社会组织。经过路径三的演绎后发展为路径五。

纵观社会组织发展，需要构建枢纽型社会组织工作体系。群团组织发挥枢纽性作用是最经济、最有效、最自然的选择。这有利于进一步发挥工青妇作为党联系群众的桥梁与纽带作用，增强工青妇组织的凝聚力和影响力。社团性组织有较好的团结凝聚整合作用，这与枢纽性、引领性要求十分契合，不主张群团组织既做社团性又做服务实体性组织，笔者建议的选择是路径之二，其次是路径之一。

无论选择何种路径，都可以有一个基本的路径实现路线。按照“新人新办法、老人老办法”，利用10年左右时间完成转型。头3年，进行机构改革和调整；中间3~5年为适应时期，可以微调相关政策；最后3年为成熟期，各种关系完全理顺，可以大规模部署各项事业发展，迎来社会发展的黄金时代，实现共融和社会和谐发展。

Abstract

Report on Guangdong's comprehensive deepening reforms (*2015*) is compiled by Guangdong Society of Economic Reform, Guangdong Comprehensive Reform and Development Institute and Guangdong Development Research Institute of Guangzhou University. This book consists of four parts which are general report, chapter of economic reform, chapter of administrative reform and chapter of social innovation. And based on theories and practices of Guangdong's reform, this book reviewed achievements and dilemmas in Guangdong's comprehensively deepening reforms in 2014 and discussed the trend of deepening reforms in 2015 in multi-dimensional perspectives.

The year, 2014, was the first year of comprehensively deepening reform. In that year, Guangdong's economic reform has achieved a great deal of progresses such as the highly stimulated market vitality, the establishment of transparent market rules, the integrated urban and rural comprehensive reform, the erecting of open economic system and the construction of ecological civilization system. The administrative system reform in Guangdong has also make several progresses which are the exploration to list responsibilities, the directory management of administrative examination and approval, the perfection of online business platform, the exploration of comprehensive law enforcement and the constructing of modern financial system. Also, Guangdong's reform of social system achieved a lot. It has promoted the consultation of public affairs, the registration management system reform of social organizations, the level of autonomy and service of urban and rural communities, the equalization of public services and the "two wheels" service pattern of social work and voluntary work.

However, the year of 2015 is absolutely vital for the comprehensively deepening reform. This book has presents various comments and suggestions towards the question that how can the Guangdong's reform continue in the new year. Specifically, to the deepening reform of economic system, this book suggests to stick on the rule of law, to clarify boundaries between the government and the market, to promote the "three lists" oriented market access policy, to encourage employment and entrepreneurship by further decentralizing the power, to protect the intellectual property by implementing the "Internet +", to build the FTZ by innovating institutions, to develop resource-saving society and eco-friendly society, to deepen the reform of rural economic system, to develop the mixed ownership as well as to deepen reform of the state-owned assets management. To deepen the reform of administrative system, this book recommends to set up a response mechanism docking to the central reform, to reform the balance mechanism of asset distribution among regions, to form the transmission mechanism of effects on administrative system reform, to make the evaluation mechanism of indicators on administrative system reform, to design the results sharing mechanism to general public, to nurture risk management mechanisms for different stages of reform, to foster service reform of folk think-tanks and to realize the consultation mechanism to stakeholders. Furthermore, in the deepening of social system reform, proposes to clarify boundaries between the government and the society, to perfect the function-review mechanism of the third-party think-tank, to enact policies and rules to ensure functions of decision-making and consultation platforms, to promote social organizations' financial-independence, to improve urban and rural communities' capacity of governance and service, to innovate mechanisms to make the floating people be entitled to rights and services and to pay special attentions to social work in east, west and north parts of Guangdong.

Contents

B I General Report

Abstract: In the context of the "new normal", Guangdong has withstood downward pressures on economy and achieved dramatic effects by means of reform. However, there still remained a large volume of issues detrimental to Guangdong's economic growth. Specifically, obstacles that impede the healthy development of firms still existed, vitality of market entities remained to be inactive, resistance to mass entrepreneurship has not been less, market rules towards a fair competition environment were constantly opaque, dilemmas on coordinated development of regional economy and comprehensive reforms of urban-rural integrated development were still intractable, integrated mechanism of the Pearl River-Xijiang River Economic Belt has not formed yet and recognition towards the pilot free trade zone was also ambiguous. To curb those negative issues, Guangdong should give priority to the law-based governance and make boundaries between governments and markets more specific. Furthermore, in order to achieve a holistic progress in the next few years, it is also crucial for Guangdong to formulate three lists oriented market access policies, to curb the power of bureaucrats, to rein in government spending, to make use of the "Internet +", to innovate development strategies of the pilot

FTZ, to promote resource-saving society and ecological civilization, to deepen reforms of rural economic system and to enhance mixed ownership economy.

Keywords: Effects; Issues; Observation; Thinking

Abstract: Based on the questionnaire survey, this article summarized that in the progress of Guangdong's administrative system reform in 2014, reform of law enforcement system advanced slowly, while reform of online business advanced fast and problems of that rooted in constrains of timing, bondage of interest, insufficient of implementation, lack of innovation and imperfect of legalization. Followed, this report suggests to carry out the work under stated time schedule, focused direction and designed promotion mechanism from 2015 to 2017.

Keywords: Reform of administrative system; Law enforcement system; Reform of administrative examination and approval; Platform for online business

Abstract: This report reviewed and summarized the reform and innovation of social governance in five major areas which are consultation of public affairs, management system of social organizations, governance and service system of urban and rural communities, citizenship of immigrants and service system of social workers and volunteers. Also, this article analyzed phased reform objectives of Guangdong from 2015 -2017 and then proposed several pertinent policy recommendations.

Keywords: Social governance; Community governance; Floating population; Social work

B II Chapter of Economic Reform

Abstract: Pearl River-Xijiang River Economic Belt, as a regional cooperation across provincial areas, challenges the economic interests of the administrative divisions, which also involves the Xijiang water source conservation of ecological conservation, industry transfer, urbanization construction, etc. The integration of Pearl River-Xijiang River Economic Belt development needs to break system obstacles and institutional barriers to solve the difficult problems in the coordinated development of economy, to build mechanism innovation of economic system and Guangdong-Guangxi cooperation pattern, to integrate the nationwide strategy of "The Belt and Road Initiative", to coordinate the division of functions among regional cities.

Keywords: Pearl River-Xijiang River; Integration; Mechanism; Innovation

Abstract: What Guangdong should do to perfect its fundamental economic system and to transform its economic structure is to promote the private investment and to boost the private economy. This dissertation, with an aim of enhancing the private investment, focuses on the research of Guangdong's private investment mechanism by means of picking up negative factors that impede the development of private investment in Guangdong and proposing feasible solutions.

Keywords: Private investment; Great development; Great promotion; Mechanism

Abstract: Nansha Area now faces a deal of problems which lie in aspects of transportation planning, project resources and management system and it need some creative solutions to cope with. This dissertation proposes to adopt an idea of Guangzhou's "No. 1 Project" to enhance Nansha's development by six countermeasures which are giving a priority to intensively allocate major infrastructure and industrial projects in Nansha, promoting reforms of investment mechanism and operating mechanism, solidifying the port economy cluster with prominent advantages, encouraging industrial restructuring and upgrading, innovating the talented services mechanism and establishing new administrative management system.

Keywords: Nansha new area; Port economy; Industrial upgrading; Services for the talented

B. 7 The Thinking and Countermeasures of Cultivating and Developing Delivery Warehouse Groups in Nansha New Area

Zhou Linsheng, Qi Xuan / 156

Abstract: It is the delivery warehouse that plays fundamental and leading roles in the absorption of international enterprises settling in, and gathering logistics, information flow and capital flow. To swiftly set up Nansha's delivery warehouse groups which consist of bonded delivery warehouses of three major domestic futures exchanges and other delivery warehouses of domestic spot exchanges is beneficial to Nansha in the way to make it possible to get a new breakthrough and to resolve the industrial dilemma that is not solid.

Keywords: Nansha area; Delivery warehouse group; Futures bounded delivery; Port industry development

B. 8 Financial Bills Management: the Cornerstone of Modern Financial System

United Research Group of Guangdong Society of Economic Reform and Bills Supervision Center of Guangdong Finance Department / 162

Abstract: It is the financial bill that plays pivotal roles in the supervision of counties' financial work, the supervision of various social organizations' financial activities and the supervision of accountants' financial management. Further, the management of financial bills enables the financial department to fulfill its authority on financial supervision, public policy and public management by means of big data. By utilizing it with new ideas, financial bills management can better serve the modern financial system.

Keywords: Financial reform; Modern financial system; Bills management

Abstract: Information model of development which is derived from the information technology paradigm, is a new development model based on superior information infrastructure and taking industrial upgrading as well as development space expanding as main approaches. That is a development model of comprehensive, innovative, cost-saving, efficient, environmental, controllable, space expanding and flying-geese. According to the basic characteristics of this development model and the development process of Guangdong's space expanding, Guangdong should actively promote the system reform, effectively implement the "Internet +", the provincial gradient development, the regional development, the regional linkage development, the international development and the cultural industry development to generate a revival of economic and social development in Guangdong.

Keywords: Informatization; Economic development; Space expanding; Development strategy; Guangdong

Abstract: In 2012 by carrying out the "Attacking on Three Illegal Activities and Forming Two Management System", the Nanhai District has taken the lead in launching a reform on "unified cold chain distribution of meat". In July of that year, Nanhai district commissioned research group of Guangdong Reform Think-Tank to conduct a thematic survey on that. The research group has then submitted a related report to the provincial authorities in October with an in-depth study. Main leaders of provincial authorities made important instructions towards that report, which are "we should well summarize and actively utilize Nanhai's experiences on the marketing supervision system to the construction of provincial pilots".

Keywords: Food; Marketing supervision; Coordinated development; Research report

Abstract: In October 2014, Nanhai district commissioned research group of Guangdong Reform Think-Tank to carry out a thematic survey on the practice of mode reform towards small food workshops' focused processing and focused supervising, then in March 2015, the research group has accomplished a corresponding research report which has been submitted to leaders in Guangdong and Foshan respectively. Those leaders made important instructions which contributed to the further work done by Committee of Provincial People's Congress and the report provided case studies as well as the basis of legislation for the Committee. On July 31 of that year, the nineteenth meeting of the twelfth session of Guangdong's Provincial People's Congress Committee has voted through the "Regulations towards small food producing and processing workshops and food vendors in Guangdong", which was Nanhai's initiative mode of focused processing and focused supervising to small food workshop.

Keywords: Food safety; Small workshop; Supervision mode; Reform and innovation; Research report

B Ⅲ Chapter of Administrative Reform

Abstract: With the rapid development of China's economy, the reform of the political system with a main purpose to category interests has become more difficult, however, the administrative examination and approval as a specific administrative authority has been targeted as an entry point in the new round of political system reform. Generated in the time of planned economy, the administrative examination and approval system had not been extinct with the development of socialistic market economy but had remained a dynamic vitality in the process and the administrative examination and approval has successfully developed to be an important tool to intervene the market improperly. Although the consensus of reform has been reached, unified theories and institutions for reform have not formed yet. This dissertation discussed about the mechanism of set-up and clean-up on administrative examination and approval and then concluded that to build up an item limited and operation efficient administrative examination and approval system with supporting role to the market could be a vital breakthrough.

Keywords: Administrative examination and approval; Clean-up mechanism; Administrative management

B. 13 A Study on the Division of Power: the "One-layer Government and Three-layer Management" System Reform

Ma Jingren, Huang Wenhao / 210

Abstract: Only by adhering to coordinated development of the economy, the city and the society, basing on local conditions and emphasizing on autonomy could management innovations of metropolis dominated by market mechanism be accomplished. The "one-layer government and three-layer management" made fine city governance realized through reforming administrative divisions, transforming government functions, clarifying liability and establishing a model of metropolis governance with multi-subject, multi-center and multi-cooperation.

Keywords: One-layer government and three-layer management; System; Reform; Function and power

B. 14 Government Sector's Influences on the Indicator System Design in Urban Region Development Evaluation: a Case Study of Guangzhou

Yu Feng, Pan Ling / 217

Abstract: This paper aims at pursuing a case study of Guangzhou New Urbanization Development Evaluation, with focuses on the indicators selection & adoption and the government sectors' functional capacities thus manifested. The paper firstly revisits the different draft versions of the evaluation indicator system and tries to categorize the indicators clusters and related sectors in charge so as to define the certain correlation between sectoral functional capacity and it's influence upon the indicator selection & adoption. The former variant will be measured by the frequency statistics of sectoral appearance in city-level normative documents thus their importance in the government system will be affirmed; and the latter variant by the change of indicator numbers adopted and their weights allocated; on those basis, the synthetic calculation for the correlation scale will be attained by making full use of data sets and its application, for the purpose of describing the actual capacity of government sector and their contribution to evaluation design, namely their influences exerted upon evaluation organization & design. The preliminary conclusion shows that the influence of government sector on the evaluation indicator system design does derived from the comparative authority of the certain sectors, including their legal responsibilities, statues in the government system and the behavior styles. The greater functional capacity it possesses, the higher influences upon the evaluation design would be exerted.

Keywords: Urban region development; Evaluation; Indicator; Functional capacity; Influence of government sector on the evaluation indicator system design

B. 15 Problems and Its Countermeasures of Super-ministries Reform in Foshan

Abstract: The super-ministries reform is an inevitable trend for the administrative system reform in Foshan. It is particularly important for further improving the super-ministries reform in Foshan to analysis the problem on the super-ministries reform in Foshan by strengthening the empirical investigation and theoretical discussion. The current problems on the super-ministries reform in Foshan mainly include as follows: In the current super-ministries reform in Foshan, some government functions are not completely changed, some government institutions are not reasonably installed, the communication and coordination among some government departments are poor and the problems of transferring thing power to a lower level are highlight. In order to solve the above problems, the government should take the following actions. Further rationalize government functions, optimize the setting up of some government institutions, improve some mechanisms of communication and coordination among government departments and research on the corresponding countermeasures for specific problems caused by transferring thing power to a lower level.

Keywords: Super-ministries reform; Government function; Mechanism of communication and coordination; Decentralization; Countermeasure

B. 16 Enlightenment of Comprehensive Political System Reform in Nanhai

Zhou Zhenjiang / 249

Abstract: Through "political and economic separation", network administration, administrative approval reform, and "three-focus and three-in-place", Nanhai District has been promoting administrative reform comprehensively and multidimensionally, and with remarkable results. To promote administrative reform further for China, Nanhai District provides lots of useful reference, as the reform ideas, network administration, transfer of government functions, the system of decision-making consultation for government, monitoring mechanisms, etc.

Keywords: Administrative reform; Political and economic separation; Network administration; Administrative approval reform

B IV Chapter of Social Innovation

B. 17 Suggestions on Establishing the China Reform Think Tank (Alliance)

Zhou Linsheng / 258

Abstract: Considering the number and quality, the regional distribution, the development of various types and cooperation mechanism of think tanks in China all have deficiencies remained, this paper proposes to innovate the China reform think tank (Alliance) to promote think tanks' participation in the deepened

questionnaire surveys of different social groups and exploratory reforms of Guangdong's non-governmental organizations in recent years, this dissertation analyzed the dilemma that non-governmental organizations had difficulties involving into the modern social governance, proposed an idea that non-governmental organizations' character of society should be strengthened and its character of solid service provider should be weakened and defined non-governmental organizations as non-profitable societies which have main functions of central guide, cohesion and social integration.

Keywords: Non-governmental organizations; Social governance; Reform

皮书起源

“皮书”起源于十七、十八世纪的英国，主要指官方或社会组织正式发表的重要文件或报告，多以“白皮书”命名。在中国，“皮书”这一概念被社会广泛接受，并被成功运作、发展成为一种全新的出版形态，则源于中国社会科学院社会科学文献出版社。

皮书定义

皮书是对中国与世界发展状况和热点问题进行年度监测，以专业的角度、专家的视野和实证研究方法，针对某一领域或区域现状与发展态势展开分析和预测，具备原创性、实证性、专业性、连续性、前沿性、时效性等特点的公开出版物，由一系列权威研究报告组成。

皮书作者

皮书系列的作者以中国社会科学院、著名高校、地方社会科学院的研究人员为主，多为国内一流研究机构的权威专家学者，他们的看法和观点代表了学界对中国与世界的现实和未来最高水平的解读与分析。

皮书荣誉

皮书系列已成为社会科学文献出版社的著名图书品牌和中国社会科学院的知名学术品牌。2011 年，皮书系列正式列入“十二五”国家重点出版规划项目；2012~2015 年，重点皮书列入中国社会科学院承担的国家哲学社会科学创新工程项目；2016 年，46 种院外皮书使用“中国社会科学院创新工程学术出版项目”标识。

中国皮书网

www.pishu.cn

发布皮书研创资讯，传播皮书精彩内容
引领皮书出版潮流，打造皮书服务平台

栏目设置：

- □ 资讯：皮书动态、皮书观点、皮书数据、皮书报道、皮书发布、电子期刊
- □ 标准：皮书评价、皮书研究、皮书规范
- □ 服务：最新皮书、皮书书目、重点推荐、在线购书
- □ 链接：皮书数据库、皮书博客、皮书微博、在线书城
- □ 搜索：资讯、图书、研究动态、皮书专家、研创团队

中国皮书网依托皮书系列“权威、前沿、原创”的优质内容资源，通过文字、图片、音频、视频等多种元素，在皮书研创者、使用者之间搭建了一个成果展示、资源共享的互动平台。

自 2005 年 12 月正式上线以来，中国皮书网的 IP 访问量、PV 浏览量与日俱增，受到海内外研究者、公务人员、商务人士以及专业读者的广泛关注。

2008 年、2011 年中国皮书网均在全国新闻出版业网站荣誉评选中获得“最具商业价值网站”称号；2012 年，获得“出版业网站百强”称号。

2014 年，中国皮书网与皮书数据库实现资源共享，端口合一，将提供更丰富的内容，更全面的服务。

法律声明